物联网工程研究丛书

面向物联网时代的车联网研究与实践

何　蔚　著

科学出版社
北　京

内 容 简 介

本书较为全面地介绍车联网相关的基本概念、产生背景、支撑技术和发展趋势，对车联网的关键技术、行业应用与实践、产业化发展、未来与挑战以及典型应用案例等进行了深入的论述和讨论。本书图文并茂，在整体结构设计和构思上力争突出实用性与科普性。

本书可供物联网、车联网领域的工程技术人员阅读，也可作为相关行业的政府公务员、企业管理人员、项目管理人员等的参考书。

图书在版编目(CIP)数据

面向物联网时代的车联网研究与实践/何蔚著. —北京：科学出版社，2013.11

（物联网工程研究丛书）

ISBN 978-7-03-038720-2

Ⅰ.①面…　Ⅱ.①何…　Ⅲ.①互联网络-应用-汽车②智能技术-应用-汽车　Ⅳ.①U469-39

中国版本图书馆 CIP 数据核字（2013）第 229976 号

责任编辑：张　濮　王　哲　马晓晓/责任校对：朱光兰

责任印制：徐晓晨/封面设计：迷底书装

科学出版社出版

北京东黄城根北街 16 号

邮政编码：100717

http://www.sciencep.com

北京中石油彩色印刷有限责任公司 印刷

科学出版社发行　各地新华书店经销

*

2013 年 11 月第　一　版　　开本：720×1 000　1/16

2020 年 7 月第六次印刷　　印张：13 1/2

字数：272 000

定价：109.00元

（如有印装质量问题，我社负责调换）

前　言

随着信息技术的快速发展，一种全新的连接世间万物的信息网络即物联网(The Internet of Things) 应运而生。这一概念受到了全球具有战略眼光的国家政府官员、企业家和科技工作者们的密切关注，美国的“智慧地球”、中国的“感知中国”等概念相继被提出。在后金融危机时代，物联网在全球范围内受到高度关注，被称为继计算机、互联网与移动通信网之后的世界信息产业第三次浪潮。同时，物联网也成为经济危机后期国际竞争的制高点。然而，发展物联网也不能四面出击，应该抓好重点，注重实效。在这个过程中，车联网是一个值得关注的切入点。

车联网是物联网最具有发展前景的典型应用，是物联网和智能汽车两大领域的重要交集，是战略性新兴产业之一。车联网所带来的社会与经济效应必将在我国经济转型、培育新型产业的过程中扮演重要角色。在我们的日常生活中，几乎每天都在和车辆打交道，所以有必要了解车联网。本书作者所在的课题组主要从事车联网相关的工作并密切关注着车联网的发展动向。为此，我们对车联网的相关知识和资料进行了整理，形成一个完整的车联网知识体系，希望能够为读者提供帮助。

本书图文并茂，立足于实用性、科普性、先进性，在整体结构设计和构思上力争为读者提供全面、系统的内容，使得读者对车联网有一个较为清新的认识和理解。全书分为 7 章，第 1 章主要介绍物联网和车联网的产生背景；第 2 章对车联网进行总的概述，对车联网的概念、基本构成、技术体系以及国内外的发展现状进行阐述；第 3 章对车联网的关键技术进行论述，包括车辆感知技术、控制技术、车路协同与车载通信技术、安全辅助驾驶技术、信息融合技术、数据处理技术等；第 4 章对车联网的应用和服务进行阐述；第 5 章论述车联网的产业化发展；第 6 章论述车联网的未来发展和挑战以及面临的国内外环境问题；第 7 章阐述车联网的典型应用案例，主要对“停车场管理系统”和“出租车运营系统”两个案例进行系统介绍，进一步阐述车联网的应用特性和系统功能。

本书主要由公安部第三研究所何蔚副研究员组织编写并统稿，赵博、孙伟华参与了第 1 章和第 2 章的编写工作，孙伟华还参与了第 3 章的编写工作，邵轲参与了第 6 章的编写工作。

本书的出版得到了科学出版社的大力支持，作者在此表示诚挚的感谢。同时，感谢公安部第三研究所领导的支持，感谢公安部第三研究所防伪事业部全体同事们的支持。

车联网是一个长期发展并逐步完善、走向成熟的新生事物，由于时间仓促，还有很多内容在书中没有提及；同时，由于作者水平有限，书中难免存在疏漏之处，敬请各位专家和广大读者批评指正。

何 蔚

于上海公安部第三研究所

2013 年 6 月

目　　录

第1章　绪　　论

1.1　物联网背景介绍

随着信息技术的快速发展，信息化应用范围不断延伸。不同于现有的互联网和无线通信网，一种全新的连接世间万物的信息网络——物联网（The Internet of Things）应运而生。通过物联网，人类可以在任何时间、任何地点与任何物品进行信息交换和通信，实现物品智能化识别、定位、跟踪、监控和管理。最近几年，物联网在全球范围内受到高度关注。

1.1.1　物联网的概念

物联网的概念于1999年被提出，它是“物物相连的互联网”。物联网在计算机互联网的基础上，利用射频识别（Radio Frequency Identification，RFID）、红外感应器、全球定位系统和激光扫描器等信息传感设备，按约定的协议，把任何物品与互联网连接起来，进行信息交换和通信，以实现智能化识别、定位、跟踪、监控和管理，构造一个覆盖世界上万事万物的实物互联网，进而在互联网的基础上提供各种信息服务。

中国移动原董事长王建宙指出，物联网是具有全面感知、可靠传送和智能处理三大特征的连接物理世界的网络，它实现了任何时间、任何地点和任何物体的连接。物联网是继计算机、互联网与移动通信网之后的又一次信息产业浪潮。

全面感知是指利用射频识别、二维码、卫星定位、摄像头、传感器、网络等感知、捕获和测量技术手段，随时随地对物体进行信息的采集和获取。这个层面要突破的是更加敏感、更加准确、更加全面的感知能力。

智能处理是指利用云计算和模糊识别等智能计算技术，对海量的跨地域、跨行业、跨部门的数据和信息进行分析处理，提升对物理世界和经济社会的各种活动和变化的洞察力，实现智能化的决策和控制。

物联网主要解决物品到物品（Thing to Thing，T2T）、人到物品（Human to Thing，H2T）、人到人（Human to Human，H2H）之间的互联。例如，危险品运输中为了保证物品在运送过程中的安全，可以利用物联网对物品状态实施全程监控。通过分布在危险品周围的温度、湿度、气压、振动等传感器探头和卫星定位模块等，定期或不定期地采集危险品温度、湿度、气压、振动和位置等信息，然后通过通信网将信息发送到远程的集中监控处理系统，由该系统进行信息处理，并根据处理结果实施相应的控制处理。

1.1.2 物联网的发展历程

1995年，比尔·盖茨在其《未来之路》一书中已提及物联网的概念。

2005年11月，国际电信联盟（Internetional Telecommunications Union，ITU）发布了《ITU互联网报告2005：物联网》，正式将“物联网”称为“The Internet of Things”，对物联网的概念进行了扩展，提出了任何时刻、任何地点、任何物体之间互联（any time，any place，any things connection），以及无所不在的网络（ubiquitous networks）和无所不在的计算（ubiquitous computing）的发展远景。此时的“物联网”，不仅将人，也将物之间的无所不在的通信同等地考虑在内，描绘出信息与通信技术（Information and Communications Technology，ICT）广泛应用后的新模式。

信息通信网分成实现人与人通信的电信网和实现物与物通信的物联网两个方向。电信网朝移动化和宽带化发展，物联网朝智能化和IP化发展。

2009年1月，IBM首席执行官彭明盛提出“智慧地球”构想。智慧地球的核心是以一种更智慧的方法，通过利用新一代信息技术来改变政府、公司和人们交互的方式，以便提高交互的明确性、效率、灵活性和响应速度。智慧的地球把新一代信息技术充分运用在各行各业之中，即把感应器嵌入和装备到全球的电网、铁路、桥梁、隧道和公路等各种物体中，并且将其普遍连接，形成“物联网”，而后通过超级计算机和“云计算”将“物联网”整合起来。这样，人类能以更加精细和动态的方式管理生产和生活，从而达到全球“智慧”状态，极大地提高资源利用率和生产力水平，应对经济危机、能源危机和环境恶化。在全球性金融危机的情景下，“智慧地球”对于全球经济复苏的意义显得格外引人关注。

美国里根时代提出“星球大战”计划，带动了全球信息技术的飞速发展。克林顿时代提出的“信息高速公路”概念又催生了互联网经济的繁荣。2009年初，奥巴马就任美国总统后，对“智慧地球”给予了积极的回应，并将其提升为国家层级的发展战略，将“新能源”和“物联网”列为振兴经济的两大武器。奥巴马期望利用“智慧地球”来刺激经济复苏，把美国经济带出低谷，是挽救危机、振兴经济、确立竞争优势的关键战略。奥巴马的这一发展战略在世界范围内引起轰动。

2009年6月，欧盟委员会提出了《欧盟物联网行动计划》（*Internet of Things—An action plan for Europe*），以确保欧洲在构建物联网的过程中起主导作用。欧盟委员会通过了投入4亿欧元的ICT研发计划。

2009年8月，温家宝总理在无锡考察中得知我国传感网起步比较早，标准化和技术有一定优势，但不是最领先的。因此，温总理建议加快推进传感网发展，尽快建立中国的传感信息中心，命名为“感知中国”中心。之后，“物联网”概念在国内迅速升温。

2009 年 11 月，温家宝总理发表了题为“让科技引领中国可持续发展”的重要讲话。在讲话中，物联网被列为国家五大新兴战略性产业之一。温总理要求“着力突破传感网、物联网关键技术，及早部署后 IP 时代相关技术研发，使信息网络产业成为推动产业升级、迈向信息社会的‘发动机’”。

2010 年 3 月，温总理在《政府工作报告中》指出，要“大力发展新能源、新材料、节能环保、生物医药、信息网络和高端制造产业。积极推进新能源汽车、‘三网’融合取得实质性进展，加快物联网的研发应用。加大对战略性新兴产业的投入和政策支持”。

这是“物联网”首次被写进《政府工作报告》，这也意味着物联网的发展进入了国家层面的视野。据悉，我国已经规划在 2020 年之前投入 3.86 万亿元资金用于物联网研发。

2009 年 9 月，全国信息技术标准化技术委员会组建了传感器网络标准工作组。工业和信息化部相关负责人透露，我国传感网标准体系已形成初步框架，向国际标准化组织提交的多项标准提案被采纳。2010 年初，我国正式成立了传感（物联）网技术产业联盟。同时，工业与信息化部也宣布将牵头成立一个在全国推进物联网的部级领导协调小组，以加快物联网产业化进程。2010 年 3 月，中国物联网标准联合工作组筹备会议在京召开。联合工作组旨在整合国内物联网相关标准化资源，联合产业各方共同开展物联网技术的研究，积极推进物联网标准化工作，加快制定符合我国发展需求的物联网技术标准，为政府部门的物联网产业发展决策提供全面的技术和标准化服务支撑。

国家发展和改革委员会国宏研究院专家曾智泽表示，新兴产业发展规划的实施意味着中国宏观调控政策的再次转向。2010 年以后，投资政策将会由目前的基础设施、民生等领域逐步向新兴产业倾斜。2010 年，无论投资、产业政策还是信贷政策都将会越来越多地向物联网等新兴产业倾斜。

我国传感网的技术研发水平处于世界前列。中国科学院早在 1999 年就启动了传感网研究，并组成 2000 多人的团队，先后投入数亿元，在无线智能传感器网络通信技术、微型传感器、传感器终端机和移动基站等方向进行研发，目前已拥有完整的产业链。中国科学院首次提出物联网的概念距今已有十余年的时间，物联网的发展已经经历了“培育期”和“初创期”两个时期，目前已经开始进入“成长期”。

在十七届五中全会审议的“十二五”规划中，将培育和发展战略性新兴产业明确为编制的重点之一。在资金投入方面，科技领域的全国研发投入从约占 GDP 的 1.5%，在之后 5 年内扩大到 2%～2.5%。如果每年经济增速维持在

8%，那么“十二五”期间科研投入将达45 892亿元。在产业政策扶持和巨额资金支持下，战略性新兴产业将面临快速发展机会。

对于战略性新兴产业的发展，“十二五”规划中将按三个分类逐渐推进：第一类是技术较成熟，产业基础较好，能近期发挥作用的产业；第二类是技术进步很快，有可能在近期有较大发展的产业；第三类是近期有发展，但中长期战略意义更为显著的产业。我国将重点培育的七大新兴产业有新能源、新材料、生命科学、生物医药、信息网络、空间海洋开发和地质勘探。其中，物联网和新能源将最先进入市场应用，成为“十二五”期间第一批推荐的新兴产业。

2011年7月，中国首部物联网蓝皮书《中国物联网发展报告（2011）》正式发布。报告从宏观经济、产业政策、技术、产业链建设等不同层面分析了物联网产业在中国的发展。

2013年10月，由物联网产业链主要企业、科研单位和组织共同组建的第一个国家级物联网产业联盟在北京成立。该联盟由中国电子科技集团公司率先发起，涵盖了中国电信、清华大学等40家产、学、研、用物联网技术各领域有影响力和代表性的单位。

物联网在我国受到了全社会的极大关注，其受关注程度是在美国、欧盟和其他各国不可比拟的。目前，已先后有20多个城市发布了物联网产业规划，制定了相应的政策优惠，投资部分用于公共事业的示范性工程。同时，部分高校也已开设物联网专业，为物联网产业发展提供人才保障。

目前，我国物联网产业正处于发展初期，这个时期将持续3～5年，主要以基础建设为主，市场收益并不明显。这阶段，投资重点将在网络建设和标准制定上，实际应用主要集中在公共事业领域。物联网产业的第一次井喷将出现在2015年前后，这个时期物联网框架已经搭建完成，各种物联网应用将会涌现，后续物联网产业产值将有可能超过互联网，突破万亿元大关。这个阶段，政府作用将被削弱，市场需求开始主导产业发展，各种针对企业的物联网应用将大受欢迎。随着计算机、互联网和通信等现代电子信息技术加速相互融合，预计到2020前后将真正地实现人与人、物与物、人与物相连。

1.2 车联网背景介绍

对车联网的具体含义可谓众说纷纭，目前并没有一个明确的定义。但不可否认的是，它是物联网与互联网融合下的衍生产物，是物联网在汽车领域的一个细分应用。

本书将车联网概念的描述为：综合利用先进的传感技术、通信技术、网络技术、数据处理技术和自动控制技术等，以车辆为载体，感知其属性和动态信息，通过收集、处理和共享道路、交通、环境、汽车导航、汽车电子等多个系统间大范围、大容量的数据，使驾驶者、管理者、车辆、道路和城市网络等相互关联，并构成有效信息流和智能控制流，实现对所有车辆的有效监管并提供综合服务，实现车与车、车与路、车与人、车与环境的智能协同。

车联网技术是一种结合了全球卫星定位系统和无线通信技术的车载智能通信服务。驾驶员能通过无线信号随时与呼叫中心进行联系，并获得三大类服务：交通信息与实时导航服务、安全驾驶与车辆故障诊断服务、娱乐与通信服务。汽车在车联网的帮助下，将更加人性化。

车联网利用装载在车辆上的电子标签获取车辆的行驶属性和系统运行状态信息，通过卫星定位技术获取车辆行驶位置等参数，通过3G等无线传输技术实现信息传输和共享，通过各类传感器获取车辆内、车辆间、车辆与道路间、桥梁等交通基础设施的使用状况，最后通过互联网信息平台，实现对车辆运行的监控，并提供各种交通综合服务。

1.2.1 车联网发展

2009年11月，第四届无线射频识别（RFID）技术发展国际研讨会在上海召开，其分论坛包括RFID技术及智能交通信息技术与应用论坛。

2010年9月，中国智能交通新技术及标准化发展高峰研讨会在杭州举行。会议围绕着“创造低碳、安全、便利的感知交通新生活”加深对智能交通新技术、新理念的认识，促进智能交通系统的标准化建设。

通用汽车公司已经和中国电信达成合作协议，利用电信3G网络为用户提供车载信息服务，并逐步建设车联网。

IBM将部署交通预测系统，声称可以预测一小时后的交通状况，从而留下充足的时间避免交通堵塞。

物联网概念在欧洲和亚洲得到了广泛的关注，受到国际电信联盟的支持。与物联网相似的信息物理系统（Cyber Physical System，CPS）概念在北美也得到了广泛认同，美国国家科学基金会（National Science Foundation，NSF）给予了大量研究经费的支持，已先后资助超过100个CPS项目。随着物联网概念的提出和相关研究的开展，很多研究机构和全球汽车厂商聚焦物联网技术在城市智能交通中的应用。例如，汽车巨头通用汽车公司为凯迪拉克配备安吉星车载信息服务系统，IBM公司推出了交通预测模型，上海市进行了智能交通项目研发。

2011年，上海车联网与车载信息服务产业联盟成立，联盟由上汽集团、上海市交通电子行业协会、上海移动、上海联通、上海电信、宝信软件和高德软件等46家企业发起成立，聚焦一批关键发展方向，重点扶持一批重大项目，重点培育一批自主创新企业，以形成和完善车联网与车载信息服务产业链为目标，协调发展与车联网、车载信息服务紧密相关的制造业、通信业与应用服务业，加快培育信息服务业，促进产业链上下游联动、协调可持续的发展。

1.2.2 车联网服务与应用

车联网通过在车辆和道路之间建立有效的信息通道，实现智能交通的管理和信息服务。近年来，随着 Wi-Fi、RFID 等无线技术运用于交通运输领域智能化管理，车辆网将能够用于各个方面，如智能公交定位、智能停车场管理、车辆类型及流量信息采集、不停车路桥电子收费和车辆速度计算分析等。一些实际案例系统如下。

(1) 美国麻省理工学院 CarTel 项目部署了一个分布式的移动传感网和通信网结合的系统。建立在该系统中的上层应用可以利用移动车辆和手机上的传感器搜集数据，通过无线通信模块传输数据，通过计算单元实现对数据的处理、分析和可视化。

(2) 圣弗朗西斯科湾区开展的 Cabspotting 项目于 2006 年启动，通过在出租车上安装 GPS 跟踪设备，记录车辆移动轨迹。

(3) IBM 基于交通预测模型，在新加坡进行的初步测试中，可以提前一小时预测车流量和车速，精度高达 90%。

车联网不仅是汽车行业对于未来“互联的汽车”的美好愿望，也将是城市居民的共同愿望之一。就像 20 世纪 80 年代互联网的出现将独立的台式计算机互相联系在一起，车联网将车辆联系在一起也将改变人们未来的生活和工作方式。车联网的典型应用如下。

1. 紧急救援系统

当紧急情况发生，车主按动车上安装的紧急按钮，通过无线通信接通客服中心。客服人员能够通过卫星定位技术精确定位，将救援送达车主。在救援过程中，客服人员不仅能一直与车主进行在线沟通，而且能实时调度救援资源，最小化车主的生命财产损失。

2. 智能导航系统

路线推荐系统能够根据司机需求和实时交通信息，推荐最短路径、时间最优路径，甚至为出租车司机推荐最有可能搭载乘客的路线。2009 年，日本丰田第一个引入 G-Book 智能副驾系统。同年，通用汽车将 On-Star（安吉星）技术装配在凯迪拉克和别克等车型上，福特、日产等企业相继发布了车载网络平台。在未来的车联网时代，老人、小孩，甚至残疾人（包括盲人）都可拥有自己的汽车，借助于自动驾驶系统，人们的出行将变得更加轻松。

3. 智能交通系统

将先进的信息技术、通信技术、传感技术、控制技术和计算机技术等有效地集成运用于整个交通运输管理体系，从而建立起在大范围内、全方位发挥作用的，实时、准确、高效、综合的运输和管理系统。

4. 车载社交网络

实现车联网技术的未来城市，其交通将告别红绿灯，拥堵、交通事故和停车难等一系列问题将得到缓解。此外，自动驾驶的实现将驾驶者从紧张、劳累中解脱出来，进而享受路途中的社交无线网络。

1.3 车联网研究的背景和必要性

车联网是物联网最具有发展前景的典型应用，是物联网和智能汽车两大领域的重要交集，是战略性新兴产业之一。车联网带来的社会和经济效应必将在我国经济转型、培育新型产业的过程中扮演重要角色。

1.3.1 车联网研究背景

历次经济危机之后，科技创新都成为战略制高点。在后金融危机时代，世界各国正在进行抢占科技制高点的竞赛，全球进入空前的创新密集和产业振兴时代。作为新兴产业和科技创新的代表，物联网已经成为经济危机后期国际竞争的制高点，从“智慧地球”到“感知中国”都体现出决策者对物联网的高度关注。然而，发展物联网也不能四面出击，应该抓好重点，注重实效。在这个过程中，车联网是一个值得关注的切入点。

1. 智能交通是物联网发展的重点

物联网的应用非常广泛，目前主要有四个领域值得特别关注：环境监控、物品溯源、智能电网和智能交通。其中，环境监控已经展开，物品溯源基础尚弱，智能电网已受到重视，智能交通潜力巨大。

智能交通之所以有巨大的发展潜力，并与环境监控、物品溯源、智能电网并列组成物联网发展的四大重点领域，与我国的国情是分不开的。交通运输业带来了能耗、污染和拥堵问题，而发展智能交通是解决思路之一。智能交通能够提高道路使用效率，缓解交通拥堵情况。车辆在智能交通体系内行驶，停车次数可以减少30%，行车时间减少13%～45%，车辆的使用效率能够提高50%以上。

智能交通能够大幅降低汽车能耗。平均车速的提高带来了燃料消耗量的减少和排出废气量的减少，通过智能交通控制，汽车油耗也可降低15%。以12 000万辆汽车保有量测算，每年可减少约4000万吨汽油的消耗，占了每年成品油进口量的50%以上。同时，交通的顺畅将大幅度减少车辆在路上的停滞时间，使得汽车尾气的排放量大大减少，从而可以改善空气质量。据测算，全国汽车发动机的空转时间每减少1分钟，就可减少1600吨汽油转化的废气排放。推动智能交通，可使中国温室气体的排放量减少25%～30%。

智能交通能够有效减少交通事故。国内每年仅交通事故一项造成的伤残人数就达50多万，死亡人数超过10万。智能交通技术能够有效减少交通事故的发生，可使每年因交通事故造成的死亡人数下降30%～70%。

2. 车联网应成为智能交通拓展的方向

早期的智能交通主要是围绕高速公路展开的，其中最主要的一项就是建立了全面的高速公路收费系统，对全国的高速公路收费进行信息化管理。目前，交通问题的重点和主要的压力来自于城市道路拥堵。在道路建设跟不上汽车增长的情况下，解决拥堵问题，主要靠对车辆进行管理和调配。

未来，智能交通的发展将向以热点区域为主、以车为对象的管理模式转变。因此，智能交通亟待建立以汽车为节点的信息系统——车联网。车联网综合现有的电子信息技术，将每辆汽车作为一个信息源，通过无线通信手段连接到网络中，进而实现对全国范围内车辆的统一管理。

3. 车联网将前所未有地改变人们的出行方式

从互联网到物联网，世界正以不同的方式相互连接。而从车载信息到车联网，车与车之间也将相互连接，并成为人们相互交流的新途径。网络智能化的发展正在改变汽车的DNA，让它成为个人的智能信息服务终端。车联网正是这种信息技术的载体，它的产生能实现城市与交通信息网络、智能电网和社区信息网络的全部连接，使汽车将成为移动的生活空间，从而改变人类的时空观，人们将从驾驶座上解放出来，获得前所未有的自由。

1.3.2 车联网研究的必要性

1. 交通运输行业是车联网应用的重要领域之一

车联网的应用，将对整个社会产生巨大的影响，车联网将促进涉车信息资源最大程度的获取和利用，实现对全社会车辆的精准化监管，从而实现涉车行业运营效率的最大化提升。

交通运输是国民经济的基础产业和服务性行业，交通运输行业也是建立两型社会和低碳社会的重点行业。随着国民经济的快速增长和城市化进程的加快，交通运输行业出现了众多问题，在提高运输效率和运输安全监管方面，面临着压力和挑战。

交通运输行业车联网的应用，将实现传统交通行业信息技术“被动应用”到“拉动应用”的转变，提升交通行业信息服务水平，将有效提高交通行业的运输效率，促进交通行业更快更好发展。

2. 交通运输行业“两化融合”质的升华

我国的工业化正面临着日益严峻的能源资源约束，交通运输行业作为能源消耗大户亦是如此，它消耗了全国40%的石油产量，排放出来的污染物占到10%左右。随着信息技术的发展，发达国家传统的能量转换工具被信息技术提升改造成为智能工具，并在社会广泛普及和应用，使其经济运行效率更高、成本更低、竞争力更强。后发国家要在国际竞争中迎头赶上甚至超越，就必须走信息化与工业化融合发展的新型道路。信息化与工业化融合发展是今后中国社会转型的必然过程。

交通行业要实现信息化和工业化的深度融合，交通运输行业中的涉车信息要进行统一的管理和跨平台的操作，融合的点就在传感，把交通行业的涉车信息提取出来需要传感网络。对涉车信息进行提取，提取之后通过分析、处理，再返回对车辆进行控制，这就是车联网。车联网将成为交通行业两化融合的现实载体，并形成更少物耗、更多绿色、更加智能化的，以信息化、服务业化为基础的交通运输行业。车联网通过实现涉车信息在人与车、车与车、车与设施之间顺畅传递，不但使得传统交通运输行业获得信息化的支撑手段，还能够因此催生出全新的产业模式。

3. 车联网是中国交通运输行业赶超西方发达国家的一次创新机遇

二十世纪六七十年代，美、欧、日等发达国家和地区先后提出了应用先进信息技术的智能交通系统，在交通信息化方面走在了世界的前列，创造了巨大的经济和社会效益。中国的智能交通发展沿袭了国外发展的成功模式和经验，留给中国创新赶超国外先进技术的空间很小。

但是，目前车联网对于全世界而言都刚起步，各个国家都基本处于同一起跑线，中国有能力和世界最新技术保持同步。与计算机、互联网产业不同，中国在车联网领域享有国际话语权。并且中国是世界上少数能实现产业化的国家之一，这使我国在交通行业发展车联网领域迎头赶上甚至占领产业价值链制高点成为可能，为交通运输行业带来了一次重大的创新机会。

4. 车联网是交通运输行业经济结构调整、转变发展方式的一次历史机遇

交通运输是国民经济的基础产业和服务性行业。切实加快交通运输业发展方式的转变，对于促进现代交通运输业的可持续发展，为全面建设小康社会当好先行，推动社会主义现代化建设，都具有重要意义。

车联网能够利用信息技术，把人、汽车和基础设施连接起来，实现全方位的沟通和信息服务，有利于提升交通运输行业的运行效率，提高交通运输行业的综合竞争力，是实现“由主要依靠基础设施投资拉动向建设、养护、管理和运输服务协调拉动转变”以及“由主要依靠增加物质资源消耗向科技进步、行业创新、从业人员素质提高和资源节约环境友好转变”的有效手段。

5. 车联网将为汽车产业带来升级赶超机遇

我国已经成为汽车生产和消费大国。目前，全国机动车保有量已经超过 2 亿辆，其中汽车保有量约为 1.2 亿辆。2012 年，中国汽车的销量为 1900 万辆。但是我国还不是汽车强国，生产的汽车以低端汽车为主。

要完成从汽车大国到汽车强国的转变，提升汽车的信息技术含量是关键。从 1989 年到现在，平均每辆车上安装的电子装置的成本，在整个汽车制造成本中所占的比例由 16%增至 30%以上。在一些豪华轿车上，电子产品甚至能占到整车成本的 50%～60%。汽车中传统产品升级很慢，而电子产品 5 年基本就要升级。今后，汽车升级主要就是由电子技术驱动，70%的汽车创新来源于汽车电子。同时，汽车市场竞争激烈，汽车厂商除了降价以外，增配是最有效的竞争手段。在增配过程中，汽车电子的配备率将大幅度提升。

技术上的差距是制约我国从汽车大国到汽车强国发展的核心要素，包括汽车信息化、整车开发能力、动力集成技术和轻量化技术四个方面，而汽车信息化是差距最大的一个环节。实施车联网，把汽车制造纳入我国信息通信技术的创新环境中，将为国产汽车工业提供难得的发展机遇。

6. 车联网将给道路交通领域的管理和服务带来革命性的变革

车联网将从信息维度感知道路交通状况，利用车辆相关的属性信息和动态、静态信息形成的涉车信息资源，提供丰富的智能化涉车管理和商业服务。车联网的目标是缓解和解决困扰城市发展的道路交通问题，提升道路交通信息化水平，实现“人、车、路、环境”和谐统一。

车联网可以达到以下效果。

(1) 管理部门不需要再在各城市、各高速建设小范围的单一监控网，而是以极低的成本真正实现车辆、道路的全国统一管理。所有车辆实时在线，无论本地

汽车驶到外地，还是外地汽车驶来本地，管理部门都可以在网络上获得所需的车辆信息。

（2）对于车辆定期检验、排放控制、走私车和套牌车查处、盗抢车追踪等，都有了简单、快速、高效的手段。

（3）通过对路口路段汽车数量、车速等数据的分析，可以实时掌握全国各城市及各条公路的交通状况，实现真正的智能交通指挥。必要时，管理部门还可以通过汽车电子信息网络，将指令或通告发送给汽车终端或现场指挥人员。

（4）可以设定热点区域，对驶入热点区域的汽车进行差别计价收费。

（5）汽车电子信息网络还可以实现全国高速公路的自动收费，无论在城市内的高速公路，还是贯穿多个城市的长途高速公路，根据汽车在高速公路出入口经过的信息，直接实现不停车计费，准确快捷。

（6）可以实时收集反馈车辆的车况信息，对有问题的车辆提前干预。

（7）车与车之间能够保持相对固定的距离，可以实现零碰撞。

（8）车与车之间的组队是随机进行的，根据车主的目的地，通过卫星定位和车辆之间的自动沟通，车与车之间可以临时组队或离队，提高交通效率。

（9）车联网可以优化交通路线，解决交通堵塞，缩短行车时间，是发展智能交通的重要举措。

（10）车联网是建设智慧城市的重要内容，车联网将使城市交通更加高效、环保、智能、安全。

参考文献

程刚，郭达. 2011. 车联网现状与发展研究. 移动通信，35（17）：23-26.

刘小洋，伍民友. 2012. 车联网：物联网在城市交通网络中的应用. 计算机应用，32（4）：900-904.

王建强，李世威，曾俊伟. 2011. 车联网发展模式探析. 计算机技术与发展，(21)：235-238.

吴德本. 2010. 物联网综述. 第八届京、津、沪、渝暨全国城市有线电视技术研讨会论文集：38-43.

俞波，须成忠，过敏意. 2011. 车载物联网技术探讨. 中兴通讯技术，17（1）：32-36.

张方风，申贵成. 2010. 我国物联网发展思考. 计算机系统应用，(2)：247-251.

Ershenfeld N，Krikorian R，Cohen D. 2004. The Internet of things. Scientific American. 291（4）：76-81.

Ibourne E，Battle L，Cole G，et al. 2009. Building the Internet of things using RFID：the RFID ecosystem experience. Internet Computing，13（3）：48-55.

第2章 车联网概述

2.1 车联网的概念与内涵

早在1995年，比尔·盖茨在其著作《未来之路》中就对车联网进行了简单的描述。“我能想象出这样的建议：每辆汽车，包括你和我的在内，都不仅要装上一个录音机，而且要装上一个能表明车的主人是谁和车的位置在哪的无线电发射机——一个未来的汽车牌照。如果有人报告汽车被盗，车的位置将可以立刻被查到。在发生了肇事逃逸或驾车枪杀行人的事件之后，法官将被授权进行一次查询，即在这30分钟以内，下面两个街区的范围内都有些什么车辆。黑匣子将记录下车辆的速度和位置，由此将保证限制超速行驶的法规得到最完美的执行。”但是，由于受到信息技术和汽车技术发展的限制，这在当时只能称为“车联网的愿景”。

伴随着相关信息技术的发展，车联网这一物联网在道路交通运输领域的典型应用，日益引起大家的关注。同时，随着信息技术的发展和信息化社会的逐步形成，汽车已经不再是一个简单的机械工具，而是逐步成为一个复杂的具有移动性的智能信息平台，特别是在物联网环境下的现代社会中。当今，车联网已不再是幻想中遥不可及的愿景，而是实实在在可以实现的平台和系统，它将给我们的生活和出行带来革命性的转变。

就像20世纪80年代互联网的出现将各自独立的电脑连接在一起一样，车联网实质上就是收集并处理城市交通网络中每辆汽车的信息，并实现信息的共享，实现车与路、车与车、车与城市网络的互相连接，建立一个不依赖于视觉、天气状况和人手操作的交通系统，彻底解决城市交通阻塞问题，并实现更智能、更安全的驾驶。

近几年，随着物联网发展成为信息产业新的制高点，车联网也因此获得了越来越多的关注，欧美、日本等发达国家都投入了巨资用于研发车载通信系统。

车联网是物联网面向行业应用的概念实现，是物联网在汽车领域的一个细分应用，是移动互联网、物联网向业务实质和纵深发展的必经之路，是未来信息通信、环保、节能和安全等发展的融合性技术。

车联网利用车载电子传感装置，通过信息网络平台，使车与路、车与车、车与城市之间的信息互联互通，对车辆和交通状况进行有效的智能监控。车联网的出现将重新定义车辆交通的运行方式，颠覆传统汽车与交通的概念。应用车联网技术，可以为用户提供更加智能、安全的驾驶环境，城市交通将得到极大改善。

车联网通过无线通信、卫星定位、地理信息系统（Geographic Information System，GIS）和传感技术的相互配合，实现在信息平台上对车辆自身属性和车辆外在属性（如道路、人、环境）等信息的提取和有效利用，在此基础上，还能为用户提供包括交通、安全和娱乐在内的综合性服务。在2020年后，有望实现两亿辆汽车100%的网络接入，完成“全覆盖”。车联网示意图如图2.1所示。

图2.1 车联网示意图

在未来的道路上，没有信号灯，没有交警，汽车高速行驶，路上没有堵塞，更没有事故……如此完美的驾车生活，全靠一张无形而又作用巨大的网络在调控，这张网就是车联网。车联网是通过车与车、车与路、车与人、车与传感设备等的交互，实现车辆与公众网络通信的动态移动通信系统。它可以通过车与车、车与人、车与路的互联互通实现信息共享，收集车辆、道路和环境的信息，并在信息网络平台上对多源采集的信息进行加工、计算、共享和安全发布，根据不同的功能需求对车辆进行有效的引导与监管，并提供专业的多媒体与移动互联网应用服务。

2.2 车联网基本框架

车联网是通过信息传感设备，按照约定的协议，把车辆与互联网连接起来，进行信息交换和通信，以实现智能化识别、定位、跟踪、监控和管理的一种网络。车联网是物联网的一种，参考物联网的分层结构（感知层、网络层和应用层），车联网的逻辑架构如图2.2所示。

感知层的作用是信息感知，主要设备为标签、传感器等。

网络层的作用是数据传递，实现感知层数据的汇聚，并向应用层提供数据支

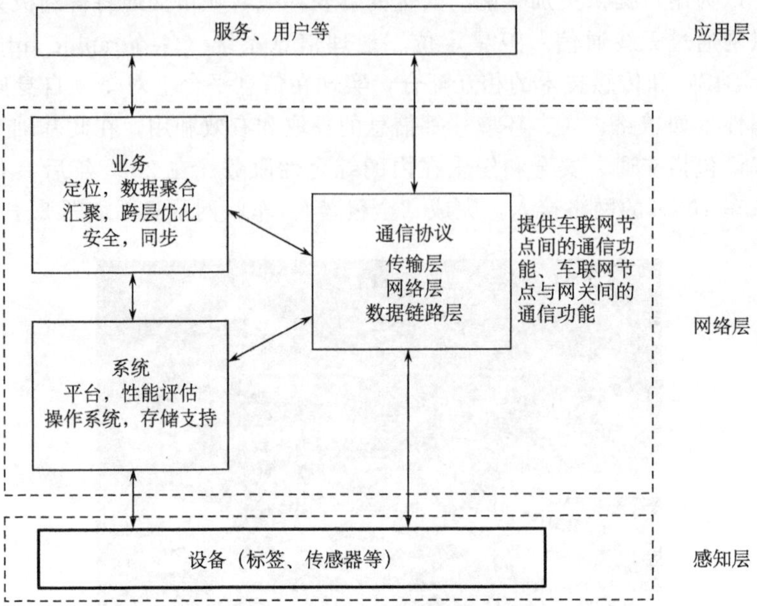

图 2.2　车联网逻辑架构图

撑。网络层通过通信协议实现网络传输的跨层优化，保证数据传输的安全与同步，系统平台承载着数据存储、全系统性能评估的功能。

应用层的作用是为用户提供服务。

2.2.1　逐层分级结构

车联网应用具有组成对象数量大和应用覆盖面广的特点。从产业角度讲，车联网应用必须是可控、可管、可信、可运营的，这样才能给产业链各方都带来效益，促进车联网产业不断发展壮大。要实现对“量大面广”的车联网应用对象和内容的可控、可管、可信、可运营，必须建立起一个“全程全网”的概念，对车联网体系架构的解析必须立足于“网”。“全程全网”应该包括网络感知层的能力、网络接入层的能力、网络控制层的能力、网络应用层的能力、网络运营支撑能力、网络和终端安全管理能力。

借鉴国际电信联盟 ITU-T 建议的物联网体系架构设计标准，并结合车联网逻辑架构，车联网体系架构分为以下五层：数据感知层、网络接入层、网络传控层、信息服务支撑层和信息服务开放平台。车联网逐层分级结构如图 2.3 所示。

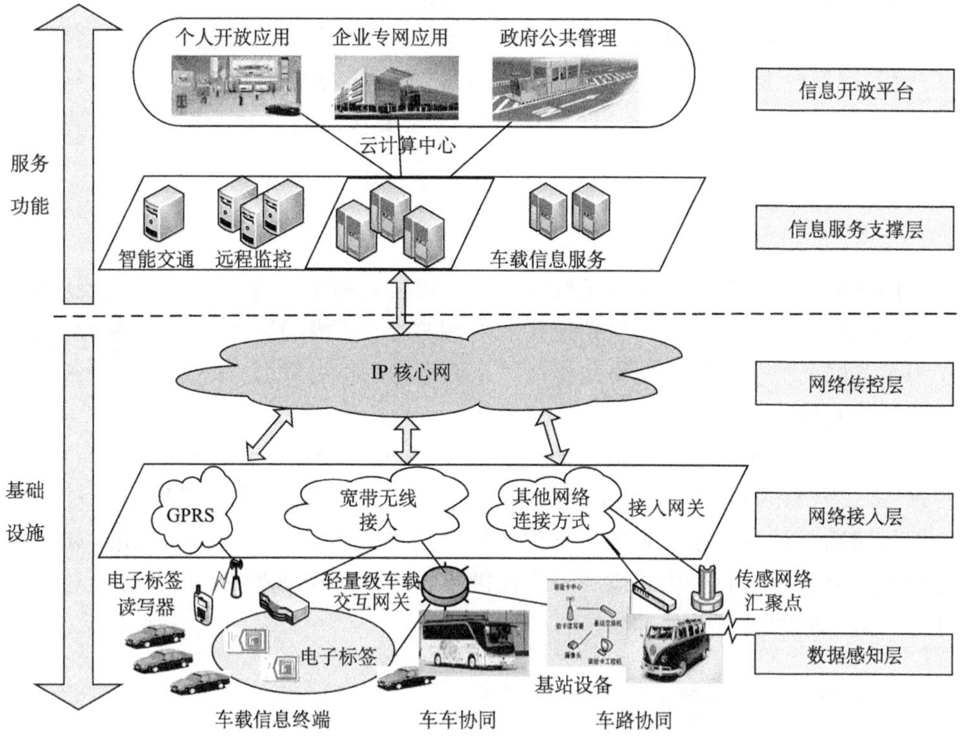

图 2.3 车联网逐层分级结构

1. 数据感知层

数据感知层的主要功能是通过感知技术、车载信息终端和路边系统设备，实现对车辆自身属性和车辆外在属性（如道路、人和环境等）静、动态信息的提取，通过轻量级车载交互网关，完成车辆相关信息的收集和处理，同时接收和执行来自上层的智能交通、增值信息服务等交互控制指令。汽车可以成为一个数据收集和感应器，同时也是实时信息的发布者，通过将汽车本身作为信息收集和感应器，可以将实时的信息（如交通路面状况、天气情况等）上传至后台数据平台。

2. 网络接入层

网络接入层的主要功能是基于 GPRS、3G 等现有移动通信网络和宽带无线城域网络基础设施，为车联网融合提供便利的接入条件，同时面向未来移动通信（4G）网络，实现平滑过渡和融合，屏蔽异构接入网络的差异，从而达到向 IP 核心网统一接入的目的。

车联网的网络接入包括公众运营网络部分，用来实现运行系统（包含车辆信息系统、路网环境、信息采集基站系统和运行管控服务中心系统等）和运营系统（运营管控平台系统、关键服务子系统等）之间的数据传输，网络接入应具备必要的、安全的数据交互功能。网络接入层的主要功能是实现车联网之间的互联互通。

3. 网络传控层

网络传控层主要通过移动无线网络和专用核心网络实现汽车信源与数据中心之间的信息传输，提供用户终端连接和对用户终端的管理，完成对业务的承载，作为承载网络提供到外部网络的接口，从而实现汽车各种服务、管理和服务交互过程的控制等。

用户终端连接的建立包括移动性管理（Mobility Management，MM）、呼叫管理（Call Management，CM）、交换/路由等功能。用户终端管理包括对用户终端的描述、对用户业务服务质量的描述、用户通信记录（accounting）和安全性管理（由鉴权中心提供相应的安全性措施，包括对移动业务的安全性管理和对外部网络访问的安全性处理）。

4. 信息服务支撑层

信息服务支撑层主要由各种应用服务器组成（包括数据库服务器），其主要功能包括对各类信息的汇聚、转换、分析，以及根据不同的业务功能需求进行适配和事件触发。该层可依托云计算平台实现车载信息服务、智能交通和远程监控功能，兼顾对传统信息服务系统的整合。

5. 信息服务开放平台

信息服务开放平台的主要功能是运用云计算平台，向政府管理部门、汽车和信息服务运营企业、个人开发者等不同类型用户提供汽车综合服务与管理，从而支持新型的服务形态和商业运营模式。

2.2.2 主要组成元素

根据车联网的基本框架结构，保证车联网系统顺利运行，首先是要通过车辆和车载系统不间断地收集车辆自身的位置、速度、加速度、行进方向等行驶和运行信息，通过车载系统向外传输数据，同时还提供信息交流的界面。通过在交通路网布设路边设备系统（一般会安装在交通热点地区、交叉路口或者高危险地区），可以在一定范围内接收从车载系统传来的数据，并将该数据传输给其他车辆或者其他交通控制设施（如信号灯控制器、动态信息屏等）。系统还可以收集其周围环境或者交通控制设施的信息，并将其发送给周围车辆。

接着，通过无线接入网络和核心网络等信息通信网络系统，依托当前已有的信息通信网络系统，进行数据传输工作。对于交通热点地区，车联网应用对无线接入网络的信道容量会有更大需求，因此应采用多种无线接入手段。

最后，数据平台支撑对在网车辆和设施产生的海量数据进行存储和处理，同时集成其他服务基础数据，为智能交通管控和车载信息服务提供支撑。智能交通管理中心拥有超大的数据库和数据分析功能，用以储存、分析从路边设施系统传输来的数据，并且根据分析结果发送相应的管控指令。车载信息服务与运营中心负责面向不同类型用户提供开放多样的车载信息服务，同时提供安全可靠的运营支撑环境，支持具有新型服务形态和商业模式的车联网应用的开展。

因此，车辆和车载系统、车辆标识系统、路边设备系统、信息通信网络系统、数据平台支撑系统、智能交通管控中心、车载信息服务提供与运营中心等构成了车联网的主要元素。

1. 车联网信息的统一标识

实现物体的互联互通首先要解决的是统一编码问题。车联网的发展需要有统一的物品编码体系，特别是一个国家统一的编码标准体系。这个统一的物品编码体系是车联网系统实现信息互联互通的关键。车联网中的车辆标识系统使用电子标签唯一标识汽车，通过公用的信息平台监控汽车，可以对汽车进行定位跟踪和年检等工作。

但是，由于目前车联网概念刚刚兴起，相关的统一编码规范还未出台，各个系统根据各自需求，建立起独立的编码识别体系，这为后续行业内不同系统乃至不同行业之间的互联互通带来了障碍。

2. 网络接入时的 IP 地址

车联网中的每个物品都需要在网络中被寻址，就需要一个地址。目前，IPv4资源即将耗尽，而过渡到 IPv6 又是一个漫长的过程，包括设备、软件、网络和运营商等都存在兼容问题。

3. 采集设备

目前道路、桥梁等交通基础设施并没有实现电子化管理，其智能程度较低。传统的设备通过信息化处理才能具备连网能力。这些交通基础设施的信息化改造覆盖面广、投资额大、建设周期长，这些都是目前车联网实现终端信息化改造所面临的问题。

4. 车联网相关软件和服务产业链

目前车联网概念刚刚兴起，还未出现较为成熟的软件平台和服务应用。交通行业往往具有较高的安全要求（如保证行车安全等），相关软硬件平台要经过大规模应用测试，这势必会对车联网应用的发展有相当大的推动作用。

5. 相关技术兼容

车联网是一个相关技术的集成体，包括传感器技术、识别技术、计算技术、软件技术、纳米技术和嵌入式智能技术等。任何一个技术的不兼容或者基础薄弱，都会增加整个车联网系统的推广难度。

6. 车联网信息安全

车联网的安全问题主要来源于传统互联网的安全问题、物联网带来的安全问题和车联网本身的安全问题三个方面。车联网中的数据传输和消息交换还没有特定的标准，因此缺乏统一的安全保护体系。车联网中节点数量庞大，且以集群方式存在，因此在数据传播时，大量的数据发送会导致网络拥塞。车联网中的感知节点部署在行驶车辆等设施中，如果遭到攻击者的破坏，很容易造成生命危险、道路设施破坏等。因此，车联网中的信息安全是至关重要的，影响车联网的未来发展和实施力度。

2.3 车联网应用需求

2.3.1 政策需求

目前发展车联网的战略目标是：开展车联网关键技术研究，抢占技术制高点；开展车联网标准体系研究，突破国外标准壁垒；加快车联网产业培育，制订技术产业发展规划和应用推进计划；发展关键传感器件、装备、系统和服务；推进车联网信息中心建设，促进车联网与互联网、传感网融合发展；推进车联网信息服务平台建设，提升涉车信息服务水平。

随着世界金融危机的爆发和扩张，以信息产业为代表的战略行业发展成为未来经济结构调整、拉动经济发展的重点所在。我国相继制定了相关政策，以求推动和促进信息产业中核心技术的研究和应用。而车联网作为物联网的典型应用，也逐步受到国家领导人的注意，制定了相关政策以推动其发展。

随着“十二五”规划和相关政策的陆续出台，新一代信息技术（新一代移动通信、下一代互联网、下一代卫星导航、下一代智能交通、物联网、车联网和云计算等）在政策、规划、资金和服务等各个层面，得到了政府全方位的支持，并受到全社会的关注。

我国十分注重车联网的发展。2010年10月，在无锡举行的中国国际物联网大会中，车联网被列为我国重大专项，相关内容已经上报国务院，有望获得数百亿的经费支持。

2011年3月，《中华人民共和国国民经济和社会发展第十二个五年规划纲要》（以下简称《规划》）发布，将新一代信息技术列入国家大力发展的七大战略性新兴产业，并明确了重点发展的领域。

《规划》在“推动重点领域跨越发展”部分指出：国家大力发展节能环保、新一代信息技术、生物、高端装备制造、新能源、新材料和新能源汽车等战略性新兴产业。新一代信息技术产业重点发展新一代移动通信、下一代互联网、三网融合、物联网、云计算、集成电路、新型显示、高端软件、高端服务器和信息服务。战略性新兴产业增加值占国内生产总值比重应达到8%左右。

2011年4月，财政部发布《物联网发展专项资金管理暂行办法》，通过资金保障和资金管理促进物联网的健康发展，发挥财政资金的引导和扶植作用。

2011年5月，工业和信息化部、财政部联合下发《关于做好2011年物联网发展专项资金项目申报工作的通知》，明确专项资金将重点支持技术研发类、产业化类、应用示范与推广类、标准研制与公共服务类等四类项目，将重点支持物联网关键技术和重点产品的研发和产业化，同时支持开展重点领域的应用示范和推广。

2011年5月，工业和信息化部电信研究院同时发布《物联网白皮书（2011年）》和《移动互联网白皮书（2011年）》，这是中国发展物联网和移动互联网的两份指导性文件。《物联网白皮书（2011年）》指出，“当前，物联网已成为各国构建经济社会发展新模式和重塑国家长期竞争力的先导领域”。《移动互联网白皮书（2011年）》指出，“移动互联网将移动通信和互联网这两个发展最快、创新最活跃的领域连接在一起，并凭借数十亿的用户规模，正在开辟信息通信发展的新时代”。

2011年7月，科学技术部发布的《国家“十二五”科学和技术发展规划》提出，未来5年，要基本建成国家创新体系，将国家综合创新能力世界排名由第21位提升至前18位，科技进步贡献率力争达到55%，创新型国家建设取得实质性进展。

2011年12月，国家汽车移动物联网联合设计中心在北京成立。车联网“国家队”的出现将彻底改变目前“群龙无首”“小、散、乱”的局面，产业链的重构已近在眼前。据悉，该中心由中国航天科技集团公司、清华大学等25单位共同发起。

2012年7月31日—8月1日，由交通运输部公路科学研究院和北京市交通委员会主办的第三届智能运输大会在北京召开，大会期间交通运输部科技司的相关负责人公开解析了《交通运输行业智能交通发展战略（2012—2020 年）》（以下简称《战略》）。《战略》提出，到 2020 年，中国智能交通发展的总体目标是：基本形成适应现代交通运输业发展要求的智能交通体系，实现跨区域、大规模的智能交通集成应用和协同运行，提供便利的出行服务和高效的物流服务，为 21 世纪中叶实现交通运输现代化打下坚实基础。具体目标为：全面提升城市交通管理和服务水平，有效提高公路交通安全和出行可靠性，着力增强水路运输效率和监管应急能力，显著促进多种运输方式有效衔接，显著提高技术创新能力，推动形成智能交通产业。为实现上述目标，将重点支持交通数据实时获取、交通信息交互、交通数据处理、智能化交通安全和智能化组织管控等技术的集成创新。还将加快智能交通基础性关键标准、应用服务标准的制定，推动标准贯彻执行和国际合作。

2.3.2 业务管理需求

从 GSM 到 3G 网络，中国的通信业在过去十年中得到了飞速的发展。随着网络数据业务能力的高速增长，移动通信已经从话音通信、数据通信、移动互联网发展到了物联网，网络通信基础设施正在把人、计算机、社会和世界万物连接在一起。同时，移动业务的概念也已经从单纯地在终端移动的情况下保持通信的连接性，转变为与互联网业务相结合向移动终端提供各类服务，包括基于终端位置信息的服务、移动内容交换和分发服务、移动信息搜索和移动电子商务服务等。显然，安装了复杂机械和电子设备，由人驾驶、供人乘坐、装载货物的移动交通工具——汽车已成为未来发展的趋势。通过移动网络接入移动服务，无论是对汽车和交通的发展，还是对信息技术的发展，甚至社会的公共安全和效率，都具有十分重要的意义。车联网是传统的交通领域和通信、信息技术领域深度融合的标志。融合，意味着传统生产方式到新兴生产方式的变革，意味着通信、信息服务业成为智能化的交通产业中的重要一员，也意味着交通产业环境的重组和优化。

首先，车联网指的是连接车辆的网络，特指通过双向的、实时交互的、全覆盖的通信网络，实现移动的车辆电子系统之间和车辆电子系统与服务平台的连接，这个概念是相对于目前以单车为单位独立运行，或只是具有单向接收功能（如无线电广播、卫星定位等）的汽车电子系统而言的。其次，车联网指的是以车为对象的网络连接，它事实上包含了对车内各种传感器、控制器和车辆电子系统得到的各种参数的连接，以及通过车辆中的人机交互界面实现的与驾驶者、乘坐者的连接，甚至包括通过车内网络与车辆所载物品的连接。再次，车联网指的是通过车联网得到的一系列的能力，即车联网能力。包括车内传感器和车载电子设备提供的能力、人机交互界面提供的能力和通过连接网络获得的能力（如位置获取能力、通信保障的能力和设备管理的能力），还应该包括接入移动通信网络、车-车互联网络、车-路互联网络和互联网公共服务取得的网络能力。最后，车联网指的是通过车联网具有的能力提供的服务，即车联网服务，以及由这些服务衍生出的大量的应用。这些服务可以按照服务对象进行分类，消费者服务包括人们熟知的专门为车辆、驾驶者和乘坐者提供的地图服务、定位服务、导航服务、辅助驾驶服务、路况服务、维修服务、紧急救助服务、通信服务和行车娱乐服务等；生产者服务包括为汽车制造厂商和他们的4S店提供的车况参数、行驶状态和与此相关的客户关系服务等；商业管理服务包括为商业运输车队的管理提供的车辆调度、车况记录、驾驶记录、配载记录、车辆位置跟踪和车辆资产管理服务等；金融保险服务包括从车辆购买、运行和运输到维护整个生命周期的金融和保险服务等；公共管理服务包括道路管理部门、交通运输管理部门、公安交通管理部门和城市发展规划等部门提供的服务。

从车联网服务和应用的对象上可以看到，尽管车联网在物理上是十分简单地将车辆与网络相连，但是车联网服务惠及的主体范围很广，参与车联网服务的主体更是十分复杂。同时，由于中国的汽车制造业是国际化的，国内车联网市场并不是孤立的。所以，要对涉及车联网各方的利益和在国际汽车市场大环境中的产业形态进行一些分析。从产业的角度看，车联网是一组十分复杂的产业链群。

按照目前国际发展现状，可以根据产业引领者的不同将车联网产业分为不同的群落和市场。一个是汽车品牌厂商引领的面向乘用车消费者的前装车联网，一个是消费电子厂商引领的后装车载设备组成的车联网。一个是面向商业客货运车队的商业车辆跟踪和车队资产管理的后装车载设备的车联网，一个是由政府主导的以实现智能交通、道路安全和道路交通管理为目标的车联网。

实际上，由于产业引领者的动力来自自身的发展目标，这种按照引领者不同对现状的划分也意味着对车联网不同发展目标的划分。由于产品的功能和产业结构都是以引领者利益最大化为目标优化的，具有不同目标的产业群落正在以不同的产业组织方式发展自己具有不同功能的车联网。

当然，不管是哪种车联网，通过电信运营商的移动通信网络实现车辆对基础设施的连接是必不可少的。显然，在这种严重差异化的模式下，电信运营商能够扮演的角色就是提供终端到服务提供商的通信链路，可以提供的解决方案要么是通过手机等移动终端设备和车载设备连接，要么是提供嵌入的通信模块实现车载设备和网络的连接。这种角色最大的困难在于它导致每个服务的提供方都只能获得特定车载终端提供的能力，这些能力比前面分析的车联网网络能力要小很多。

人们一直试图对上述几大车联网产业群落进行统一，但是至今没有成功。其核心问题在于各个产业链的目标是完全不同的。例如，一些汽车生产厂商置消费者的利益不顾，不把车联网车载终端配置在低档车上。它们不是把车联网看成是车辆必须具备的功能，而是看成获得高额利润的手段。同时，传统汽车制造业的车联网信息服务产业也十分封闭，不同汽车厂商有各自不同的车联网服务体系，导致车联网的技术和服务发展水平严重滞后于开放的移动互联网产业。

这种产业博弈的僵持局面是一种零散的结局，对车联网产业发展是极其不利的。用新制度经济学的观点分析，产业中各个主体之间的契约关系、产业政策和规制环境，即产业治理结构，是要随着生产力的发展不断优化的。其优化的目标是降低交易成本，优化的手段是通过市场和规制的双重力量推动主体建立他们之间新的契约关系。互联网的发展在契约优化上就是一个很好的例证。

互联网服务发展的经验为我们突破产业瓶颈、推动产业融合、建立新的治理结构提供了很好的提示，值得借鉴。互联网搜索引擎是信息提供者（网页）和信息需求者之间的桥梁。但是，在很长的时期里，搜索引擎只是信息需求者查询网页信息的单向桥梁。谷歌首先发现了不仅信息需求者需要找到所需的信息，信息发布者（如广告发布者）更需要为他们的信息找到需要这种信息的用户。谷歌通过特有的技术开发了新的搜索引擎平台，使互联网服务进入了 Web 2.0 的时代，更使得过去没有能力发布广播式广告的商家进入了一个精准的广告发布平台。与广播式的广告发布相比，互联网广告市场的总规模大幅度提高。正是这种基于互联网技术的新的技术平台，形成了信息发布者和信息需求者之间新的契约关系，为广告业的发展建立了新的路径，实现了搜索引擎产业和广告产业在优化基础上的融合，形成了新的产业增长点。

另一个典型的例子是苹果公司。过去的手机是专门为移动通信网络和移动通信业务设计的，互联网服务和应用仅仅通过简单的手机浏览器来支持，和移动终端及网络技术是相互分离的，不仅用户体验差，而且没有很好的盈利模式。进入3G时代以后，尽管无线网络的带宽和能力不断增加，人们在这种模式下寻找能够带来收益的手段却一直没有实质性的结果。智能终端设备为互联网应用特别设计了操作系统，建立了应用商店，通过新的技术平台在服务提供者、应用开发者和终端制造商之间建立了全新的契约关系，这种新的产业治理结构一举打破了移动互联网和智能终端多年来沉闷的市场格局，创造了智能终端和应用服务销售的奇迹。

谷歌和苹果都是在开放的互联网环境下，找到了市场上存在的不合理的契约关系，通过开发新技术、建立新平台实现新的治理结构，使陷于僵局的传统产业找到新的增长点。车联网产业目前面临的问题和前谷歌时代、前苹果时代是十分类似的。

所以，现在车联网需要的是对产业发展现状有准确认识的，像谷歌和苹果那样的新进入者。这个新进入者通过开发新的技术、建设新的平台、推出新的产业治理结构，为原有的车联网产业群落中的主体建立新的契约关系，不仅可以使不同车联网产业群落中的各个主体实现多赢，新进入者也可以得到自己新的发展空间。毫无疑问，这个新的平台是基于移动通信网络和互联网络的，是用于在现有各个产业群落和各产业主体之间建立新的契约关系的，是为这些产业中的主体在优化自身目标和优化车联网全局目标之间得到平衡，并获得更大的收益的，这是车联网产业主体愿意进入车联网新的产业环境的动力。对于平台的开发和运营者而言，运用新的技术推动车联网产业发展，意味着自身可以从产业发展中获益，自然会积极寻找车联网产业中的发展机会。

在这个意义上，已经从传统电信业走出、进入移动互联网领域的电信运营商，已经具有网络基础设施、计算基础设施和终端合作开发经验的电信运营商，已经成为推动信息服务业发展的主力军的电信运营商，期望摆脱在车联网中单一提供管道角色的电信运营商，一定会在市场的推动下，打破传统产业的零和博弈格局，和交通产业领域和信息服务领域的企业形成多赢的合作关系，成为车联网产业契约关系优化和产业推进的重要力量。

2.3.3 公安管理需求

交通安全管理是在对道路交通事故进行充分研究并认识其规律的基础上，基于有关法律、法规和标准规范，采用科学的管理方法，对道路交通系统的人、车、路和环境等要素进行有效的组织、协调和控制，从而保证道路交通安全畅通。安全管理作为道路系统中的核心要素，协调着系统中其他要素间的相互关系，对道路交通系统的安全运行起着决定性的作用。交通安全管理的功能构成要素主要体现在技术层面和社会层面，技术层面主要涵盖安全管理的技术和手段，社会层面则从宏观角度体现交通安全管理的社会功能。公安管理需要满足以下几个方面的需求。

1. 指挥调度

（1）指挥与调度功能。指挥中心、交通管理局、分县局各级部门可根据权限进行视频指挥、调度与控制，充分实现资源整合与信息共享。

（2）精准管理。采用 RFID 技术对安装电子标签的车辆进行信息读取，实现对特定车辆的有效管理，并与视频系统结合，实现无牌、假牌和套牌车辆等的及时发现和有效管理，及时掌握车辆状态，实现被盗及时自动报警。

（3）实时比对报警。在各路段选取适当的位置，保证各类车辆通行、排队时能够及时、有效地采集所需信息，满足公安机关对过往车辆（包括各类农用车）的全天候自动监控需求。自动比对功能可以对被盗抢、肇事逃逸、无牌、套牌和逾期未年检等违法车辆，以及危化品运输车辆、渣土车辆、伴随车辆和特定车辆等各类布控车辆信息进行实时比对与报警。

(4) 布（撤）控管理。系统能够定期自动下载更新包括被盗抢机动车、出租车、报废车辆和公安部通缉的在逃嫌疑人等数据库，能进行全天候有效布控和撤控，并能够有效管理布（撤）控信息，从而实现与社会车辆卫星定位管理平台的对接，实现对盗抢机动车犯罪和各类利用机动车进行的犯罪活动的精确跟踪与有效打击。

(5) 图像抓拍记录。结合视频技术能清晰分辨车辆驾驶人员和副驾驶座人员的面部特征，所抓拍图像应包含车辆全部特征，包括车牌近景和车貌全景照片等；能够在车流量大、路行不畅、车辆积压排队的情况下，准确拍摄前后车辆（前后车距较小）；能够完整拍摄骑压分道线的车辆信息。

(6) 交通控制。结合视频技术实现目标车辆的区域提取、目标确认、目标分割、目标跟踪和目标分类等；检测车牌、车型和颜色，统计车流量、车速、车头距离、占有率和车辆排队长度等，自动显示路段车流通行状况；动态监测事故现场，一时间段内某一区域的车速过慢或者流量信息超出正常范围时，自动报警提示。

2. 交通管理

(1) 实现对出租车、危险品运输车、渣土车、运钞车、涉嫌套牌车、社会联动应急车辆、校车、出租车及其他特定车辆的治安管理。

(2) 提供闯信号、路口变道、逆行、闯禁区和超速等交通违章实时记录功能，自动查纠嫌疑车辆（如伴随车辆、交通违法或事故逾期未处理车辆、逾期未参加法定检验车辆、达到法定报废年限的报废车等）；能够区分超速违法、逆向行驶违法和闯禁区违法等行为方式，超速违法可以进行人工设置，根据路段限速标志设定限速值，禁区和单行路段可以根据路段规定人工设置。

(3) 测速与流量统计。对过往车辆进行速度测定；按车道和时段对通过监控卡口的交通流量进行统计，统计条件由时间范围、车型和车牌颜色等条件组合。

(4) 实现大型政治、社会活动期间和处置突发性案（事）件应急联动车辆的指挥调度、精确引导，实现对大型活动人员的身份自动识别。

(5) 合理、自动和科学地配置交通路口信号配时，实现公交优先。

3. 治安管理

(1) 实现出租车及驾乘人员进、出城的自动登记，对停车场、居民小区等区域车辆实现有效管理。

(2) 车辆轨迹分析。对特定车辆轨迹和出现时间、次数进行智能分析与描绘。

(3) 实时记录。对进出城门的整个断面，包括整幅机动车道行驶路面、非机动车道的经过车辆和人员要有清晰的监控图像，对周边的治安复杂区域能实现有效监控，提供事故录像记录功能等。

(4) 统计分析、模糊查询。对过往车流量历史记录提供统计、分析和查询功能，根据设定权限，查询路口的通行车辆记录，查询条件由车辆的车型、车牌号、颜色、经过时间等组合而成。车牌号码可以只给出少数几位（位置可能不固定），从而进行模糊匹配查询。对于某一车辆、某一时段的查询，能够提供经过路口信息，并自动生成车行轨迹。针对某一时段某一路口，模糊查询能够提供所有通过车辆信息（如车号、车型、速度、方向、通过时间和相关影像信息等）。

2.3.4 涉车资源应用服务需求

(1) 发展智能交通系统是顺应“十二五”交通规划提出。该系统应实现对国家高速公路和国省干线公路的重要路段、大型桥梁、车辆区域和交通运输状况等的感知和监控。实现对危险品运输车辆、船舶、长途客运，以及城市公交、出租车和轨道交通的全过程监控。应基本建成全方位覆盖、全天候运行、快速反应的水上交通安全监管系统和海事信息服务系统。“推进物联网在交通运输行业应用已经得到了国家和交通运输部的高度重视，必将成为‘十二五’期间发展现代交通运输业的重点工作”。智能交通物联网将智能交通的基本理念与物联网的技术产业相结合，不仅实现了数量巨大、流动性强的基础“物”之间的连接与通信，同时也推动了交通智能化和信息化进程。

(2) 物联网使交通系统更加“智能、安全、和谐、节能”。目前，交通问题的重点和主要的压力来自于城市道路拥堵和安全。在道路建设跟不上汽车增长的情况下，解决拥堵问题主要靠对车辆进行管理和调配。未来，智能交通的发展将向以热点区域为主、以车为对象的管理模式转变。因此，智能交通亟待建立以车为节点的信息系统——车联网。车联网就是综合现有的电子信息技术，将每辆汽车作为一个信息源，通过无线通信手段连接到网络中，进而实现对全国范围内车辆的统一管理。

2.3.5 安全需求

行驶的车辆是一个由驾驶员-车辆-道路环境构成的闭环系统，车辆的行驶状态受到驾驶员、车辆状况和行驶环境的共同影响。车联网应能根据驾驶员意图、车辆运行状况和复杂多变的行驶环境，对突发事件采取应对措施，保证车辆以最佳综合性能运行。

在车辆运输安全监测传感网中，车辆的导航终端根据卫星导航接收器采集的信息，利用航位测定、地图匹配技术等计算车辆的具体位置，车辆的车载信息系统采集路况、天气等道路环境信息，驾驶员通过驾驶界面操纵车辆进行加速、减速或制动，从而避开拥挤路段，减少冲突，增强行驶安全性。

车联网可以解决车辆运行安全问题。交通安全监测模型是一个信息化系统，各个组成部分和各种功能都是以道路交通安全为中心展开的，安全、高效、及时的预防、监测和指挥系统是实现交通安全物联网的关键。从系统功能上讲，这个系统必须将车辆运行和事故报警之间相互连接，形成车辆运输安全的传感网。

2.4 车联网技术体系

2.4.1 主要技术

车联网是物联网的一种，因此物联网中很多的关键技术是部署车联网的技术基础。但车联网应用同时也要求有别于其他物联网应用的技术支持。

随着传感网、普适计算、云计算和实时系统等信息技术的飞速发展，在其支撑下的车联网得以提出和发展。车联网的关键技术包括：①传感网技术；②通信与网络技术；③软件技术；④硬件技术；⑤数据处理技术；⑥安全隐私。

RFID 技术与无线传感器网络技术是物联网最基本的两项技术，用于标识物体和感知客观环境的物理属性。RFID 技术首先要解决的难题是全局标识。现有的 RFID 标识标准并不统一，如果要全部接入互联网则需要有统一的标准。传感网同样面临大规模应用的问题，异构传感网的整合使用还有许多实际问题需要解决。

物联网中单个标识或传感器设备的工作是没有意义的，只有通过相互协同工作才能完成有实际意义的任务，所以通信与网络技术也是必不可少的关键技术。

1. 物联网技术

根据第 1 章物联网的概念和定义，物联网是“物物相连的互联网”，是新一代信息技术的重要组成部分。物联网的概念有两层意思：第一，物联网的核心和基础仍然是互联网，它是在互联网基础上延伸和扩展的网络；第二，其用户端延伸和扩展到了所有物品，实现任何物品与物品之间的信息交换和通信。物联网通过智能感知、识别技术、普适计算和泛在网络的融合应用，被称为继计算机、互联网之后世界信息产业发展的第三次浪潮。物联网是互联网的应用拓展，与其说物联网是网络，不如说物联网是业务和应用。因此，应用创新是物联网发展的核心，以用户体验为核心的创新是物联网发展的灵魂。

概括来讲，物联网正日益成为全世界公认的第三次信息化革命，而且已经引起了各国政府和研究机构的高度重视。物联网概念是在信息技术的应用和发展过程中逐步产生的，并且仍在发展。通过构成物物之间能够远程感知和控制的巨大的无线传感器网络，来实现更透彻地感知、更广泛地传输、更全面地互联互通，物联网正是以此为主要目标而发展起来的。物联网在发展过程中不断地融入新的传感器技术、无线网络通信技术、数据分布协同处理技术（如云计算）等，它将传感器、传感器网络、互联网和各种智能化管理技术集成应用，形成连接各种设备、设施和人的集成化系统。

物联网本身是一个集成的技术平台，其基本架构包括感知层、网络层和应用层。感知层是各式传感器组成的底层网络，即传感网。常见的传感技术是 RFID 技术。网络层即网络接入层，它将传感器获取的信息通过有线网络或移动通信网络传输到上层网络平台。应用层包括面向服务的中间件和具体服务系统，中间件对网络层传输的信息进行集中存储、分类和处理，具体服务系统则针对某一项专业流程进行定制开发，提取、访问中间件的数据。

在国际上，物联网所依托的技术和产品远比物联网本身发展要快，而且不断被现有的应用系统所吸收。物联网的支撑技术对各个应用领域都是开放的，它主要依靠的信息技术包括信息采集与识别（如传感器和 RFID 等）、数据传输和信息处理等。这些技术都是通用技术，且已在工业、农业、交通和社会管理等领域产生大量应用和众多的应用系统。此外，也发展了不少有特定应用环境的专用技术。智能交通中物联网支撑技术的应用案例很多，如城市道路信号控制系统、车载导航系统、自动驾驶系统、智能车路系统和不停车收费系统等。而且，在智能交通中逐步发展形成了可以成为物联网支撑技术的特有技术，如交通状态获取技术、智能信号控制技术、路径优化和诱导技术、专用短程通信技术和车辆识别技术等。

2. 传感器和无线传感器网络技术

以收集信息为目的的传感技术同计算机技术与通信技术一起被称为信息技术的三大支柱，它是车联网获取动态信息的基础。目前，国际上无线传感器网络（Wireless Sensor Network，WSN）技术成为了车联网的一个研究和应用重点，WSN 是由部署在监测区域内部或附近的用大量廉价的具有通信、感测和计算能力的微型传感器节点通过自组织构成的“智能”测控网络，通常包括传感器节点、网关和服务器。

传感器和无线传感器网络运用于交通领域，其目标是为智能交通系统更全面地获取交通状态、更及时地侦测交通异常、更准确地确定交通运输工具运行状态提供支撑。

从国际发展状态来看，无线传感器网络技术的成本、能耗、微型化、定位性能、移动性和硬件安全等问题成为其应用过程中的制约因素。对于无线传感器网络，目前国际上研究的热点问题主要集中在通信协议、网络管理、应用层支撑技术和硬件资源等方面。

1）通信协议

物理层通信协议方面的研究热点集中在传感器网络的传输媒体、频段选择和调制方式上，数据链路层协议重点研究网络拓扑和信道接入方式，网络层协议的研究热点是集成平面和集群两种路由方式的优点，传输层协议重点研究提供网络可靠的数据传输和错误恢复机制。

2）网络管理

网络管理研究的重点包括能源管理和安全管理。其中，能源管理重点研究在不影响网络性能的基础上，如何控制节点的能耗、均衡网络的能消，以及动态调制射频功率和电压；安全管理重点研究无线传感器网络的节点认证、处理干扰信息和攻击信息等安全问题方面。

3）应用层支撑技术

应用层支撑技术是针对节点定位要求较高情况的应用，基于少数已知节点的位置，研究以最少的硬件资源、最低的成本和能耗定位节点位置的技术。

4）硬件资源

硬件资源的研究重点包括基于特定应用的要求，研究微型化的节点；在不影响节点性能情况下，降低节点硬件的成本；研究太阳能电源及其他大容量可再生电源，解决制约传感器网络发展应用的能耗问题。

3. 云计算技术

在以分析为主要目的的数据处理技术中，热门的是以云计算为代表的数据分布协同处理技术。IBM公司于2007年年底宣布了云计算计划，自此云计算的概念出现在大众面前。

云计算是能够提供动态资源池、虚拟化和高可用性的下一代计算平台。在国际上，云计算有两种形态。从狭义上说，云计算指厂商通过分布式计算和虚拟化技术搭建数据中心或超级计算机，以免费或按需租用方式向技术开发者或企业客户提供数据存储、分析和科学计算等服务，如亚马逊数据仓库出租业务。从广义上说，包括了更多的厂商和服务类型，即厂商通过建立网络服务器集群，向各种不同类型客户提供在线软件服务、硬件租借、数据存储和计算分析等不同类型的服务，如Google发布的Google应用程序套装等。

无论哪种形态，云计算都在表达一种理念：将计算任务分布在由大量计算机构成的资源池上，使各种应用系统能够根据需要获取计算力、存储空间和各种软件服务，形成数据共享计算模式与服务共享计算模式的结合体。其目的是通过使用远程大规模处理平台运行数据处理服务程序的模式来负担超大量数据的处理工作，减少用户数据管理负担，最终将计算、服务和应用作为一种公共设施提供给公众，实现一种基于简约终端的高端服务。

4. 新一代通信技术

4G是经历GSM、GPRS、3G之后的新一代无线高速宽带网络，是第四代移动通信及其技术的简称。与3G相比，4G具有高速率、低延时、广覆盖、大容量、易兼容和移动性强等突出优势。

如果说3G能为人们提供一个高速传输的无线通信环境的话，那么4G通信将是一种超高速无线网络，一种不需要电缆的信息超级高速公路。可以说，未来车联网许多功能的实现，都依赖于4G超高的传输速度。4G带来的最大数据传输速率达到100 Mbit/s，是3G的近10倍，2G的50倍。4G的标准主要有FDD-LTE-Advance和TD-LTE-Advance两种，其中，TD-LTE-Advance标准以中国为主导，而FDD-LTE-Advance则在世界范围内使用比较广泛。

凯迪拉克产品经理林仕翰在接受媒体采访时说："4G对汽车产行业的影响将是深不可测的。我们正考虑把行车记录仪与4G结合起来。"他表示，在2G、3G时代，通用旗下车型现有的行车记录仪只能将事故的位置信息、声音信息和少量图片传输给呼叫中心，但在4G时代，直接发送视频影像将成为可能。显然，这将更有利于事故责任判断。

另外，将移动设备（如手机）与车载4G模块相连接，就可以随时调出由汽车摄像头拍摄的车身周边视频，以便及时发现和解决车辆被划、被撞、被盗等问题。

5. 车路协同技术

车路协调系统是作为一种解决道路交通问题的手段而提出来的。车路协调系统主要通过信息技术、通信技术和控制技术等，实现信息资源在车载装置和交通基础设施之间的合理分配和平衡，并实现车辆和道路设施之间的智能协同。

世界上的主要发达国家都投入了大量人力、物力和财力进行车路协调技术的研发和示范应用，如欧盟的CVIS项目和SAFESPOT项目，美国的VII和IntelliDrive等项目，日本的Smartway计划等，其应用目标是提高道路交通的安全、畅通和效率。

在技术上，智能车路协同技术综合应用信息、通信、传感网络、下一代互联网、可信计算和计算仿真等领域的最新技术，实现车辆与道路设施的智能化和信息共享，在实时、可靠的全时空交通信息的基础上，结合车辆主动安全控制和道路协同控制技术，保证交通安全，提高通行效率，实现人-车-路的有效协同。

2.4.2 新技术应用与发展趋势

这里的新技术主要指移动通信技术（包括 3G、4G、DSRC 和 ad hoc 等）和由于通信技术的发展而派生的各种综合应用技术（如云计算、传感网技术、车路协同和物联网技术等）。它们是促进交通运输业发展的不竭动力，是决定交通运输总体效能的关键因素之一。

以无线通信技术为代表的新技术，通过感知设备、网络和系统，随时随地感知、测量、捕获和传递信息，使人与人、人与物、物与物都可以无障碍地互联互通，并可按新的方式协同工作。它们通过先进的技术获取更智能的分析，并通过实践创造新的价值。换言之，以无线通信技术为代表的新技术通过更透彻地感知、更广泛地互联和更为智能地分析处理，建立起各种交通环境和参与实体之间的无处不在的智能网络，促使人类社会真正向着信息社会发展。

1. 传感器技术和传感信息整合

车联网是车、路、人之间的网络，车联网中的传感技术应用主要是车的传感器网络和路的传感器网络。图 2.4 所示为车的传感器网络示意图，图 2.5 所示为路的传感器网络示意图。

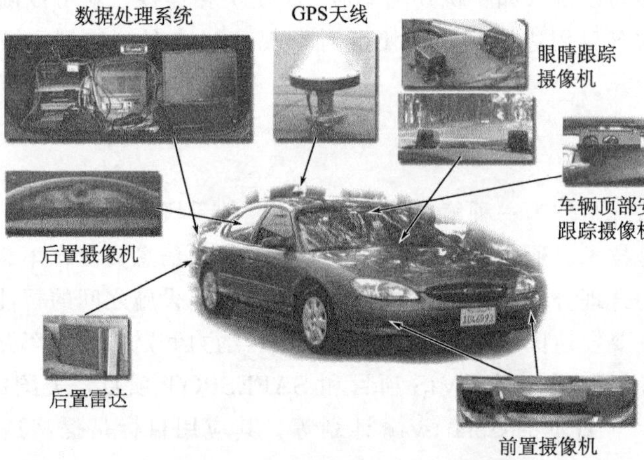

图 2.4 车的传感器网络示意图

车的传感器网络又可分为车内传感器网络和车外传感器网络。车内传感器网络是向人提供关于车的状况信息的网络，如远程诊断就需要利用这些状况信息分析判断车的状况；车外传感器网络就是用来感应车外环境状况的传感器网络，如防碰撞的传感器信息、感应外部环境的摄像头，这些信息可以用来增强安全和作

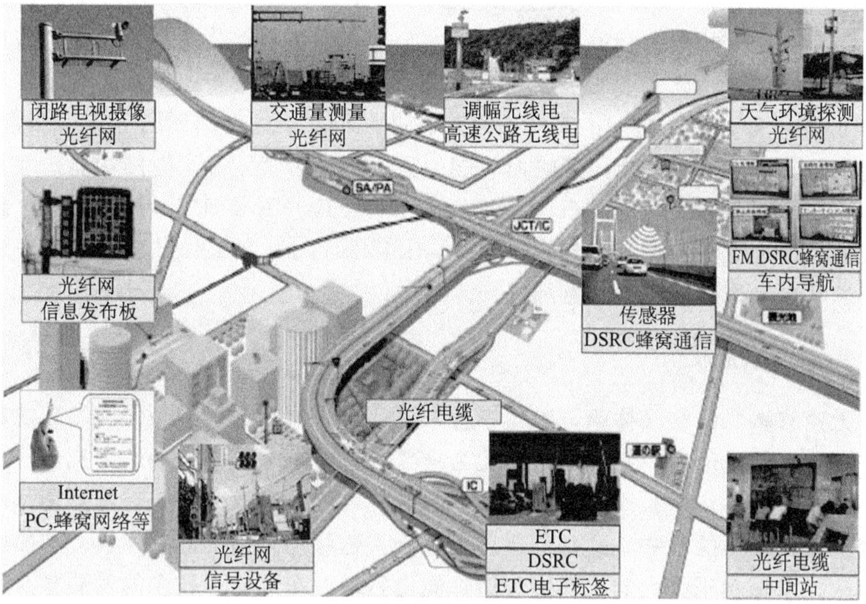

图 2.5 路的传感器网络示意图

为辅助驾驶的信息。

路的传感器网络指那些铺设在路上和路边的传感器构成的网络，这些传感器用于感知和传递路的状况信息，如车流量、车速和路口拥堵情况等，从而使车载系统获得关于道路和交通环境的信息。

无论是车的传感器网络还是道路的传感器网络，都起到了车的状况和环境感知的作用，为车联网获得了独特（有别于现在的互联网）的“内容”，整合这些“内容”，即整合传感网络信息，将是车联网重要的技术发展内容，也是极具特色的技术发展内容。

2. 开放的、智能的车载终端系统平台

就像互联网中的电脑和手机，车载终端是车主获取车联网最终价值的媒介，可以说是网络中最为重要的节点。当前，很多车载导航娱乐终端并不适合车联网的发展，其核心原因是采用了非开放的、非智能的终端系统平台。不开放、不够智能的终端系统平台是很难被打造成网络生态系统的。这方面可以参照智能手机领域来感受其重要性：大量的开发者基于苹果公司的 iOS 和 Google 的 Android 终端操作系统构建了几十万款应用，这些应用为这两个手机网络生态系统创造了核心价值，而这一切都是因为开发者可以基于这样的系统开发应用，特别是 Google 的 Android 系统，源代码完全开放，可以裁减和优化。因此，从目前来看 Google 的 Android 系统也将会成为车联网终端系统的主流操作系统，它为网络应用而存在，并专为触摸操作设计，体验良好、可个性化定制，应用丰富且应用数量快速增长，已经形成了成熟的网络生态系统。反观当前车载终端使用最多的 WinCE，却是一个封闭的系统，很难有进一步发展的空间，因为应用非常少，任何修改都由于微软的封闭策略而无能为力，辛辛苦苦开发了上网功能，却无特色的应用和服务可用。前装市场上的荣威 350 及其 INKANET，后装市场上路畅科技的 Android 平台产品已经证明了 Android 的价值，Android 将是车载娱乐导航终端平台操作系统的必然选择。

3. 语音识别技术

无论有多好的触摸体验，对驾车者来说，行车过程中触摸操作终端系统都是不安全的，因此语音识别技术显得尤为重要，它将是车联网发展的助推器。成熟的语音技术能够让司机通过嘴巴来对车联网发号施令和索取服务，能够用耳朵来接收车联网提供的服务，这是最适合车这个快速移动空间的应用体验。成熟的语音识别技术依赖于强大的语料库和运算能力，因此车载语音技术的发展本身就得依赖于网络。由于车载终端的存储能力和运算能力都无法很好地解决非固定命令的语音识别，因此必须采用基于服务端技术的“云识别”技术。

4. 服务端计算与服务整合技术

车联网的很多应用和服务的提供都要采用服务端计算技术。类似互联网和移动互联网，车联网终端能力有限，通过服务端计算才能整合更多信息和资源，向终端提供及时的服务，服务端计算因此进入了云计算时代。云计算将在车联网中用于分析计算路况、大规模车辆路径规划、智能交通调度计和基于庞大案例的车辆诊断计算等。车联网和互联网、移动互联网一样都得采用服务整合来实现服务创新、提供增值服务。通过服务整合，可以使车载终端获得更合适、更有价值的服务，如呼叫中心服务与车险业务整合、远程诊断与现场服务预约整合、位置服务与商家服务整合等。

5. 通信及其应用技术

车联网主要依赖两方面的通信技术，即短距离无线通信技术和远距离的移动通信技术。前者主要是 RFID 技术和类似 Wi-Fi 等 2.4GHz 通信技术；后者主要是 GPRS、3G、LTE 和 4G 等移动通信技术。这两类通信技术不是车联网的独有技术，因此技术发展重点主要是这些通信技术的应用，包括高速公路和停车场自动缴费、无线设备互联等短距离无线通信应用，以及 VOIP 应用（车友在线、车队领航等）、监控调度数据包传输、视频监控等移动通信技术应用。

6. 互联网技术

车联网通过整合车、路、人等各种信息与服务，最终为人（车内的人和关注车的人）提供服务的。能够获取车联网提供的信息和服务的不仅仅是车载终端，而是所有能够访问互联网的终端，因此电脑、手机也是车联网的终端。现有互联网技术及其应用基本上都能够在车联网中使用，包括媒体娱乐、电子商务、Web 2.0应用和信息服务等。当然，车联网与现有互联网相比，有两个关键特性：一是与车和路相关，二是把位置信息作为关键元素。因此，围绕这两个关键特性发展车联网的特色互联网应用，将给车联网带来更加广泛的用户和服务提供者。

2.5 我国车联网发展现状

目前，物联网已经成为信息网络技术发展的焦点，它加快了社会的信息化和网络化进程。车联网是物联网的一个重要应用分支。2010 年 10 月，在无锡举行的中国国际物联网大会，决定将车联网项目列为我国重大专项第三专项的重要项目。

2009 年，我国汽车总销量首次超越美国，跃居世界首位，中国的汽车电子市场也随之进入快速发展期。但汽车保有量的快速增长也给道路交通带来了极大压力。虽然信息技术使汽车具有对发动机、底盘和车身进行智能控制功能，拥有车载导航、娱乐系统和无线局域网络等电子产品，但并没有解决用户面临的堵车、交通事故和停车难等问题。

2.5.1 我国典型的车联网研究与应用

1. 汽车主动安全

长安汽车与清华大学就“智能交通与主动安全”项目进行了合作。长安汽车赠予清华大学 10 辆悦翔作为试验用车，用于汽车安全技术研究。2009 年，长安汽车对国内外智能交通和主动安全技术的发展现状、产业化前景和国内基础等进行了充分的调研和论证，在此基础上，制定了重点发展基于智能交通的汽车主动安全技术的战略规划。2010 年长安汽车与清华大学合作开展了基于机器视觉的车道偏离和前方障碍物预警系统的研究，完成了样车开发。该样车具备车道偏离报警、自适应巡航和前撞预警功能。2010 年，长安汽车在上海国际车展上展示了主动安全技术，清华大学负责其中控制系统的开发。

2. G-BOS 智慧运营系统

2010 年，苏州金龙推出了 G-BOS 智慧运营系统，着眼于汇聚成熟的客车运营管理技术、尖端的客车电子技术和 3G 通信技术，为国内客车产品的全新升级提供完备的解决方案。G-BOS 智慧运营系统是 Telematics 技术和商业智能（Business Intelligence，BI）技术在客车上的综合应用。G-BOS 智慧运营系统通过安装在客车上的车载终端从 CAN 总线和各类传感器上持续不断地采集发动机运行数据、车辆状况信息和驾驶员的操控行为，同时接收 GPS 卫星定位信息，记录车辆所在位置，并通过 3G 无线通信网络将所有信息实时传递到数据处理中心。G-BOS 智慧运营系统车载终端同时还融合了行车记录仪、倒车监视器、故障报警显示台、视频播放器和短消息接收器等功能，可以实时将车辆相关信息提供给驾驶员和后方运营平台。G-BOS 智慧运营系统可以说是车联网智能平台的雏形，为道路交通运输行业车联网的下一步建设和发展奠定了坚实的技术基础。

3. 不停车收费系统

厦门市于 1998 年提出建设基于 RFID 技术的不停车收费（ETC）系统。最初使用有源 5.8 GHz 不停车收费产品。然而，由于 ETC 系统应用的 5.8 GHz 有源产品存在先天不足——电池消耗快，有源卡会因电池耗尽而读取信息失败，从而造成收费站车辆拥堵。通过调研，厦门不停车收费系统改用 915 MHz 的无源产品，其可靠性和稳定性均优于有源产品。

厦门作为第一个成功将 RFID 技术应用于城市路桥不停车收费的城市，其 ETC 系统建设过程中的成功经验和失败教训，为我国车联网的发展提供了借鉴。

4. 汽车数字化标准信源

汽车数字化标准信源全称为汽车身份特征信息和管理基础信息的数字化标准信源，俗称电子车牌。它是一种工作于 UHF 频段（840～845 MHz 或 920～925 MHz），具有多项应用特性的无源汽车专用 RFID 电子标签，是一个建立在汽车数字化标准信源基础上的涉车涉驾数字化信息技术服务系统。这一信息技术服务系统以汽车的身份自动识别认证功能为核心，向社会提供汽车的身份信息、路网信息和事件信息等。它的体系结构分为运行管控服务层（后台系统）、信息传输网络层、基站集群层和信源层四层。

汽车数字化标准信源系统功能包括：①对车辆道路行驶有效安全监管，对道路行驶的车辆进行身份识别，满足车辆超速告警、被盗抢车辆追查、黑名单车辆布控、假牌车辆/套牌车辆打击、交通肇事逃逸追查、交通事故信息采集和无牌车辆管理等监管需求；②对道路车辆驾驶员进行有效监管，通过车辆驾驶人员身份识别，解决目前国内外对驾驶人员动态监管的空白状态，实现对无证驾驶、违反准驾规定驾驶机动车、驾驶员逾期年审或不年审、特种车辆驾驶人员准入等驾驶员的安全监管；③满足涉车涉驾社会化服务需求；④提升我国道路涉车现代化管理技术水平。

汽车数字化标准信源系统技术特点为：①标签内存容量不小于 216 B；②具备全球唯一 ID 号；③使用 UHF 频段无源免维护电子标签（寿命十年）；④读写器外场工作抗干扰能力强；⑤利用跳频技术保障无线射频通信安全可靠；⑥实现汽车高速行驶状态下（≤180 km/h）的可靠读取；⑦实现远距离（≥20 m）识读；⑧实现汽车数字化标准信源内的信息安全控制；⑨实现电子标签与汽车严格的唯一对应。

基于汽车数字化标准信源系统技术的研究课题主要有“汽车数字化标准信源系统在区域性道路交通信息资源开发领域的应用技术研究”“上海世博会车、驾安全监控管理区域性应用服务平台技术研究”“汽车数字化标准信源系统在区域性典型涉车（保险）行业的应用技术研究”“基于 RFID 和视频识别技术的南京特定车辆管理与治安防控体系建设”和“基于无源远距离 RFID 技术的城市交通电子证件适用技术研究与示范”等。

我国拥有网络规模与覆盖范围全球第一的移动通信网络和丰富的带宽资源，并在 RFID 技术和汽车智能化等方面积累了一定的研究基础，发展车联网具有一定优势。随着应用需求的多样化，信息技术的智能化元素将向传统领域渗透，推动相关产业链各个环节的发展。未来，智能信息技术解决方案将成为汽车、交通行业的核心，汽车电子设备提供商、软件厂商和通信运营商将成为各行业发展的决定因素，云计算、移动互联网、传感器和嵌入式软件等信息技术将在应用中得到提升和突破。

2.5.2　我国车联网产业发展现状

1. 中国车联网感知技术与产业现状

中国汽车工业协会统计数据显示，2012 年中国汽车产销超过 1900 万辆，刷新了全球纪录。随着汽车电子化水产的日益提高，作为全球最大的汽车市场，中国汽车感知技术产业将会继消费电子、通信和计算机之后受到全球业界的关注，中国汽车感知产业飞速发展已成趋势。

RFID 感知技术在中国车联网领域也得到了广泛的应用，如实现不停车收费和用于物流车辆管理等。公安部已经推出一种识别率在 99.9%以上的专用电子标签，可安装在汽车挡风玻璃上，以便对车辆身份和位置信息进行唯一标识。

中国正在计划加快推进无线传感器在车联网领域的应用。汽车计算平台通过与车辆传感器节点的数据交换，实现环境监测、目标发现、位置识别和控制其他设备的功能，此过程需要通过网关连接无线传感器网络和外部网络，实现两种网络协议之间的转换，从而发布、发送控制命令到传感网络内部节点，因此无线传感器网络的体系建立非常重要。

车联网的快速发展，大大促进了中国传感器产业的发展，有关统计显示，自 2009 年开始，国内传感器市场需求规模快速增长的主要动力即来自于汽车电子。研究数据显示，目前一辆普通家用轿车上大约会安装几十到近百只传感器，豪华轿车则多达 200 余只，种类达几十种，两者所用传感器约占整个汽车传感器市场的三分之一。

随着车联网的快速发展，环保、安全、智能是未来的汽车传感器的发展方向，这给传感器产品带来了更高的质量要求。汽车电子化越发达，自动化程度越高，对传感器的依赖性就越大，因此国内外都将车用传感器技术列为重点发展的项目。汽车传感器的应用将不再局限于发动机管理系统，而是越来越多地与环境保护、安全和智能联系在一起。

2. 中国车联网通信技术与产业现状

汽车通信系统是车联网的信息传输渠道，车辆的移动特点也决定了车联网通信应以无线通信为主。在车联网无线通信解决方案中，通信网络带宽是车联网通信面临的一个技术难题。目前的 3G 网络带宽并不能满足未来图像和流媒体的传输需求，而 4G 网络和 DSRC 的自主网技术等也还没有完全突破。

当车联网感知系统采集上来的信息被汇聚到数据中心后，需要对其进行存储、交互和分析。但国内在云计算和海量数据处理方面，还未掌握核心技术，而且在全面获取系统精准的信息基础上，针对不同应用进行智能化处理，更是一项世界性的难题，需要开展大量工作来研究智能化应用的数学模型。

2011 年启明信息与 TD-SCDMA 第三代移动通信国际标准的核心专利拥有者（大唐电信）合作，在汽车移动通信领域全面拓展车联网市场。双方通过共建实验室，充分利用大唐电信在通信接入、通信终端、通信应用与服务等领域的技术优势和技术积累，结合启明信息在汽车电子产品化、工程化和市场方面的优势，共同开发以中国自主知识产权为核心的高可靠性、高集成度、超低功耗的智能化汽车通信电子产品，将汽车与移动通信网络有机地结合，开发适用于未来汽车电子应用的通信模块产品，为智慧车联网提供技术和产业支持，服务于中国乃至世界汽车行业。

蓝牙也是车联网无线通信的一个技术手段，具有低成本，容易推广。现在已有超过 1 /3 的车辆具有蓝牙功能。如果用蓝牙实现车联网技术，可以借助原有的蓝牙功能模块，通过导入一些软件将这些模块连接到手机上，再连接到远程的服务中心来获取内容和服务。这些软件可以在汽车出厂之前配置，也可以在汽车销售之后让用户去下载配置。

信息通信系统是中国汽车市场增长速度最快的领域，汽车信息通信系统在中国有巨大的市场发展潜力。现在很多运营商都在推出车联网服务平台，面向高端的客户群体，提供各式各样的无线通信服务，产业链很长。3G 网络为车联网提供了完备的网络基础。

3. 中国车联网导航技术与产业现状

1）全球卫星定位导航（GPS）技术与产业概况

近年来，车载导航系统已被广泛使用，车联网的发展带来的汽车导航业的巨大市场潜力又一次引起各方的广泛关注。卫星导航是车联网的一个支撑基础，如果没有卫星导航的存在，车联网这个概念就难以成立。

随着中国私家车保有量的稳定增长和智能手机销售量的激增，与之共同发展的中国 GPS 导航市场也保持了高速的增长。据统计，2012 年中国 GPS 导航产品的出货量达到了 20 302.92 万台（包括车载前装 GPS、车载后装 GPS、便携式 GPS、GPS 手机、GPS 测绘仪器等）。未来几年，随着中国汽车保有量的提升和 GPS 设备的进一步普及，中国 GPS 导航市场将迎来更广阔的发展空间。

据统计，2012 年中国车载前装 GPS 产品的出货量为 123.3 万台，而 2013 年第 1 季度，出货量已达到 32.5 万台。相对于前装 GPS 市场年 123.3 万台的出货量，车载后装产品拥有更大的市场量级。2012 年，我国车载后装 GPS 产品的出货量达到了 795.4 万台、便携式 GPS 出货量为 1623.7 万台。

据统计，2012 年我国导航手机出货量为 17 756.2 万台，同比增长 185.81%，而 2013 年仅一个季度出货量已达到 6308.3 万台，超过去年全年出货量的 1/3。

另外，随着智慧物流的发展，国内中长途运输的载货车对车载导航系统的需求也越来越大，该系统既能满足交通导航的需要，同时也能为司机在长距离运输过程中的娱乐和信息沟通提供便利。

面对如此庞大的市场，国内的多家厂商已经推出了自己的产品，而国外厂商也在为其产品的本土化进行大量的准备工作。

车载导航系统要想在市场上站稳脚跟，不仅要有很好的硬件支持，也要有很好的软件与其相配合，导航内容应包含道路状况、商店分布和交通规则等。在中国要把这些资料搜集全是非常困难的，因此要想在中国市场上取得成功，拥有准确、全面的资料是关键。全面准确的导航内容是车载导航系统的价值所在。但公共信息资源能不能真正地开放和共享、共享到什么程度，还需要不断地完善和探索。从服务的角度上来讲，还涉及智能交通系统（Intelligent Transport System,

ITS）当中的几个部分的内容，包括信息服务系统、交通管理系统、车辆控制系统、车辆信息管理系统、电子收费系统和紧急救援系统等。

2）中国北斗导航技术与产业概况

北斗卫星导航系统是中国自行研制开发的区域性有源三维卫星定位与通信系统，是继美国的全球定位系统（GPS）和俄罗斯的格洛纳斯之后第三个成熟的卫星导航系统。

北斗系统为促进卫星导航产业链的形成，完善国家卫星导航应用产业支撑、推广和保障体系奠定了坚实的基础，并极大地推动了卫星导航在国民经济社会各行业中的广泛应用。今后，中国定位服务设备生产商，都将会提供对 GPS 和北斗系统的支持，这样不仅可以提高定位的精确度，还可以利用北斗系统特有的短报文服务功能改善车联网的实用性。

建设自主卫星导航系统是国家战略，交通运输行业要力争成为北斗系统民用推广的排头兵，以实际行动全力支持国家导航战略发展。目前，我国正在积极推动各项政策举措，促进北斗卫星导航系统在智能交通、路况信息管理、道路堵塞治理、车辆监控和车辆自主导航等方面的广泛应用。

车联网作为北斗卫星导航产业的重要部分，将率先应用于交通运输重点营运车辆监控管理。特别是当前北斗导航系统正处于应用初期，率先在道路运输行业推广应用，有利于迅速实现规模效益，有效降低使用成本，为北斗导航系统应用推广工作奠定良好的基础。

4. 中国车载信息服务产业现状

2012 年，国内汽车市场仍保持了高速增长的态势，累计销售汽车超过 1900 万辆，稳居世界第一。汽车市场的发展不断地对车联网服务提出更高要求，推动汽车导航服务的全面升级，成为中国车载信息服务产业发展的市场基础。

Telematics 产业是以汽车为载体、能高效提升汽车生活品质、为车主出行提供综合信息和安全保障的新型服务业。Telematics 将汽车带入了“智能信息化时代”，为整个汽车产业链注入了新的活力，创造了全新的价值。Telematics 是未来汽车产业链发展的方向和大趋势。

值得注意的是，在过去的发展历程中，Telematics 产业以少数整车厂为核心，由于价格因素，并没有在全球大规模普及。而事实上，业内都希望能够有更多的企业进入 Telematics 产业，以实现开放和共赢，因此国内 Telematics 产业潜力巨大。

2010 年，Telematics 产业联盟正式成立，并在中国召开了首次会议，来自全球 25 个国家的 200 多位嘉宾齐聚，这也是 Telematics 产业界在中国首次举行的高规格国际盛会。国际 Telematics 产业联盟是由俄罗斯、美国和德国等 20 多个国家的相关机构自发联合成立的。

在国内车载前装市场上，丰田 G-BOOK 率先在雷克萨斯 RX350、凯美瑞高端版上投入使用 Telematics 产品，通用也于 2010 推出 On-Star。在后装市场，作为中国汽车电子行业领跑者，好帮手革命性地推出了基于 E-CAR 车载网络信息平台的 Telematics 产品，将安全、实用的车载信息化平台带入了平常百姓的生活。

未来语音与车载终端的互动将是中国 Telematics 车载终端发展的一大趋势。根据 Telematics Research Group 的预估，到 2015 年大约会有 6 千万辆汽车具备语音识别功能。未来的 Telematics 导航技术将更加直观、更加易用。传统的静态导航将逐渐被动态导航取代，导航将不断地向 3D 导航、实景导航和在线化方式发展，地图增量更新技术、动态交通信息技术将在导航技术中全面应用。Telematics 终端将从产品化向服务化方向发展，逐步取代普通导航产品。

Telematics 服务提供商（Telematics Service Provider，TSP）在 Telematics 产业链居于核心地位，上接汽车、车载设备制造商和网络运营商，下接内容提供商。谁掌控了 Telematics 服务提供商，谁就能掌握 Telematics 产业的控制权，因此，Telematics 服务提供商也成了汽车制造商、电信运营商、GPS 运营商和汽车影音导航厂商力争的角色，谁最有可能、最适合主导中国未来的 Telematics 产业成为了产业发展最大的疑问。

从市场角度分析，目前我国自主轿车的 Telematics 系统现处在萌芽阶段，未来前装市场的 Telematics 服务由谁提供尚未明朗。但从汽车厂商的性质来看，其作为 Telematics 服务提供商非常合适，特别是在车辆的在线故障检测方面有其他各类企业不可比的优势。

2.6 我国车联网发展的基础条件

1. 产业发展初具基础

我国无线射频识别（RFID）产业市场规模已超过 100 亿元，其中低频和高频 RFID 相对成熟。全国有 1600 多家企事业单位从事传感器的研制、生产和应用，年产量达 24 亿只，市场规模超过 900 亿元。其中，微机电系统（Micro-Electro-Mechanic System，MEMS）传感器市场规模超过 150 亿元；通信设备制造业具有较强的国际竞争力。建成全球最大、技术先进的公共通信网和互联网。机器到机器（Machine to Machine，M2M）终端数量接近 1000 万，形成全球最大的 M2M 市场之一。

2. 技术研发和标准研制取得突破

我国在芯片、通信协议、网络管理、协同处理和智能计算等领域开展了多年技术攻关，已取得许多成果。在传感器网络接口、标识、安全、传感器网络与通信网融合、物联网体系架构等方面相关技术标准的研究取得进展，成为国际标准化组织（International Organization for Standardization，ISO）传感器网络标准工作组的主导国之一。2010 年，我国主导提出的传感器网络协同信息处理国际标准获正式立项，同年，我国企业研制出全球首颗二维码解码芯片，研发了具有国际先进水平的光纤传感器。

3. 3G 网络为车联网提供了完备的网络基础

车联网需要汽车与网络连接，还要求一张全国性的网络，覆盖所有汽车能到的地方，保持全天 24 h 在线，实现语音、图像和数据等多种信息传输。只有公众通信网能够满足这些条件。

目前，我国三大运营商都已经建成覆盖全国的基础通信网，网络覆盖广、性能优、可靠性高。3G 移动通信网络的建设完成，能够提供宽带化的无线信息传输通道，在全国范围内更好地实现无线漫游，并可以处理图像、视频流等多种媒体形式，这为建设车联网提供了坚实的网络基础。

与此同时，近几年受到广泛关注的基于 RFID 电子标签技术的传感网发展迅猛，通过射频识别、红外感应器、全球定位系统和激光扫描器等信息传感设备，可以把任何物品与通信网络连接起来，进行信息交换，实现智能化的识别、定位、跟踪、监控和管理。这解决了汽车如何连入公众网的问题。

4. 在中国推进车联网面临得天独厚的体制机遇

体制问题是融合创新的必备外部条件，而我国的车联网发展具有得天独厚的体制优势。党的“十七大”提出工业化与信息化融合战略，并组建了工业和信息化部，这为“两化融合”提供了重要的体制保障，而车联网是两化融合的现实结合点和突破口。

车联网的建设主要涉及汽车制造业和通信业，而这两个行业的主管部门通信发展司和装备工业司同属工业和信息化部。此外，RFID 等电子技术产品的研发生产厂商、IT 系统集成提供商、无线频率规划管理的部门和负责车联网编码制定的标准化组织，也都由工业和信息化部主管或者主导。因此，车联网建设的主要问题都能够在一个部委领导下协调解决。

5. 推进车联网具有良好的社会管理基础

我国居民身份证从第一代过渡到第二代，最大的变化是嵌入了一个非接触式的电子芯片，可以通过无线扫描确认身份。许多以人为本的信息化便捷应用，如电子机票，都是基于此而开发的。

车联网与之类似，要求每辆车都入网，就需要给每辆车嵌入一个具有联网功能的“二代身份证”。而中国对车辆的管理仅次于对人身份户籍的管理，车辆登记和管理制度完备、全面。车辆在购买使用时，必须在车辆管理所进行登记，车辆和车主的各种指标、数据都登记在案，并且定期进行检查。汽车的“第一代身份证”数据信息齐全，这为汽车换发“二代身份证”和实现车联网打下了良好的基础。

6. 交通运输行业发展车联网需求迫切

一方面，交通运输行业具有广泛而迫切的行业应用需求。随着交通基础设施建设的完善，以及汽车工业的快速发展，交通运输行业在大踏步发展的同时，也带来了诸如交通拥堵、环境污染等众多社会问题。如何利用车联网实现交通运输行业资源的优化配置管理，保证交通可持续发展，是目前交通运输行业由传统行业向服务型行业转变，实现“感知交通”急需解决的问题。另一方面，交通运输行业具有坚实的信息技术基础条件。以智能交通为代表的交通信息化建设，将传感器技术、RFID 技术、GPS 技术、无线通信技术和视频检测识别技术等运用于整个交通运输管理体系，使得交通运输行业中无处不在利用车联网技术、网络和设备来实现交通运输的信息化和智能化。综上所述，交通运输行业是最有可能、最有条件实现车联网大规模应用的领域之一。

2.7 车联网标准与发展中的问题

2.7.1 车联网标准与协议

1. Telematics 标准现状

伴随着智能交通和智能汽车技术的发展和应用，车载无线接入（Wireless Access for the Vehicular Environment，WAVE）作为一个 Telematics 行业通信标准被提出并被列为 IEEE 802.11p 标准。Telematics 系统不仅能实现车与后台（Vehicle to Infrastructure ，V2I）间的通信，还可以实现车与车（Vehicle to Vehicle，V2V）、车与路（Vehicle to Road，V2R）、车与人（Vehicle to Person，V2P）之间的信息传输，这样一来，每辆汽车都成为物联网中的设备，形成了一个汽车行业的物联网。

Telematics 的功能以行车安全与车辆保全为主，基本可总结为卫星定位、道路救援、汽车防窃、自动防撞、车况掌握、个性化资讯接收和多媒体娱乐资讯接收等。Telematics 的服务可分为三种基本类型，即交通信息与导航服务、安全驾驶与车辆保护服务，以及车辆维护、娱乐和通信服务。Telematics 产业链条主要包括用户、内容提供商、设备提供商、网络运营商和 Telematics 服务提供商五个部分。在国内，现阶段的最终用户主要是行业用户，如中国移动 e 物流车辆管理的用户主要是物流公司下属的车队。内容是支撑，内容提供商主要为 TSP 生产文本、图像、音频、视频或多媒体信息，内容包括实时交通信息、气象信息和个人资讯等。设备和网络服务是基础，设备提供商包括硬件和软件提供商，提供的设备有芯片、终端、地图软件、定位软件和中间件集成平台等。网络运营商包括电信运营商、卫星运营商和广电网络服务商等。值得一提的是，中国移动多媒体广播（China Mobile Multimedia Broadcasting，CMMB）凭借其全国网络覆盖的优势，形成了一种广域传输手段的新趋势，现在全国已经有 37 个城市开始发送 CMMB 信号，很多基于 CMMB 的硬件终端也已经上市，成为了中国 Telematics 产业的独有特色和亮点。

在 TSP 服务平台软件方面，国外比较典型的有 ATX、Connexis 和 Wireless Car 等软件厂商。汽车厂商一般通过单一的 TSP（如丰田的 GBook）向用户提供专用的服务，固定的供应链结构使得服务提供者很难去降低其运营成本，一个好的办法是通过开放、标准化的协议来提供服务。下一代 Telematics 协议（Next Generation Telematics Protocol，NGTP）就是这样一个标准协议，它是由 BMW 公司牵头，联合 Connexis 和 Wireless Car 开发而成的一个 Telematics 软件体系框架和开放的技术标准协议。

2. 我国车联网标准现状

当前，在智能交通某个技术和应用领域，我国已经有相对较成熟的标准体系，但在车联网应用大整合、系统资源共享和技术兼容等方面，我国车辆网的标准还相对缺乏。车联网的发展已经进入了国家视野。“十二五”规划已明确提出，要发展宽带、融合、安全的下一代国家基础设施，推进物联网的应用。在物联网的分支中，最容易形成系统标准、最具备产业潜力的应用就是车联网。

中国是全球最大的汽车生产国和消费国，车联网的建成不仅会给我国智能汽车业带来广阔的前景，也将会带动其他相关产业链的发展。车联网产业链涵盖汽车零部件生产厂家、芯片厂商、软件提供商、方案提供商和网络供应商等多个领域。

自从车联网被国家列入“十二五”期间的重点项目，车联网的热潮就一再升温。对于刚起步的车联网，企业一窝蜂式的一拥而上，其实是不正确的选择。一旦企业一窝蜂地发展车联网，不仅可能造成无序竞争，产生重复投资的浪费现象，而且还可能导致国外品牌乘虚而入占领市场。对于新事物的兴起，总是伴随着担忧和疑虑。中国科学院院士邬贺铨也表示，车联网的实现并非一朝一夕，特别是汽车电子产业，正面临国际巨头的竞争，国内公司进入这一领域还需要克服一定的困难。据了解，与国外车联网产业相比，我国虽然在系统性应用方面存在一定弱势，但是在发展潜在规模上我国已经具备了一定的布局优势。从企业层面来看，部分车企的确已经具备了一定的技术融合能力（包括基础的识别和高级的综合运作平台技术）。

不过，值得注意的是，对于车联网，目前我国还缺乏全局性的政策和行业标准。在标准和政策缺失的情况下，车联网的发展实际上处于相关企业各行其是、自行发展的阶段。由于标准化是促进一个产业健康发展的基础，因此，我们应该认真总结以前发展中的教训，实现产业发展标准化先行。

车联网作为信息化工业化融合的典范和物联网的示范工程，在“十二五”规划的战略性新兴产业中占据非常重要的地位，是推动汽车制造和服务业、交通运输业等转型升级的重要动力，也是在保持国民经济持续增长的同时强化社会安全、提高交通效率和发展绿色节能的重要手段。

2012 年 12 月举行的第二届车载信息服务产业年会首次发布了由一汽、上汽、中国联通、奇瑞、中国电信、启明、博泰、东风、中标软件、中标普华等我国车载信息服务领军企业参与制定的汽车智能化等级评定规范、车载信息服务人机交互、车载信息服务基础术语、车载信息服务软件文档开发规范、车载信息服务软件故障应急响应等五个标准和车载信息服务软件标准体系。会上发布的汽车智能化等级评定标准（征求意见稿），不但是国内首创，也是全球首发。该系列标准尝试从功能和需求两个角度，阐述初级智能化到高级智能化的具体内容，该标准将为未来消费者定制和选购自己的汽车提供一个可靠的评价指标，也将引导企业按照用户和市场需求，系统地推动汽车智能化步伐。

本届年会还发布了 2012 自主车载信息服务系统，上汽、一汽、东风、长安、中国联通和中国电信等的 16 款在前装和后装市场占据主要地位的自主产品第一次向社会集中发布，显示出我国自主技术和产品在车载信息服务市场的蓬勃发展。会议透露，车载信息服务产业应用联盟将在工业和信息化部、交通运输部、卫生部、国家标准化管理委员会和国家知识产权局等有关部委的指导下，以智能汽车、汽车软件体系、汽车信息安全和车联网为四条工作主线，通过自主技术、自主产品和自主标准，推动我国车载信息服务的自主创新。

在经历了机械车、机电车和电子车之后，汽车正进入以软件和信息技术为核心的智能化汽车阶段。小到感应雨刷、自适应车灯、胎压监控和自动泊车，大到未来车辆自动巡航、自动驾驶、故障自动诊断和车辆智能养护，以及车与人、车与车、车与路、车与社会的拟人化交流，都是智能化汽车的具体体现。标准体系的完善是车联网产业否健康快速发展的关键，除了汽车企业、终端和软件厂商之外，还应期待电信运营商在标准制定和产业化方面发挥更重要的作用。

3. 车联网标准离不开政策和制度保障

车联网作为信息化融合工业化的典范以及物联网的示范工程，推动其发展有巨大的经济以及社会效益。将交通安全、出行便利和提高能效价值化，通过车联网平台形成多方参与的协同契约关系，对产业生态环境治理结构进行优化和创新，以实现车联网的可持续发展，并推动相关产业的转型。为实现这一目标，应当从制度层面打破传统汽车行业的封闭局面，并通过建立新的规章制度及对现有法律法规条例等进行相应修订，以推动我国车联网的可持续发展。主要建议如下。

(1) 国家联合信息通信产业、汽车制造业、汽车维修服务业、道路交通运输业、公路和交通运营维护业、金融保险业、交通管理和执法部门共同制定车联网发展规划，在 2015 年前实现 50%以上的普及率，达到国际先进水平。

(2) 修订车辆登记制度，在生产车型登记中，将具备车联网功能作为登记条件纳入整车规划和设计当中。针对现阶段传统汽车产业链的封闭局面，鼓励车联网设备制造、集成服务、信息服务、应用开发和运营体系对前装和后装并重，大力开发后装市场。

(3) 建立国家信息管理银行，并授权国有电信运营商搜集、存储、交换和管理车联网及其关联信息，同时根据现阶段技术发展和公共服务需要，针对数据隐私修订法律法规。按照国家信息管理银行的政策规定，为信息提供者管理信息，为政府、公共事业和相关行业的应用提供信息服务，按照国家的法律和行政法为信息提供者保密。

(4) 修订 2007 年国家颁布的《中华人民共和国道路交通安全法》，将车辆联网功能和车辆电子标签作为道路车辆登记的强制性要求之一，把保持车辆连网作为安全驾驶的强制性要求。

(5) 修订 2004 年国务院颁布的《中华人民共和国道路运输条例》，把商业运输车辆连网、运输场站连网和汽车维修服务部门连网作为准入条件之一，并对连网必须实现的功能和提供的服务作出规定，明确准入条件和监管规制，并提出相关的检验方法。

(6) 修改道路交通安全法的执法监督规定，允许交通执法部门通过车联网获得车辆违法信息，并通过语音、视频或文字手段进行远程警告和执法，将采集的车辆和驾驶人数据，以及执法过程的录音或录像作为证据。

(7) 修改道路交通安全管理的执行细则，提出通过车联网进行交通控制、事故报警和交通执法的需求，并基于车联网提出新的监控和证据采集程序，允许把车联网采集的行车数据和驾驶人行为作为法律责任认定和保险理赔的证据。

（8）修订《机动车交通事故责任强制保险条例》和《中国保险行业协会机动车辆商业保险示范条款》，继续推进保险费率市场化改革进程，允许经营机动车辆保险的公司提供基于行驶里程和基于驾驶行为等新型保险业务，鼓励保险公司运用车联网技术提供保险在线定损和理赔。

车联网作为全球下一个万亿元级规模的战略性新兴产业之一，其发展已经渐渐从概念层面进入了务实阶段。随着相关行业标准的制定，车联网市场发展逐渐步入正轨，同时，政策的保护是车联网迅速发展的重要保障。

2.7.2　车联网发展存在的问题

1. 核心关键技术急需突破

自主知识产权的核心技术是车联网产业可持续发展的根本驱动力。作为国家战略新兴技术，不掌握关键的核心技术，就不能形成产业核心竞争力，在未来的国际竞争中就会处处被动。

我国车联网的技术创新相当一部分是在原有信息化技术基础上的深化和发展，并不是从无到有的原始创新，很难形成核心技术，大量采用国外技术，导致在专利方面受制于人，在信息安全方面没有保障。作为车联网主要技术的射频识别技术已在中国形成产业链。其中，低频和高频 RFID 的产业链已经比较成熟。在高频领域，国内厂商在产品精度和性能稳定性上均已达到国际水平；在超高频领域，国内产业链还处于一个逐渐成熟的阶段；在微波领域，国内企业还多处于研发阶段，成熟的产品和批量化的产品都比较少。

2. 信息安全难以保证

车联网和物联网有相似的应用技术，在应用过程中，每个人的详细信息都将随时随地地连接在这个网络上，随时随地被感知。这种暴露在公开场所之中的信号很容易被窃取，更容易被干扰，这将直接影响到车联网体系的安全。在车联网环境中如何确保信息的安全性和隐私性，避免受到病毒攻击和恶意破坏，防止个人信息、业务信息和财产丢失或被他人盗用，都将是车联网发展过程中需要突破的重大难题。这一方面要求技术层面的不断改进，另一方面则要求加快车联网相关法律法规体系的制定与完善，为车联网的推广和应用提供坚实的法律保障。

3. 标准和结构没有统一

要促进车联网的健康发展，就必须充分利用互联网的标准和它的生态系统。互联网的巨大成功很大程度上得益于开放的标准和开放的体系结构，因此，未来的车联网应该和互联网一起打造一个共同的用户体验，将来的解决方案应该既可以利用在互联网上，也可以利用在车联网上，这样也有利于使车联网技术能够跟上手机和计算机发展速度。所以，通信行业和汽车行业需要加强交流与合作，两个行业之间应该有更多的交流和互动。汽车行业应当更主动地让电信行业了解汽车行业对通信网络的需求，而通信行业在制定网络技术标准和网络建设规划的时候，如果不了解汽车行业或者说车联网发展的需求，也就很难为其未来发展提供有力的支撑。

4. 成本昂贵

据调查，2010 年上海世界博览会上汽集团通用汽车馆的 EN-V 车型，每辆造价 300 万美元左右，这对于普通的消费者而言是过于昂贵的。同样，与车联网相关的设施建设也是花费巨大，比如要建立一个巨大的无线网络，将需要耗费巨资，这无疑也是车联网发展过程中的一个瓶颈。

此外，车联网在应用过程中还会出现不少新的问题。例如，车联网在推广中还面临技术不完善、利用技术壁垒进行恶性竞争和知识产权保护相关法律法规跟进不足等方面的问题。

参考文献

蔡志理，孙丰瑞，韦凌翔，等. 2011. 基于车联网技术的车路协同系统设计. 山东交通学院学报，19 (4)：17-23.

陈冬等. 2011. 车载网络 IPv6 隧道的设计与实现. 计算机工程与设计，32 (10)：3305-3308.

董爽，胡智斌. 2011. 物联网射频识别技术的安全问题及防范策略. 中国新技术新产品，(12)：34.

高昆. 2010. 计算机网络系统在公安车辆管理业务中的应用 [硕士学位毕业论文]. 天津：天津工业大学.

顾振飞. 车联网系统架构及其关键技术研究 [硕士学位毕业论文]. 北京：南京邮电大学.

何晓梅. 2012. 物联网技术在危化品运输中的应用. 数字通信世界，3：47-50.

《货运车辆》研究部，华夏物联网研究中心. 2012. 中国货运车联网技术与产业发展报告.《物流技术与运用：货运车辆》，(1)：42-43.

姜书汉. 2011. "车联网"治疗交通拥堵的良药. 物联网技术，(1)：36-37.

刘唐，彭舰，杨进，等. 2011. 基于物联网的智能交通流探测技术研究. 计算机科学，38 (9)：67-70.

路敏. 2011. 现代通讯技术与城市智能交通. 山西科技. 26 (6)：52-53.

罗范生. 2012. 2011 年"车联网"十件大事. 数字通信世界，(2)：34-35.

王刚. 2011.《道路运输业"十二五"发展规划纲要》发布——智能交通投资加速"车联网"落地. 物联网技术，01 (10)：10-11.

王迅. 2012. 车联网技术在校车安全监管中的应用探讨. 电脑知识与技术，8 (13)：3035-3037.

王云鹏. 车联网与车路协同. http：//labs. chinamobile. com/report/view 60705.

吴勇毅. 2011. 智能交通成"十二五"规划重点车联网概念迎来新机遇. 通信世界，4：27.

许勇. 2010. 车联网通信协议研究和系统开发. 桂林电子科技大学学报，30 (5)：457-461.

颜志国，刘泽坤. 2011. 车联网 RFID 系统测试平台初探. 机电一体化，(9)：13-17.

周庆飞，李窍盛，张琪，等. 2011. 基于 RFID 技术的智能交通监管系统的架构. 交通科技，(5)：84-86.

Lanctot R C. 2011. 展望中国 Telematics 业务发展. APA 技术与应用，(1)：22-23.

第3章　车联网的关键技术

车联网的发展和推进是一个长期的工程，其各项功能需要通过多种关键技术来完成和实现。车联网各项关键技术的发展水平直接影响和制约着车联网的功能实现和推进。车联网是一个涉及多领域技术的技术集成群，如各类传感技术、通信技术、控制技术、网络传输技术、数据存储/处理/融合技术、安全辅助驾驶技术等。汽车感知技术主要有汽车内部感知与控制技术和车辆整体感知与控制技术。通信技术包括车载通信技术和各类短程通信技术。网络传输技术有各类无线传输技术、IP网络传输技术等。定位技术有北斗、GPS等定位技术等。本章将对车联网涉及的关键技术进行分类并深入阐述。

3.1　车辆内部感知与控制技术

汽车感知技术是车联网的末梢神经，是车联网最关键的技术。它是在汽车内的重要部位上装置很多不同用途的车用传感器（见图3.1），专门监测该部位的工作状况，及时以电信号方式向车用微机进行传输，向驾驶员提供关于车的实时状况信息，以供分析判断车的状况。车内感知技术涉及的关键技术主要包括汽车传感器、CAN总线技术和模糊控制技术等。

图3.1　车内感知示意图

3.1.1 常见汽车传感器

汽车传感器是促进汽车高档化、电子化、自动化发展的关键技术之一，汽车行业已经成为传感器的最大用户。由于汽车传感器技术相对于汽车传统的机械和电气技术发展得较晚，因此世界各国对汽车用传感器的研究、开发、性能、尺寸与价格都非常重视，技术进步非常迅速。

汽车传感器作为汽车电子控制系统的信息源，是汽车电子控制系统的关键部件，也是汽车电子技术领域研究的核心内容之一。汽车传感器对温度、压力、位置、转速、加速度和振动等各种信息进行实时、准确地测量和控制。衡量现代高级轿车控制系统水平的关键就在于其传感器的数量和水平。

近年来，从半导体集成电路技术发展而来的微电子机械系统（Micro-Electro-Mechanical System，MEMS）技术日渐成熟，利用这一技术可以制作各种能敏感检测力学量、磁学量、热学量、化学量和生物量的微型传感器。这些传感器的体积和能耗小，可实现许多全新的功能，便于大批量和高精度生产，单件成本低，易构成大规模和多功能阵列，非常适合在汽车上应用。

1. 发动机控制传感器

在以汽油机为动力的现代汽车上，发动机管理系统以其低排放、低油耗和高功率等特点迅速得到发展且日益完善。传感器在其中发挥着举足轻重的作用，下面介绍几种主要的汽车发动机上的传感器。

1）温度传感器

温度是反映发动机热负荷状态的重要参数。为了保证控制系统能够精确控制发动机的工作参数，必须随时监测发动机冷却液温度、进气温度和排气温度，以便修正控制参数，计算吸入气缸空气的质量流量，并进行净化处理。冷却液传感器（Coolant Temperature Sensor，CTS）通常称为水温传感器，其主要功能是检测发动机冷却液的温度，并将温度信号变换为电信号传给电子控制单元（Electronic Control Unit，ECU）。ECU 根据发动机温度修正喷油时间和点火时间，使发动机工作于最佳状态。进气传感器（Intake Air Temperature Sensor，IATS）的主要功能是检测进气温度，并将温度信号变换为电信号传给 ECU。ECU 根据发动机进气温度和压力信号修正喷油量，使发动机自动适应外部环境温度和压力的变化。常见的温度传感器有热敏电阻式温度传感器、热敏铁氧体温度传感器、扩散电阻式温度传感器、晶体管式温度传感器、双金属片式温度传感器等。

2）空气流量传感器

空气流量传感器用于测量发动机的进气量，将发动机的进气量转换为电信号后输入给ECU，以便ECU根据预定的空燃比计算燃油喷射量。进气量信号是ECU计算喷油时间和点火时间的主要依据，根据检测进气量的方式，空气流量传感器分为D型（压力型）和L型（空气流量型）两种。D型利用压力传感器检测进气歧管内的压力，控制系统利用该绝对压力和发动机转速计算吸入气缸的空气量，来控制燃油喷射，其特点是测量精度不高，控制系统成本低。L型利用流量传感器直接测量吸入进气管的空气流量，测量精度高，控制效果优于D型燃油喷射系统。L型传感器分为体积流量型（如翼片式、量芯式和涡流式）传感器和质量型（如热丝式和热膜式）传感器，其中热膜式流量传感器内部没有运动部件，因此没有运动阻力，使用寿命远远长于热丝式流量传感器。

3）压力传感器

在进气量采用歧管绝对压力计量方式的电控喷油系统中，进气支管压力传感器是最重要的传感器，相当于采用直接测量空气流量的电控喷油系统中的空气流量传感器。它依据发动机的负荷状态测出进气歧管内的绝对压力的变化，并转换成电压信号，与转速一起输送到ECU，作为决定喷油器基本喷油量的依据。压力传感器根据其信号原理可分为压敏式、电容式、膜盒传动的差动变压器式和表面波式等。其中，电容式和压敏式进气压力传感器在当今发动机电子控制系统中应用较为广泛；声表面波（Surface Acoustic Wave，SAW）式进气传感器是在一块压电基片上用超声波加工出一薄膜敏感区，上面刻制换能器（压敏SAW延时线），换能器与电路组合成振荡器。大气压力传感器主要以压敏式为主，安装位置各有不同。机油压力传感器，通常通过螺纹拧入汽缸体的油道内，其内有一个可变电阻，根据机油压力的高低，滑动触笔移动，改变桥式电路输出电流达到检测的目的。

4）位置传感器

曲轴位置传感器（CPS）是发动机电控系统中最主要的传感器，其功能是传递控制点火时刻、喷油时刻和确认曲轴位置。其检测并输入发动机ECU的信号包括曲轴转角、活塞上止点和第一缸判定信号，同时也是供测量发动机转速的信号源。曲轴位置传感器主要分为光电式、磁感应式和霍尔式等类型。节气门位置传感器的功能是把节气门打开的角度（即发动机负荷）大小转变为电信号后输入ECU，ECU根据节气门位置信号或全负荷开关信号判断发动机的工况，根据不同工况对混合气浓度的需求来控制喷油时间，以提高发动机的功率和效率。节气门位置传感器主要有触电开关式、可变电阻式、触电和可变电阻组合式三种，按输出方式分为线性输出和开关量输出两种形式。通过车身高度与转向盘转角传感器，电控主动悬架系统可以根据车身高度、车速、转向和制动等传感器信号，由ECU控制电磁式或步进电机执行元件，改变悬架性，适应各种复杂的行驶工况对悬架特性的不同要求。车高和转向传感器均用光电式。

5）气体浓度传感器

氧传感器（EGOS）通过监测排出气体中氧离子的含量来获得混合气的空燃比信号，并将该信号转变为电信号输入 ECU，ECU 根据信号对喷油时间进行修正，实现空燃比反馈控制，使发动机得到最佳浓度的混合气，从而达到降低有害气体的排放和节省燃油的目的，空燃比一旦偏离理论值，三效催化剂对一氧化碳、碳氢化合物和氮氧化物的净化能力将急剧下降。

现在汽车使用较多的是二氧化钛（TiO_2）式和二氧化锆（ZrO_2）式氧传感器两种。TiO_2属于 N 型半导体材料，其阻值大小取决于材料的温度和周围环境中氧离子的浓度，有芯片式和厚膜式两种。ZrO_2 式氧传感器的基本元件是专用陶瓷体 ZrO_2 固体电解质，其原理是空气中的氧离子通过多孔性固体电解质（ZrO_2），产生氧气浓度差，氧离子扩散运动，在 ZrO_2表面得到电动势，传感器输出该电动势电压信号测出氧浓度。

6）转速、速度传感器

发动机转速传感器的功能是在已知单位时间空气流量的基础上，检测发动机转速，来确定每循环负荷最佳空燃比的喷油量。常用的是采用电磁感应式发动机转速传感器，ECU 通过检测电磁感应式传感器线圈中产生的脉冲电压间隔，测出发动机转速。

车速传感器的功能是测量汽车行驶的速度。主要有可变磁阻式、光电式和电磁感应式等。可变磁阻式传感器是利用磁阻元件（MRE）的阻值变化引起电压变化，将电压变化输入至比较器，由比较器输出控制晶体管的导通和截止，以此测出车速。光电式车速传感器用于数字式速度表上，由发光二极管（LED）、光敏晶体管和遮光板构成。当遮光板不断遮断 LED 发出的光束时，光敏晶体管检测出脉冲频率，从而测出车速。电磁感应式车速传感器用于自动变速器型车辆测速，由电磁感应线圈和永久磁铁组成，主要通过自动变速器输出轴转动时感应线圈中的磁通量发生变化，来产生交流感应电动势，车速越高，磁通变化越大，输出的脉冲电压频率越高，因此控制系统根据脉冲电压的频率测出车速。

现代汽车均装有防抱死控制系统（ABS）和防滑控制系统，二者都设有获取车轮转速信号的轮速传感器。通常有电磁感应式和霍尔式两种。

7）其他传感器

爆燃传感器是点火时刻闭环控制必不可少的重要部件，其功能是将发动机爆燃信号变换为电信号传递给 ECU，ECU 根据爆燃信号对点火提前角进行修正，从而使点火提前角保持最佳，它分为压电式、磁致伸缩式两种。碰撞传感器是在电子控制式安全气囊系统中使用的传感器，可分为碰撞烈度传感器和防护碰撞传感器两类。电流传感器主要应用于电动机控制、负荷检测和管理、开关电源和过流保护等。

2. 底盘控制传感器

底盘控制用传感器是指用于变速器控制系统、悬架控制系统、动力转向系统、制动防抱死系统等底盘控制系统中的传感器。尽管分布在不同的系统中，但这些传感器的工作原理与发动机中相应的传感器是相同的。而且，随着汽车电子控制系统集成化程度的提高和CAN总线技术的广泛应用，同一传感器不仅可以给发动机控制系统提供信号，也可为底盘控制系统提供信号。

自动变速器系统使用的传感器主要有车速传感器、加速踏板位置传感器、加速度传感器、节气门位置传感器、发动机转速传感器、水温传感器和油温传感器等。制动防抱死系统使用的传感器主要有轮速传感器和车速传感器。悬架系统使用的传感器主要有车速传感器、节气门位置传感器、加速度传感器、车身高度传感器和方向盘转角传感器等。动力转向系统使用的传感器主要有车速传感器、发动机转速传感器、转矩传感器和油压传感器等。

3. 车身控制传感器

车身控制传感器主要用于提高汽车的安全性、可靠性和舒适性等。由于其工作条件不像发动机和底盘那么恶劣，对一般工业用传感器稍加改进就可以应用。车身控制传感器主要有用于自动空调系统的温度传感器、湿度传感器、风量传感器和日照传感器等，用于安全气囊系统中的加速度传感器，用于门锁控制中的车速传感器，用于亮度自动控制系统中的光传感器，用于消除驾驶员盲区的图像传感器等。

3.1.2 CAN数据总线

随着轿车电子化、自动化的提高，ECU日益增多，线路也日益复杂。为了简化电路和降低成本，汽车上多个ECU之间的信息传递就要采用多路复用通信网络技术，将整车的ECU形成一个网络系统，也就是CAN数据总线。

控制器局域网（Controller Area Network，CAN）总线是一种串行多主站总线。它具有很高的网络安全性、通信可靠性和实时性，简单实用，网络成本低。特别适用于汽车计算机控制系统和环境温度恶劣、电磁辐射强、振动大的工业环境。其通信媒介可以是双绞线、同轴电缆或光纤，数据传输速率可达1 Mbit/s。

1991年9月，Bosch公司制定并发布了CAN技术规范（Version 2.0）。该技术规范包括A和B两部分。2.0A给出了曾在CAN技术规范版本1.2中定义的CAN报文格式，而2.0B给出了标准的和可扩展的两种CAN报文格式。此后，1993年11月，ISO正式颁布了道路交通运输工具数字交换高速通信控制器局域网国际标准（ISO 11898）和低速通信控制器局域网标准（ISO 11519）。美国汽车工程师学会（SAE）等组织和团体也以CAN协议为基础颁布本组织的标准。遵循ISO/OSI标准模型，CAN总线分为数据链路层和物理层。在CAN 2.0标准中对数据链路层和物理层进行了详细的定义，其中物理层具有很大的灵活性，方便用户根据实际情况进行选择。

1. CAN总线的数据交换原理

A和B两部分应用标准版（CAN 2.0A）和扩展版（CAN 2.0B）两种格式的数据帧。这两种格式的数据帧都由7个段码组成。标准版的ID码为11位，可以识别2048个不同的信息。扩展版的ID码为29位，可以识别5.12×10^{8}个不同信息。CAN总线标准版（CAN 2.0A）数据帧格式如表3.1所示。

表3.1 CAN总线标准版（CAN 2.0A）数据帧格式

起始位	仲裁段		控制段	数据段	CRC段	证实段	结束段
1位	11位	1位	6位	0～8字节	16位	2位	7位

CAN总线协议的总线仲裁是按位进行的，需要比较不同节点在同一位数据传输时间内总线请求优先级的高低。因此，最高数据传输速度随总线长度的增加而降低。

自CAN总线问世以来，为满足CAN总线协议的多种应用需要，相继出现了几种高层协议。目前，大多数基于CAN总线的网络都采用CAN总线的高层协议。CANopen、DeviceNet和SDS是通常采用的高层协议，适用于任何类型的工业控制局域网应用场合，而CAL协议则应用于基于标准应用层通信协议的优化控制场合，SAEJ1939协议则应用于卡车和重型汽车计算机控制系统。

CAN总线协议是一种非破坏性的通过竞争来进行总线仲裁的协议。当多个节点同时要求占用总线进行数据传输时，为防止一个节点破坏另一个节点的数据，CAN总线协议控制器在仲裁段传输过程中，根据标识码的大小对总线进行仲裁，标识码较小的信息具有较高的总线占用优先级。当在一条总线上要传送两种不同格式的信息时，如果这两种不同格式的信息具有相同的基本标识码(BID)，那么在进行总线竞争时，标准格式帧的优先级始终高于扩展格式帧的优先级。

按CAN总线协议传输的数据，都需要一个网络内唯一的标识码来指定信息内容（如发动机转速或冷却水温度）和信息的优先级。若某一个节点的CPU要将信息发送给一个或多个节点，则首先应将待发信息及其标识码发送给指定的CAN总线控制器。为此，CPU必须首先初始化CAN总线控制器的数据交换功能，然后用CAN总线控制器构建并发送信息。一旦网络中某一节点的CAN总线控制器获得总线控制权，网络中所有其他节点都成为接收节点，所有正确接收到该信息的节点都要进行信息检验，以确定所收信息是否与本节点有关，然后放弃无关信息，对有关信息进行处理。这种方法使系统构建非常灵活，对每个独立节点来说，都不需要物理目的地址。如果要增加的新节点是纯粹的接收站，则不需要对现有节点的硬软件做任何修改，就能方便地向现有 CAN 总线网增加新节点。该协议也允许多站同时接收信息（广播式）和分布式过程信息共享，即采用该协议可以传送多个控制器共用的测量信息，对于基于 CAN 总线的汽车计算机控制系统，所有的控制单元可以共享同一个传感器。

2. CAN 总线特性

CAN 总线是一种多主站总线，通信介质可以是双绞线、同轴电缆或光纤。CAN 协议采用通信数据块进行编码，取代了传统的站地址编码，使网络内的节点数在理论上不受限制。由于 CAN 总线具有较强的纠错能力、支持差分收发，因而适合高干扰环境，并具有较远的传输距离。CAN 总线的特性如下。

（1）CAN 是一种有效支持分布式控制和实时控制的串行通信网络。

（2）CAN 协议遵循 ISO/OSI 参考模型，采用了其中的物理层、数据链路层和应用层。

（3）CAN 可以多主方式工作，网络上任意一个节点均可在任意时刻主动地向网络上其他节点发送信息，而不分主从，节点之间有优先级之分，因而通信方式灵活；CAN 采用非破坏性逐位仲裁技术，优先级发送，节省了总线冲突仲裁时间，在重负载下性能良好；CAN 可以点对点、一点对多点（成组）和全局广播等方式传送和接收数据。

（4）CAN 的直接通信距离最远可达 10 000 m（传输速率为 5 Kbit/s），最高通信速率可达 1 Mbit/s（传输距离为 40 m）。

（5）CAN 上的节点数可达 110 个。

（6）CAN 数据链路层采用短帧结构，每一帧为 8 B，易于纠错；CAN 每帧信息都有 CRC 校验和其他检错措施，有效地降低了数据的错误率；CAN 节点在错误严重的情况下，具有自动关闭功能，使总线上其他节点不受影响。

（7）信号调制解调方式采用不归零（NRZ）编码/解码方式，并采用插入填充位技术。

（8）数据位具有显性“0”（dominant bit）和隐性“1”（recessive bit）两种逻辑值，采用时钟同步技术，具有硬件自同步和定时时间自动跟踪功能。

3. CAN 总线的分层结构

CAN 总线的分层结构如图 3.2 所示。按照 IEEE 802.2 和 802.3 标准，物理

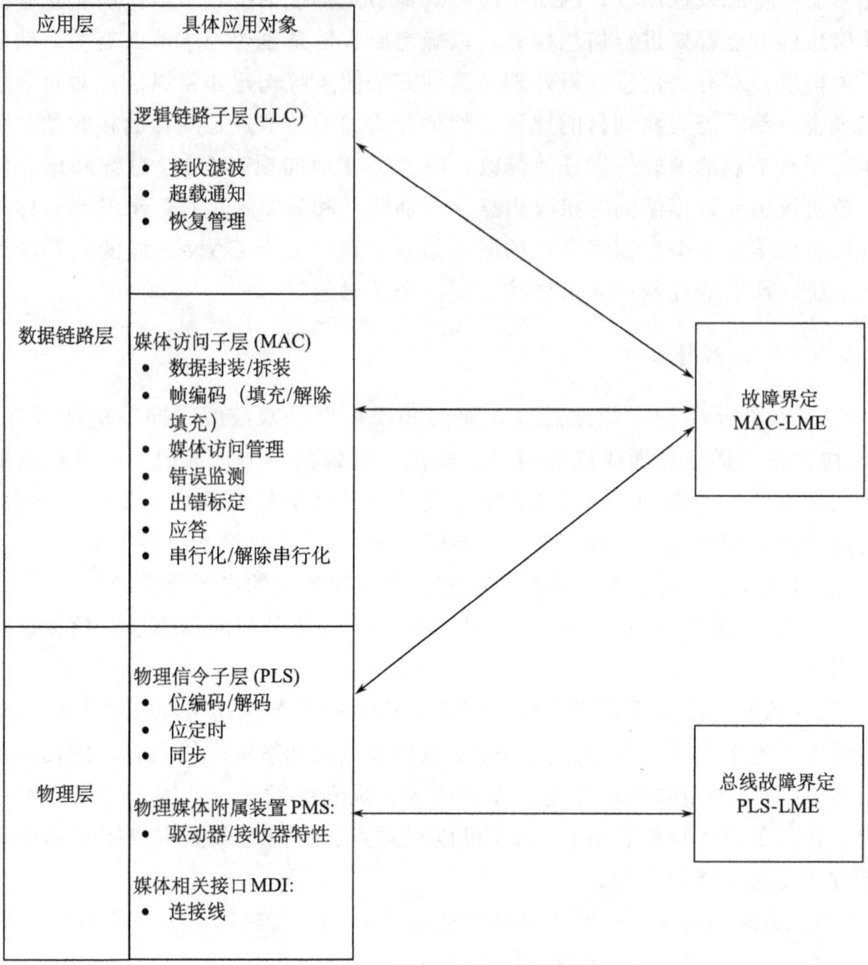

图 3.2　CAN 总线的分层结构图

层划分为物理信令子层（Physical Signaling Sublayer，PLS）、物理媒体附属装置（Physical Medium Attachment，PMA）和媒体相关接口（Medium Dependent Interface，MDI）。数据链路层划分为逻辑链路控制（Logic Link Control，LLC）和媒体访问控制（Medium Access Control，MAC）。

CAN（2.0B）定义了 MAC 子层和 LLC 子层的一部分，并描述与 CAN 有关的外层。LLC 子层的主要功能是为数据传送和远程数据请求提供服务，确认由 LLC 子层接收的报文已被接收，并为恢复管理和通知超载提供信息。MAC 子层是 CAN 协议的核心，它描述由 LLC 子层接收到的报文和对 LLC 子层发送的认可报文，具有数据封装/拆装、帧编码、媒体访问管理、错误监测、出错标定等功能。MAC子层由一个称为故障界定的管理功能实时监控，它具有识别永久故障或短暂扰动的自检机制。

物理层的功能是实现有关电气特性信号在不同节点间的传送。物理层定义了信号怎样进行发送，涉及位定时、位编码和同步的描述。在这部分技术规范中，未定义物理层中的驱动器和接收器特性，以便设计时根据具体应用，对发送媒体和信号电平进行优化。

4. CAN总线通信原理

CAN具有开放式线性总线型网络结构，总线节点平均分布。CAN总线由两个或多个节点组成。总线逻辑符合“线与”机制。“隐性”位（通常为逻辑电平“1”）被“显性”位覆盖（通常为逻辑电平“0”）。只要没有总线节点在发送显性位，总线线路就处于隐性状态，但是只要任一总线节点发送了显性位，就会产生显性总线状态。因此，对于CAN总线线路，必须选择能传送两种可能位状态（显性和隐性）的传输介质，此时总线线路有CANH和CANL两个输出端，并且可以直接或通过连接器与节点相连。CAN协议中没有定义有关连接器使用的标准。当总线长度不超过40 m时，最大总线速度可达1 Mbit/s。如果总线长度超过40 m，总线速度会降低（1000 m的总线仅能实现40 Kbit/s的总线速度）。对于1000米以上的总线，应该使用特殊的驱动器。若总线上不使用额外的设备，则至少可以连接20个节点。由于发送信号的差分性质，即两条总线线路所受的影响相同，使差分信号不受影响，所以CAN本质上并不容易受到辐射电磁能的影响。也可以屏蔽总线线路以降低来自总线的电磁辐射，尤其是在高波特率下。二进制数据是按非归零码（NRZ码，低电平为显性状态，高电平为隐性状态）编码的。使用位填充以确保所有总线节点时钟同步。这意味着在报文发送时，最多可以有5个连续位具有相同的极性。只要发送了相同极性的5个连续位，在继续发送后续位前，发送器将在比特流中插入一个极性相反的位。接收器也会检查同极性位的个数，并把填充位从比特流中删除。

在CAN协议中，不对总线节点寻址。地址信息包含在发送的报文中。这是通过标识符（每个报文中的一部分）实现的，标识符标识了报文内容（比如引擎速度和油温等）。另外，标识符还会指出报文的优先级，标识符的二进制值越小，报文的优先级就越高。

总线仲裁采用带有非破坏性仲裁的载波监听多路访问/冲突检测（CSMA/CD）机制。如果总线节点A要通过网络发送报文，它首先会检查总线是否处于空闲状态（即没有正在进行发送的节点），这样节点A就成为总线主控节点并发送其报文。在节点A发送第一个发送位（帧起始位）时，所有其他节点都会切换到接收模式。在正确接收了报文后（报文经过每个节点应答），每个总线节点都会检查报文标识符，如果需要的话还将存储报文，否则就将报文丢弃。

5. SAEJ1939 协议

在 CAN 2.0B 规范的基础上，对 CAN 的 29 位识别符进行具体的定义，建立起 J1939 协议的编码系统，从而形成 SAEJ1939 协议。目前它已成为货车和客车的通用通信协议。CAN 规范和 J1939 协议的区别在于仲裁场的 29 位识别符。

CAN 格式帧转换为 JX939 格式帧是通过协议数据单元（Protocol Data Unit，PDU）来实施的。J1939 的 PDU 由 P、R、DP、PF、PS、SA 和 DATA 七部分组成，它对应于 CAN 协议扩展帧的 29 位识别符加上数据场。

SAE J1939 协议在货车和客车上得到了广泛应用，但对于拥有更多电子设备的轿车却没有统一的应用层协议。

6. CAN 总线在汽车控制系统中的应用

现代汽车的计算机控制系统一般包括发动机控制、自动变速器控制、防抱死制动控制、安全气囊控制等几个控制单元，这类汽车的各计算机控制单元间往往没有通过总线构成网络，而是独立进行控制，或者相关控制单元通过串口进行联系。随着汽车电子技术的不断发展，一些先进的汽车上还装备了巡行控制、驱动防滑控制（ASR）、悬架控制、转向控制、空调控制、防盗及其他控制等电子控制单元（ECU）。另外，各种舒适性控制装置和数字化仪表也不断增多，而且各 ECU 之间有着密切的联系，CAN 总线已开始应用于这些先进的汽车计算机控制系统，取代传感器、电子控制单元和执行器之间以及电子控制单元之间的专线联系方式，构成了基于 CAN 总线的汽车控制系统网络。通常，该网络包括发动机控制、传动系统控制、车身控制和仪器仪表等 4 个功能独立、可自行运行的 CAN 总线网络。为了便于汽车所有功能的管理，需要通过网关将这 4 个 CAN 总线网络联系起来。网关通过对 CAN 总线间待传数据信息的智能化处理，确保只有某类特定的信息才能够在网络间传输。例如，车身 CAN 总线网络要从发动机 CAN 总线网络索要某一信息时，网关计算机就从后者中取得有关的信息，并按要求进行一定的处理后再进行传输。这种方式可将不同的信息分开，减轻了各网络总线上的负载。CAN 总线应用到汽车计算机控制系统后，所有 ECU 都连接到 CAN 总线上，极大地简化了汽车计算机控制系统的线路联系。

CAN 总线作为一种可靠的汽车计算机网络总线，已开始在先进汽车上得到应用，使得各汽车计算机控制单元能够通过 CAN 总线共享所有信息和资源，达到简化布线、减少传感器数量、避免控制功能重复、提高系统可靠性和维护性、降低成本、更好地匹配和协调各个控制系统的目的。基于 CAN 总线的汽车计算机控制系统如图 3.3 所示。

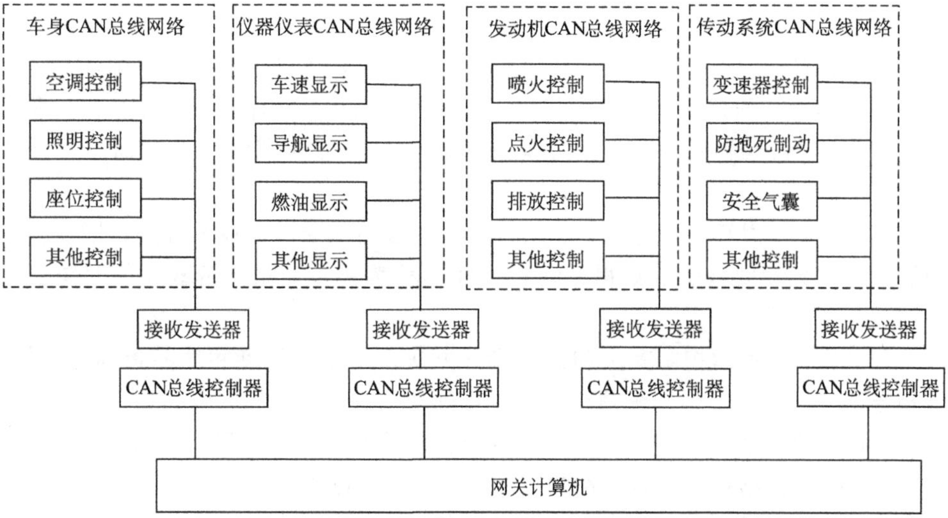

图 3.3 基于 CAN 总线的汽车计算机控制系统

3.1.3 自动控制与模糊控制技术

汽车自动控制是通过 CAN 总线与汽车传感器获取各部件实时数据，并进行判决处理后，对汽车运行状态进行控制的过程。传统的自动控制，包括经典理论和现代控制理论都有一个共同的特点，即控制器的综合设计都要建立在被控对象准确的数学模型的基础上。但是，汽车控制是一个非常复杂的工况，尤其是在汽车传感器大量应用、影响因素很多的情况下，要建立精确的数学模型特别困难，很难用经典控制理论实现车辆的自动控制。在这种情况下，采用模糊控制就显得意义重大。

1. 模糊控制原理

模糊控制的基本思想是用计算机或其他装置模拟人对系统的控制过程。作为系统的操作者，其模糊控制过程是：①操作者首先借助于眼、耳等器官，从仪器、仪表中读出被控过程的状态情况；②接着这些模糊信息进入人的大脑，操作人员根据存储在大脑中的经验和知识，对这些模糊信息进行处理，得到作为结论的控制作用，这些控制作用仍是模糊的语言值；③最后，大脑发出命令，指挥手、脚等器官去执行这些控制作用，使被控系统得到确切的控制。

模糊控制不用建立精确的数学模型，根据实际系统的输入、输出数据，参考现场操作人员的经验，就可对系统进行实时控制。模糊控制实际上是一种非线性控制，从属于智能控制范畴。近 20 年来模糊控制获得巨大成功的主要原因在于它具有如下一些突出的特点。

(1) 模糊控制是一种基于规则的控制，它直接采用语言型控制规则，其依据是现场操作人员的控制经验或相关专家的知识，在设计中不需要建立被控对象的精确数学模型，因而使得控制机理和策略易于接受与理解，设计简单，便于应用。

(2) 从工业过程中的定性认识出发，比较容易建立语言控制规则，因而模糊控制对那些数学模型难以获得、动态特性不易掌握或变化非常显著的对象非常实用。

(3) 基于模型的控制算法和系统设计方法，由于出发点和性能指标的不同，容易导致较大差异。但一个系统的语言规则却具有相对的独立性，利用这些控制规律间的模糊连接，容易找到折中的选择，使控制效果优于常规控制器。

(4) 模糊控制是基于启发性知识和语言决策规则设计的，这有利于模拟人工控制的过程和方法，增强控制系统的适应能力，使之具有一定的智能水平。

(5) 模糊控制系统的鲁棒性强，干扰和参数变化对控制效果的影响被大大减弱，尤其适合于非线性、时变和纯滞后系统的控制。

2. 模糊控制系统的组成

一个模糊控制系统必须包含一些必要的部件。模糊控制属于计算机数字控制的一种形式，它的组成类似于一般的数字控制系统，其组成框图如图 3.4 所示。

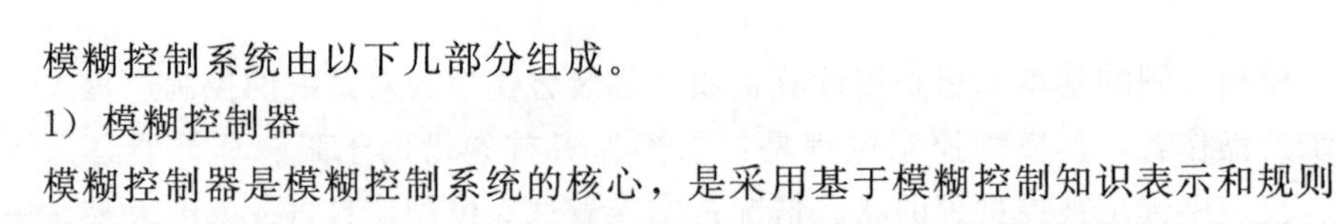

图 3.4 模糊控制系统组成框图

模糊控制系统由以下几部分组成。

1) 模糊控制器

模糊控制器是模糊控制系统的核心，是采用基于模糊控制知识表示和规则推理的语言型“模糊控制器”，也是模糊控制系统区别于其他控制系统的主要标志。模糊控制器存放的是由规则导出的模糊控制算法，一般由计算机程序或硬件实现。根据被控对象的不同，以及对系统静态、动态特性要求的不同，模糊控制器的规则也有所不同，即模糊控制算法各异。实际上，模糊控制器的作用与其他控制器的作用相同。例如，在经典控制理论中，有 PID 控制器、串/并联校正器；

在现代控制理论中，有有限状态观测器、自适应控制器和鲁棒控制器等。

2）数模转换器（D/A）

模糊控制器将给定值与被控制量的反馈值的差作为输入，经模糊控制算法合成后，得到相应的控制量。由于该控制量是数字量，而执行机构所接受的是模拟量，所以在模糊控制器与执行机构之间需要数模转换。有时，数模转换之后还需要有电平转换电路。

3）执行机构

执行机构包括交/直流电动机、步进电动机、液压电动机和气动调节阀等。

4）传感器

传感器可将被控对象或各种过程的被控制量转换为电信号，传感器的精度将直接影响到整个系统的精度。

5）模数转换器（A/D）

传感器将被控量的信息转换为电信号，若是模拟信号，则需要将模拟信号转换成数字信号，再反馈到中央处理系统。若是数字信号，则可不再需要模数转换模块。

3.2 车辆整体感知技术

车辆整体感知是车辆对车外环境状况的感知，以及路边感知设备对车辆的感知识别，例如对车辆进行身份识别的射频和图像识别技术，对车速进行测量的雷达、地磁和地感技术，对前后车距进行感知的激光和超声波测距技术，对车辆进行空间定位的卫星定位导航技术等。

3.2.1 视频图像识别

视频图像识别是交通信息采集中应用较为广泛的技术之一，从功能应用上来分，大致包括车辆身份识别（物理车牌识别）、车辆行为识别和交通信息识别等。

1. 车牌识别

车牌识别技术通过视频或图像抓拍的方式对物理车牌进行识别，从而实现对车辆身份的识别。车牌识别技术集中了先进的光电、计算机、图像处理、模式识别和远程数据访问等技术，实现对监控路面过往的每一辆机动车的特征图像和车辆全景图像进行连续全天候实时记录，计算机根据所拍摄的图像进行牌照自动识别。

基于计算机的车牌识别系统利用通过某一路段的汽车前视或后视图像，完成车牌目标的自动定位与识别。车牌识别系统原理流程如图 3.5 所示。

图 3.5　车牌识别系统原理流程图

车牌识别的工作原理为，车辆通过检测区域时，检测装置将车辆的通过信号传送到图像采集设备。图 3.6 所示为车辆检测模块频谱响应曲线。图像采集设备采集车辆图像，并将图像传送到计算机，再由计算机对车牌进行自动定位和识别，并将识别结果送至监控中心或收费处等应用场所。图 3.7 所示为车牌识别效果图。

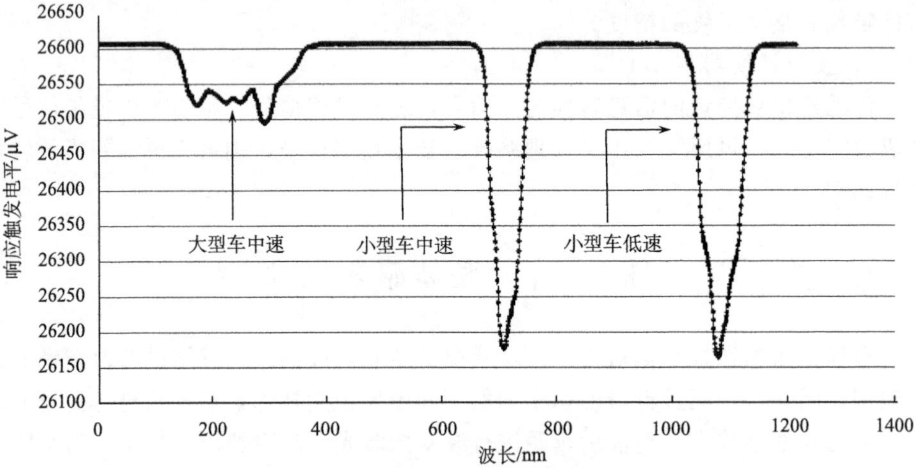

图 3.6　车辆检测模块频谱响应曲线

图 3.7　车牌识别效果图

系统的核心部分为视频采集、图像预处理、车牌检测定位、字符分割和字符识别等，所有这些工作均在一台配置较高的计算机上完成。下面简述各部分的主要功能。

(1) 视频采集。采用视频卡捕获汽车视频图像。这部分的任务主要是判断有无来车，若有则截获一帧图像作为后续定位识别之用，否则持续进行监视。

(2) 图像预处理。首先将输入的彩色图像进行灰度化，随后在灰度图像上利用滤波算子进行滤波预处理，并生成一个门限，将滤波后的图像转化为二值图像，并消除二值图像中的噪声。

(3) 车牌检测定位。在预处理得到的二值图像中进行区域搜索，寻找出具有车牌特征的候选区域，根据实际车牌的特征找出真正的车牌区域，然后交给后续模块进行处理。

(4) 字符分割。在得到的车牌图像中进行字符的分割和归一化，然后将分割出的字符输入到后续的识别模块进行识别。

(5) 字符识别。对分割出来的每个字符进行识别，并进行语法分析，判断识别的结果是否正确，并将结果反馈到前面的模块。

2. 车辆行为识别

车辆交通行为识别的主要功能是从连续的视频图像中检测出运动的车辆目标，同时对提取出的运动车辆进行分类、跟踪和识别，在理想状态下，能对其行为进行理解和描述，达到异常检测和行为识别的目的。交通行为识别系统原理图如图 3.8 所示。这是一个多学科交叉综合的课题，涉及图像处理、计算机视觉、模式识别和人工智能等诸多领域，是一个非常具有挑战性的困难问题。近年来，随着城市交通的发展，智能交通监控系统由于其具备智能、高效、自动化的特点，面临着广泛的应用需求，加上集成电路和计算机技术的迅速发展，车辆交通行为识别所要求的硬件设备成本大大降低，这使它获得了同样广泛的研究与应用。

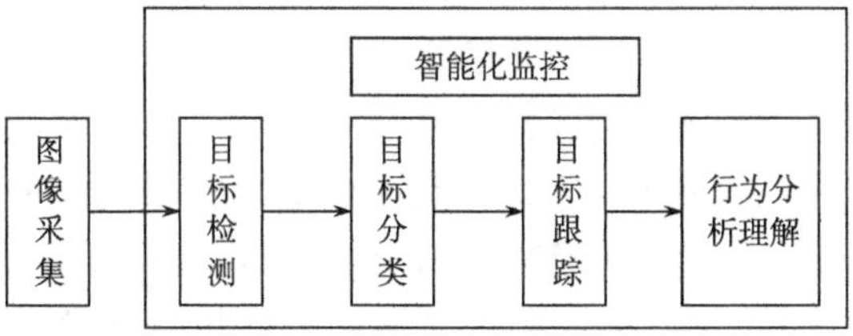

图 3.8 交通行为识别系统原理图

交通行为识别遇到的首个问题是如何从获取的图像序列中提取出感兴趣的部分（运动前景），即运动目标检测，如移动（车辆）的人、车辆等。从 20 世纪末至今，关于目标检测已经出现了一批较成熟的算法，分为静态场景下的目标检测和动态场景下的目标检测。在静态场景下，最常用是背景差分法，但背景差分法不能有效地去除运动目标的阴影，而且背景的有效构建和实时更新是个难点。在动态场景中，其他物体的运动干扰、光线变化和背景闪烁等外在因素容易造成相邻帧图像间至少有一部分像素的灰度值发生变化。而且，在实际情况中，如果目标和摄像机同时运动，那么目标会由于自身的运动或摄像机视角的改变而发生形变。以上这些情况使得准确检测出运动目标变得非常困难和复杂，因此，寻求一种检测效果好、检测速度快的算法并非易事。

交通行为识别的另外一个关键问题是如何实现对目标的稳定跟踪，即如何从包含运动目标的视频帧序列中识别和定位运动目标，从而获得如位置、速度、加速度、方向等运动参数，甚至目标的运动轨迹，这是更高一级的目标行为理解分析的基础。

但是，基于计算机视觉的目标跟踪当前正处于探索和不断改进的阶段，如何对运动目标进行稳定、鲁棒的跟踪是计算机视觉领域的重点、难点问题。在跟踪的过程中，运动目标的轮廓变化、背景中的干扰、光照变化、目标遮挡、摄像机移动造成的视角转变、目标发生旋转等，给目标跟踪带来了巨大困难。以往的目标跟踪算法多是以线性系统和噪声满足高斯分布为前提的，如利用卡尔曼滤波进行跟踪。而实际上，当前存在的跟踪系统大多数都是非线性的，甚至是强非线性的，故原有的目标跟踪算法不能很好地解决非线性和非高斯问题。虽然近年来出现了解决非线性非高斯问题的粒子滤波，但算法复杂度大，不利于实时应用。因此，寻找一个能解决非线性系统问题的、具有实时性和稳定性的跟踪算法已迫在眉睫。

由于目前的交通视频监控系统大多价格低廉，处于非自动化和非智能化的状态，多数还是模拟式监控系统，少数数字监控系统提供的功能也很简单，仅仅是多画面显示或录像存储到硬盘等，因此不能达到实际使用需求。随着交通城市化演进带来的应用需求的增加，以及计算机视觉、图像处理、人工智能、模式识别等学科领域的发展所提供的技术支撑的增强，视频监控系统的智能化越来越得到国内外学术界和相关工业部门的关注，并被提上了日程。该系统的核心技术朝着如下方向发展：不仅能对进入交通监控场景的运动目标实时检测、识别和跟踪，而且能够对运动目标当前的行为状态进行实时智能化分析，以此达到自动判断目标合法性和行为异常性的目的。智能交通视频监控系统主要有以下两方面的应用。

(1) 交通监视：在一个复杂繁忙环境中对人和车辆等运动目标进行实时的观察、检测、识别和跟踪，正确地分析它们的行为，并能准确地描述，有效地进行异常行为检测。

(2) 交通事件检测：包括交通状况检测、拥塞控制，以及车辆换道、避障、逆行、超速、慢速和停车等交通事件检测。

综上所述，理想的基于视频行为识别的智能交通视频监控系统具有重大的应用价值，它给交通系统带来变革，使其智能化、自动化，从而可以减少人力、物力、财力。因此，研究其中的关键技术（涉及目标检测、识别、跟踪和行为分析理解等）具有重要的现实意义。

3. 交通检测

基于视频图像处理的交通检测技术是近年来逐步发展起来的一种新型的车辆检测方法，它具有无线、可一次检测多参数和检测较大范围的特点，使用灵活，将有很好的应用前景。

视频交通检测系统通常由电子摄像机、图像处理机和显示器等部分组成。电子摄像机对道路的一定区域范围进行摄像，所得图像经传输线路送入图像处理机，图像处理机对图像信号进行模数转换和格式转换等，再由微处理器处理图像背景，实时识别车辆的存在，判别车型，由此进一步推导其他交通控制参数，在显示器端以图表形式显示交通流信息数据。图像处理机还可以根据需要给监控系统的主控机、报警器等设备提供信号，监控中心可根据这些信号确定控制方式，向执行机构发出控制命令。

在图像处理系统中，背景处理是一个复杂而棘手的问题，图像处理程序必须考虑到对多种干扰因素补偿，如不同路面对光的反射、阴影等。

由于图像处理是在摄像机摄取的图像的基础上实现识别和检测的，因此，视频检测不仅具有多点布设、无线检测的能力，而且还能获得车流密度、排队规模，以及常规检测器很难测到的停车次数和车辆尺寸等重要交通参数。另外，检测系统装卸方便，不需要破坏路面，不影响交通，在很多场合可以代替现有的环形线圈检测器。

视频交通检测系统在现代交通控制系统中占有很重要的地位，是未来智能运输系统发展的基础。目前的问题是，图像处理的实时性较差，而且车辆的检测精度受整个系统软、硬件的限制。但是，随着图像信号处理技术的进步和微电子技术的发展，视频车辆检测技术将得到不断地提高和更加广泛地应用。

4. 相关标准

2012 年 8 月，国家质量监督检验检疫总局、国家标准化管理委员会批准发布了《机动车号牌自动识别系统》国家标准，该标准于 2013 年 1 月 1 日开始实施。

该标准针对以摄像机等图像采集设备为基础的各类机动车号牌自动识别系

统，规定了机动车号牌自动识别系统的技术要求、试验方法、数据存储和压缩的内容及要求，不适用于单车道公路收费系统。

该标准的主要技术指标包括车辆图像捕获率、车辆图像抓拍有效率、号牌识别正确率和号牌颜色识别正确率等。

车辆图像捕获率为某段时间内有效抓拍机动车图片数量（不计重复图片）与这段时间内实际通过的机动车数量的比值。白天，视频方式不小于95%，非视频外部触发（包括线圈、激光和微波等）不小于99%；夜间，视频方式不小于85%，非视频外部触发（包括线圈、激光和微波等）不小于99%。

车辆图像抓拍有效率为某段时间内实际抓拍的重复车辆图像的数量与这段时间内实际通过的机动车数量的比值。白天，视频方式不小于80%，非视频外部触发（包括线圈、激光和微波等）不小于95%；夜间，视频方式不小于70%，非视频外部触发（包括线圈、激光和微波等）不小于95%。

号牌识别正确率为某段时间内机动车号牌识别正确的总数与实际通过的号牌有效的机动车数量的比值。白天，100～120像素不小于85%，120像素以上不小于90%；夜间，100～120像素不小于75%，120像素以上不小于85%。

号牌颜色识别正确率为某段时间内号牌颜色识别正确的总数与实际通过的号牌有效的机动车数量的比值。号牌颜色识别正确率白天不小于80%，夜间不小于75%。

3.2.2 射频识别

射频识别技术（RFID）是一种自动识别技术。它利用射频方式进行非接触式双向通信交换数据，以达到识别目的。和传统的磁卡、IC卡相比，射频卡最大的优点就在于非接触，因此完成识别工作时不需要人工干预，适合于实现系统的自动化且不易损坏，可识别高速运动物体并可同时识别多个射频卡，操作快捷方便。射频卡不怕油渍、灰尘污染等恶劣的环境，用于交通的多为长距离的射频卡，识别距离可达几十米，通过与网络通信技术相结合可用在自动收费或识别车辆身份等场合。

射频识别作为物联网最基本的关键技术，首先被广泛研究，并进入到车联网领域。2008年8月，国家发展和改革委员会在启动的信息运用试点工作中将无线射频识别技术应用列为重点，并且发出了《国家发展改革委办公厅关于组织开展信息化试点工作的通知》，提到“选择有条件的行业开展自主创新RFID技术的应用试点工程建设，培育我国RFID产业，有效发挥信息化在交通运输、物品流通领域的节能、降耗作用，提高国民经济运行质量和效率”。目前，国内多个省市已经应用RFID技术，建立高速公路ETC标识站，实现车辆自动识别和自动缴费功能。此外，还被广泛应用于交通运输控制管理、停车场管理、车辆防盗和驾驶员身份识别等。

1. 工作原理

射频识别系统的基本工作原理是读写器加电工作后发出定向查询的射频信号，当应答器（电子标签）进入读写器的有效查询范围内，将自身存储的电子信息发送给读写器，由应答器发送的应答信号经读写器接收处理后获得应答器所存储的电子信息。应答器中所存储的电子信息代表了待识别物体的标识信息，应答器相当于待识别物体的身份认证。这样，射频识别系统实现了非接触物体的识别目的，应答器与读写器之间的数据传输是通过空气介质以无线电波的形式进行的。射频识别系统工作原理如图 3.9 所示。

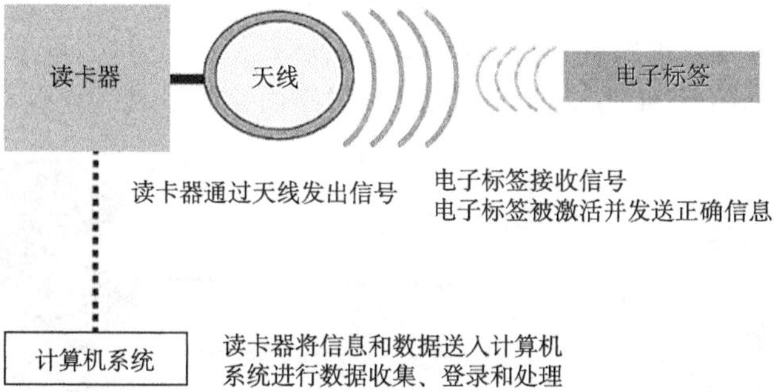

图 3.9 射频识别系统工作原理图

2. 系统组成

基于射频识别技术的车辆信息识别监测系统一般由机动车射频信息卡、采集器和监控中心管理系统三部分组成。

(1) 车辆射频信息卡是一种有源或无源的远距离射频卡，由车辆管理部门一车一卡统一发放。无论机动车辆处于何种状态，射频信息卡均会自动应答采集器指令，便于公安干警或其他执法人员随时随地地对该车辆进行检测，改变停车检查的现状。

(2) 车辆信息采集器分为手持采集器和固定采集器。采集器带有射频卡信息无线收发器、报警器、显示器和 GPRS 通信模块等功能部件，可通过 GPRS 通信模块向监控中心实时上报或下载机动车信息。

手持采集器内存储有丢失和可疑车辆信息，并可下载更新。执法人员可用手持采集器或随车采集器对车辆进行检查。采集器在车前方 0～25 m 范围内激发机动车射频信息卡，机动车辆信息立即显示在屏幕上，发现可疑车辆自动报警，交警可对照采集到的车辆信息，确认车辆的合法性。机动车射频信息卡可与汽车防盗器连接，实现盗抢车辆自动报警。

在城市道路出口或随机设立的临时检测卡口安装固定采集器，可对车辆进行快速检查。采集器通过对比已下载存储的嫌疑车辆信息库，快速发现可疑车辆并自动报警。在城市道路交叉口安装固定采集器，可以快速监测道口交通状况，如各时段交通流量、方向、车辆类型，并可与电子警察配合，准确无误地查处违章车辆。将多个路口采集的信息综合整理，可分析一定时段、一定区域内的车流量分布，以及跟踪追查肇事逃逸车辆的运动轨迹，可为刑侦工作提供侦破线索及依据。

(3) 监控中心管理系统用于监控和管理道路交通，为道路、车辆和驾驶员之间提供通信。监控中心管理系统将对道路系统中的交通状况、交通事故、气象状况与交通环境进行实时监控，并根据收集到的信息进行交通控制，如控制信号灯、发布诱导信息、道路管制、事故处理与救援等。

图 3.10 所示为远距离 RFID 和视频采集路面监控系统。

图 3.10　远距离 RFID 和视频采集路面监控系统

3. 相关标准

目前 RFID 技术存在三个标准体系：ISO 标准体系、EPC Global 标准体系和 Ubiquitous ID 标准体系。ISO/IEC 18000、EPC Global、日本 UID 三个空中接口协议正在完善中。

1) ISO 标准体系

国际标准化组织（International Organization for Standardization，ISO）和其他国际标准化机构，如国际电工委员会（International Electrotechinal Commission，IEC）、国际电信联盟（International Telecommunication Union，ITU）等，是 RFID 国际标准的主要制定机构。大部分 RFID 标准都是由 ISO（或与

IEC 联合组成）的技术委员会（Technical Committee，TC）或分技术委员会（Sub-Committee，SC）制定的。ISO 标准体系主要分为技术标准（如射频识别技术、IC 卡标准等）、数据内容与编码标准（如编码格式、语法标准等）、性能与一致性标准（如测试规范等）和应用标准（如船运标签、产品包装标准等）四大类。

2）EPC Global 标准体系

EPC Global 标准体系主要由 EPC 编码、EPC 标签及读写器、EPC 中间件、ONS 服务器和 EPCIS 服务器等部分构成。EPC Global 是由美国统一代码协会（Uniform Code Council，UCC）和国际物品编码协会（EAN）于 2003 年 9 月共同成立的非营利性组织，旗下有沃尔玛集团、英国 Tesco 等 100 多家欧美的零售流通企业，同时有 IBM、微软、飞利浦和 Auto-ID Lab 等公司提供技术研究支持。

与 ISO 通用性 RFID 标准相比，EPC Global 标准体系是面向物流供应链领域的，可以看成是一个应用标准。EPC Global 的目标是解决供应链的透明性和追踪性。透明性和追踪性是指供应链各环节中所有合作伙伴都能够了解单件物品的相关信息，如位置、生产日期等信息。为此 EPC Global 制定了 EPC 编码标准，它可以实现对所有物品提供单件唯一标识，还制定了空中接口协议、读写器协议等。这些协议与 ISO 标准体系类似，在空中接口协议方面，EPC Global 的策略尽量与 ISO 兼容，如 C1Gen2 UHF RFID 标准递交 ISO 成为 ISO 18000－6C 标准。

3）Ubiquitous ID 体系

Ubiquitous ID 体系主要由泛在识别码（ucode）、信息系统服务器、泛在通信器和 ucode 解析服务器等四部分构成。ucode 是赋予现实世界中任何物理对象的唯一的识别码。Ubiquitous ID 中心由日本政府的经济产业省牵头，主要由日本厂商组成，目前有 300 多家日本电子厂商、信息企业和印刷公司等参与。该识别中心实际上就是日本有关电子标签的标准化组织。

这三个标准相互之间并不兼容，主要差别在通信方式、防冲突协议和数据格式这三个方面，在技术上差距其实并不大。

我国的 RFID 标准正在起步，在物流网与电子标签标准的制定方面，我们与相关国际机构处于同一起点。但是在国内 RFID 标准的制定方面，一直存在多组织重复运作的问题，正是由于这个原因已经开始多年的国内 RFID 标准至今没有大的突破。2007 年 4 月，信息产业部《关于发布 800/900 MHz 频段射频识别（RFID）技术应用试行规定的通知》出台，划定 840～845 MHz 和 920～925 MHz为 800/900 MHz 频段 RFID 技术的具体使用频率。此举被视为在 RFID 国家标准制定过程中的一大步。然而，这并不能完全改变中国 RFID 国家标准体系尚未建立的事实，中国RFID产业的发展仍然急需既有自主知识产权，又与国际标准接轨的RFID标准体系来保驾护航。

中国必须坚持标准原创的战略并注意吸收融合现有技术标准的优势，只有多部委配合协调，并充分调动政府、产业和非政府组织等多方力量，统筹部署，才能形成国家标准化战略，从而保证在未来的市场竞争环境中，在全球市场上占据优势。

3.2.3 雷达测速与激光测速

1. 雷达测速

交通事故中有一部分是由于机动车超速引起的。公安交管部门为了有效控制机动车超速行驶，降低交通事故的发生率，投入大量资金用于安装配置雷达测速系统。

雷达测速系统分为移动式和固定式两种，一般由测速、拍摄和图像数据处理三部分组成。测速部分基本上是采用多普勒雷达（即基于多普勒效应制成的雷达）进行测速，拍摄部分采用高速相机并配以光补偿装置，图像数据处理由相应配套软件完成。其工作原理如下。

雷达发射一个固定频率的脉冲波扫描，遇到活动目标，回波的频率与发射波的频率出现频率差，称为多普勒频率。根据多普勒频率的大小，可依据特定的关系，计算出目标对雷达的径向相对运动速度，即

$$f_d = \frac{2}{c} k f_0 v \cos\theta$$

式中，f_d为测量到的运动目标引起的多普勒频率（Hz）；c为电磁波在空气中的传播速度，约为3×10^5 km/s；k是单位换算系数，$k=10^3/3.6$；f_0为雷达的发射频率（MHz）；v为目标运动速度（km/h）；θ角为雷达波束与车辆行驶方向的夹角。

雷达测到目标车辆速度的同时触发相机拍照得到清晰的图片，经过图像数据处理，把相应的信息如超速路段、限定速度值、目标车速和超速百分比等合成到图片中，作为超速处罚的依据。雷达测超速车辆原理如图3.11所示，现场测速效果如图3.12所示。

2. 激光测速

激光测速应用于交通管理方面，用于各种汽车速度的测量，以判断是否超速，多采用脉冲测速法。

脉冲激光测速系统的工作原理是建立在激光测距的基础之上的，通过对被测

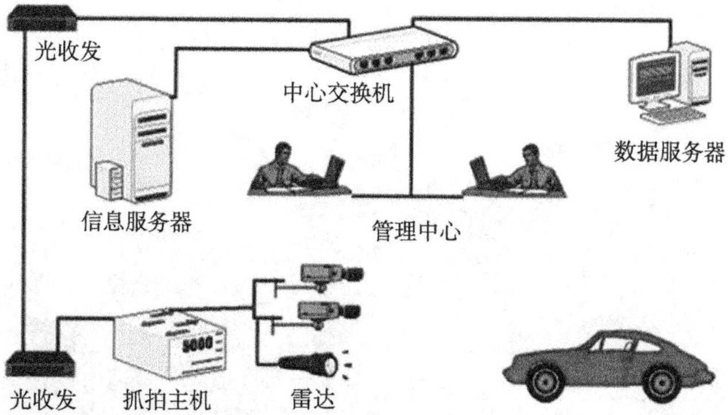

图 3.11 雷达测超速车辆原理图

图 3.12 雷达测速现场效果图

物体进行两次或多次有特定时间间隔的激光测距，取得在该时段内被测物体的移动距离，从而得到该被测物体的平均移动速度。

脉冲法的激光测速系统比相位法简单，更易于操作。但是不管脉冲法还是相位法，激光测速系统对于测量角度要求都非常高，测速系统应该正对运动物体，测量偏差角度应该小于 10°，这样才能保证准确测量。激光测速仪现场效果如图 3.13 所示。

激光测速系统由光学系统部分、硬件电路部分和软件处理部分三个部分组成。其中，光学系统部分由光学准直部分和分光系统组成；硬件电路部分由发射模块（包括脉冲驱动电路）、接收模块（包括信号放大、整形滤波电路、计数电路等）和计算机接口电路组成；软件处理部分由 CPLD 脉冲驱动、计数程序和单片机串口程序，以及与上位机进行通信处理的部分组成。

图 3.13　激光测速仪现场效果图

3. 雷达测速与激光测速比较

车辆超速违章最易受到的挑战就是如何确认违规车辆。例如，在多车道公路上两车以上并行时，雷达测得超速现象却无法明确认定那一部车辆违规。原因在于雷达测速不同于激光测速，雷达测速的原理是应用多普勒效应，即移动物体对所接收的电磁波有频移的效应，雷达测速仪是根据接收到的反射波频移量计算得出被测物体的运动速度的。雷达测速主要特点是雷达波束较激光光束（射线）的照射面大，因此雷达测速易于捕捉目标，但是测速的准确率不高，如果碰到几条车道上同时有几辆车平行驶来，雷达很难测到哪一辆是超速车辆。雷达波发射锥角度约为 10°～20°，而激光波发射锥角度（激光发射部分发散角）只有不到 0.1°，因此以激光测速可以明确认定受测目标，激光狭窄光束使得两车被同时侦测到的机会等于零。

雷达与激光测速的最远测速距离均在 1000 m 左右，可以随设备发射功率加强而增长。但测距远对测速来说并不具实际效益，因为测到的车辆距离越远，抓拍超速车辆图片的代价就越大，主要涉及照相取证设备，对摄像机镜头和闪光灯设备要求太高。雷达测速仪需经常以固定频率的音叉加以校正，而激光测速仪则无此要求。另一重要差别在于测速的时间，雷达测速约需要 2～3 s，而使用激光只需要约 0.3 s。

当然，激光测速仪也有缺点，即无法于移动状态下使用，如装于警车上或由坐在行进车辆上乘员持用，均无法正常工作。相较于激光测速，雷达测速的缺点是反应慢和波束宽。但也有着操作简便、安装方便、取证图片清晰（特别是晚上，成熟的闪光灯技术加近距离抓拍，夜间抓拍的图片也很好）、监控范围广和功能强大等优点。

4. 相关标准

我国于2006年颁布了《交通信息采集微波交通流检测器》国家标准，于2007年4月开始实施。该标准规定了微波交通流检测器的技术要求、试验方法、检验规则、标志、包装、运输和储存等，适用于在道路上测量车辆交通参数的微波交通流检测器。

3.2.4　地感地磁检测

1. 地感线圈检测

环形线圈检测器是目前国内外使用最广泛的车辆检测器，它由三部分组成：埋设在路面下的环形线圈传感器、信号检测处理单元（包括检测信号放大单元、数据处理单元和通信接口）和馈线。环形线圈检测器原理流程图如图3.14所示。

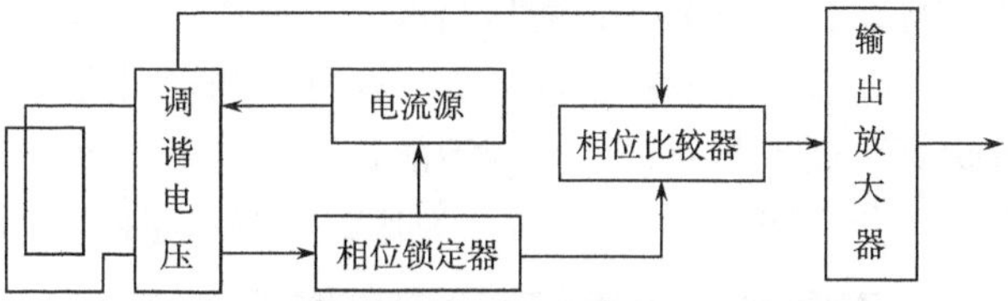

图3.14　环形线圈检测器原理流程图

该检测器的工作原理是检测单元同环形线圈与馈线线路组成一个调谐电路。当电流通过环形线圈时，在其周围形成一个电磁场。正常情况下，在机动车辆没处于环形线圈所在位置的时候，耦合电路振荡频率保持恒定，单片机在单位时间段测得的脉冲个数基本不变。当机动车辆经过环形线圈所在位置时，在金属车体中感应出涡流电流，涡流电流又产生与环路相耦但方向相反的电磁场，即互感。由此导致耦合电路振荡频率的变化，使得单片机在单位时间段测得的脉冲个数也相应变化。因此，只要检测到此变化的信号，就可检测出是否有车辆通过。

从环形线圈的工作原理可知，不论车辆通过检测器还是停在检测器上，都能使检测器工作，所以这种检测器既可以检测交通量，又可以检测占有率、大致的车速等多种交通参数。环形线圈的尺寸随需要而定，常用的是2 m×2 m的线圈约三匝（圈），每车道埋设一个，计数精度可达到±2%，排队长度测量可精确到±4%～±6%。测出流量和占有率之后，借助于预定的平均有效长度即可估计出密度与平均速度。有些情况下，为了较准确地直接测量速度，采用每车道连续埋设两个环形线圈的方案，间距约6 m。双线圈测量方式的精确度较好，速度测量值可精确到±4%～±6%，但检测器投资及施工费用较高，计算量亦较大。

环形线圈检测器可测参数较多，其感应灵敏度可调，使用的适应性较强，安装不太复杂，所以在国内外得到广泛的应用。缺点是线圈跟随路面变形（沉降、裂缝、搓移等），因此其使用效果及寿命受路面质量的影响很大，路面质量较差时，一般寿命仅 2 年。另外，环境的变化和环形线圈的正常老化对检测器的工作性有较大的影响，可使检测器材谐振回路失谐而不能判断车辆存在产生的频率变化。因此，人工调谐的环形线圈检测器要定期进行手工调整，以便保持仪器的精度。自调谐检测器可自动进行调整，精度较高，现在已被普遍采用。

2. 地磁检测

地磁检测器是把一个高磁导率铁芯和线圈装在一个保护套内，里面填满非导电的防水材料，形成一根磁棒。在路上垂直于交通流的方向开一个 0.2～0.6 m 的孔，把磁棒埋在路面下；当车辆驶过这个线圈时，通过线圈的磁通量发生变化，在线圈中产生一个电动势；这个电动势经过放大器放大后推动继电器，发出一个车辆通过的信息。这种检测器只能检测以定车速通过的车辆，所以是通过型检测器，不适用于需要检测车辆存在的地方。这种检测器具有安装容易、不易损坏、价格便宜等优点。缺点是对慢速车辆不能检测，有时会出现误检，且材料容易老化，灵敏度会逐年衰减。图 3.15 所示为地磁检测示意图。

图 3.15　地磁检测示意图

3.2.5　激光测距

要实现对前方车距进行实时监测，可在车的前部安装高灵敏度的前视雷达，将行驶于车前方的车辆或障碍物的距离等信息，送入汽车电子控制器，经控制器处理后，给出相应的指令信息和控制动作。常用的前视雷达有毫米波雷达和激光雷达。

激光雷达的基本原理与毫米波雷达的工作原理相似，也是测量发射信号与从物体表面反射回波信号的时间差，所不同的是毫米波雷达发射电磁波，而激光雷达发射光波。激光雷达按其技术途径可分为脉冲式激光雷达和相位式激光雷达。脉冲式激光雷达即激光雷达向目标发射激光脉冲信号，信号碰到目标后就被反射回来，因此只要准确记录激光的往返时间，用光速乘以往返时间的一半，就得到要测量物体之间的距离。相位式激光雷达采用连续调制的激光光束照射被测目标，通过测量光束往返中产生的相位变化，换算出被测量目标的距离。

激光光束的调制方式有两种，其一是调频方式（Frequency Modulated Continuous Wave，FMCW），其二是调幅方式（Amplitude Modulated Continuous Wave，AMCW）。相位式汽车激光雷达产品一般工作于AMCW方式。与毫米波雷达相比，激光雷达具有体积小、波束窄、无电磁干扰、距离和位置探测准确度高等特点。尽管激光雷达在雨天、有灰尘和烟雾的环境下，性能会有所下降，但是近几年发展起来的1.54 μm近红外激光雷达具有人眼安全和较高的大气透过率的特点，使激光雷达的性价比又有了进一步的提高，因而激光雷达作为汽车前视雷达将有望得到广泛的应用。

激光测距仪采用半导体激光器，体积小、重量轻、耗电省。输出脉冲峰值功率仅几十瓦，激光发射频率高。可用于地面固定目标和运动目标的测量，它在500 m远处的光束直径可达15 m，从而满足高速公路单向路面宽度的要求。相对激光雷达来说，其具有结构简单、成本低的优点，使实际大量装车使用成为可能。激光测距仪原理如图3.16所示。

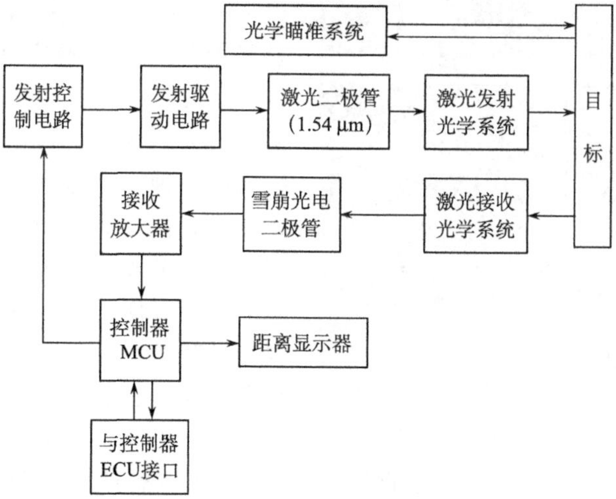

图3.16　激光测距仪原理图

测距时，MCU 发出指令到发射控制电路，从而驱动激光二极管发光，激光发射光学系统连续发出 10 个激光光波脉冲，同时计时器开始计时；接着系统进入等待激光反射回波状态，激光接收光学系统接收到回波后，雪崩光电二极管产生电压信号，再经过接收放大器放大后，进入 MCU 产生中断，使计时器停止计时。

由激光发射器对准目标发射 10 个激光脉冲，然后由接收系统接收从目标反射回来的回波脉冲，通过测定脉冲在待测距离上往返时间 t，可得待测目标的距离 S 为

$$S = ct/2$$

式中，c 为光速。由于时间 t 十分短暂，所以必须用能产生标准固定频率的时标振荡器和电子计数器来记录。如果时标振荡器振荡频率为 f，激光脉冲往返的时间 t 内包含的时标脉冲个数为 n，则待测距离 S 为

$$S = cn/(2f)$$

式中，c 和 f 为已知量，只要测出脉冲个数 n 便可方便地求出待测距离 S。

3.2.6 超声波测距

广义的超声波是指频率在 20 kHz 以上的一种机械波。超声波具有束射特性、吸收特性、能量传递特性和声压特性，可以应用于前后车距的测量。这里只介绍与测距相关的束射特性和吸收特性。图 3.17 所示为超声波测距示意图。

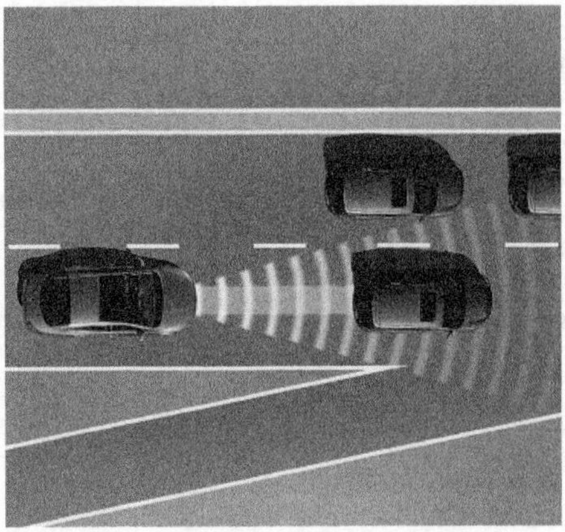

图 3.17 超声波测距示意图

束射特性：由于超声波的波长短，超声波射线和光线一样能够反射、折射和聚焦，而且遵守几何光学定律。也就是说，超声波射线从一种物质表面反射时，入射角等于反射角，当射线透过一种物质进入另一种密度不同的物质时就会产生折射，两种物质的密度差别越大，则折射角也越大。

吸收特性：声波在各种物质中传播时，随着传播距离的增加，强度会渐渐减弱，这是因为物质要吸收掉它的能量。对于同一物质，声波的频率越高，吸收越强。对于频率一定的声波，在气体中传播时吸收最厉害，在液体中传播时吸收比较弱，在固体中传播时吸收最小。由此可知，吸收特性限制了超声波的传送距离。

超声波测距是一种非接触式的检测方式。测距时，超声波发射器不断发射超声波，遇到障碍物后反射回来，超声波接收器接收到回波信号后，能将其转变为电信号，测出从发射超声波至接收到反射波的时间差，即可求出距离 S 为

$$S = vt/2$$

式中，S 为所测距离，单位为 m；v 为超声波声速，单位为 m/s；t 为发射超声波起至接收到反射波的时间差，单位为 s。由于声速受温度影响较大，应给与补偿。补偿硬件部分由温度传感器和 A/D 转换组成，温度传感器输出与温度成正比的电压，经 A/D 转换成数字量送入 MCU 由软件作补偿处理。声速的温度近似补偿公式为

$$y = 331.5 + 0.6T$$

式中，T 为环境摄氏温度，单位为℃；y 为超声波补偿后的空气中的传播速度，单位为 m/s。

3.2.7　卫星定位导航

过去，用于交通管理系统的设备主要是无线电通信设备，由调度中心向车辆驾驶员发出调度命令，驾驶员只能根据自己的判断说出车辆所在的大概位置，而在生疏地带或在夜间则可能无法确认自己的方位甚至迷路。因此，在调度管理和安全管理方面，其应用受到限制。卫星定位技术的出现，为出租车、公交车等公共交通工具的实时定位提供了可行性。图 3.18 所示为卫星定位导航示意图。

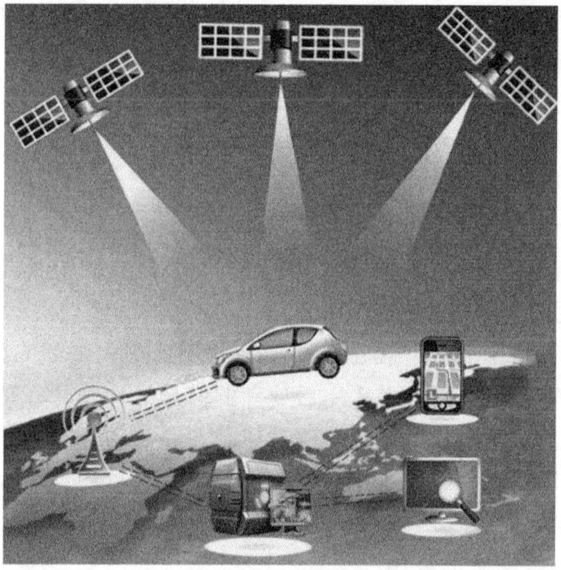

图 3.18　卫星定位导航示意图

1. 全球定位系统（GPS）

1）GPS技术介绍

（1）GPS基本组成

全球卫星定位系统（GPS）由空间卫星系统、地面监控系统和用户接收系统三大子系统构成，是美军20世纪70年代初在“子午仪卫星导航定位”技术上开发的，具有全球性、全能性（陆地、海洋、航空与航天）、全天候优势的导航定位、定时和测速系统。

空间卫星系统由均匀分布在6个轨道平面上的24颗高轨道工作卫星构成。空间系统的每颗卫星沿近似圆形轨道每12 h（恒星时）绕地球一周。由星载高精度原子钟（基频10.23 MHz）控制无线电发射机在“低噪声窗口”（在无线电窗口中，2～8区间的频区天线噪声最低的一段是空间遥测和射电干涉测量优先选用频段）附近发射L1、L2两种载波，向全球的用户接收系统连续地播发GPS导航信号，实现实时定位和导航。

地面监控系统主要由监测站、主控站和注入站构成。其功能是对空间卫星系统进行监测、控制，并向每颗卫星注入更新的导航电文。

用户接收系统则由以无线电传感技术和计算机技术为支撑的GPS卫星接收机和GPS数据处理软件构成。GPS卫星接收机主要用来捕获和跟踪卫星，接收放大GPS信号，记录并对GPS信号进行解调、滤波处理，还原导航电文，求解信号在站星间的传播时间和载波相位差，以及实时获得导航定位数据，或采用测后处理的方式获得定位、测速和定时等数据。GPS数据处理软件则对GPS接收机获取的卫星测量记录数据进行“粗加工”、“预处理”，并对处理结果进行平差计算、坐标转换和综合分析处理，获得测站的三维坐标。测体的坐标、运动速度、方向和精确时刻是GPS用户系统的重要组成部分。

（2）GPS定位技术

GPS定位技术按待定点的状态分为静态定位和动态定位两大类。静态定位是指待定点的位置在观测过程中是固定不变的，其精度一般在几毫米到几厘米范围内，如GPS在大地测量中的应用。动态定位是指待定点在运动载体上，在观测过程中是变化的，其精度一般在几厘米到几米范围内，如GPS在船舶导航中的应用。通常，静态定位用户多采用后处理的信号处理方式，动态定位用户则采用实时处理方式。后处理是指把卫星信号记录在一定的介质上，回到室内统一进行数据处理。实时处理则是一边接收卫星信号一边进行计算，获得目前所处的位置、速度和时间等信息。

2）GPS在车联网中的应用

GPS技术在汽车导航和交通管理工程中的研究与应用在国内已取得了一定

的成果，对城市道路交通管理起到了重要作用。

（1）公交车调度

利用GPS技术可以根据公交线路安排，结合车辆发回的各种信息（如交通阻塞、机车故障等），适时将调度命令发送给司机，及时调整车辆运行情况。该系统具有车辆、路线和道路等有关数据的查询功能，便于实现有效管理。利用该系统设置的电子站牌，可以通过无线数据链路接收即将到站车辆发出的位置和速度信息，显示车辆运行信息，预测到站时间。

（2）出租车调配与信息服务

发达国家已普遍采用卫星定位监控系统对出租车进行调度管理。在我国一些城市，也有越来越多的出租车开始安装卫星定位监控系统。GPS车辆监控调度系统在出租车中应用最为广泛的是“叫车服务”，利用GPS还可以实现路况信息实时监测、电子安全保护和报警防劫等功能。

（3）特殊车辆实时监控

利用GPS可实现对运钞车、长途运输车等特殊交通工具进行实时监控。运钞车内安装GPS后，如果遭遇抢劫，押运员可触发报警装置，监控中心的电子地图将会自动显示报警车辆的位置、车速和行驶路线等信息，同时系统会自动将信息上传到公安部门的电子地图上，以便警方迅速调动警力进行围堵。

在每辆长途运输车辆上安装数据存储器，时刻记录车辆的位置数据，定期将数据下载到控制中心，可以查看车辆是否按预定路线接送货物和途中停歇情况。

3）车辆GPS智能监控系统

车载卫星定位系统在技术上融合了卫星定位系统（GPS）、交通地理信息系统（GIS）和全球移动通信系统（GSM）三项技术。GPS应用系统由GPS移动设备（GPS终端机）、GPS数据中心和GPS调度控制中心三大部分构成。其中，GPS移动设备（GPS终端机）接收卫星信号并形成实时地理位置信息，包括时间、经度、纬度、速度和方向等，然后以移动、联通等公网为媒介，将相关信息传递到GPS数据中心，GPS调度控制中心通过Internet或Intranet从GPS数据中心提取数据，将移动设备的地理位置信息显示在电子地图上，将GPS调度管理人员的控制管理指令传递到GPS数据中心。

该系统主要可实现以下服务功能：①实时监测车辆运行状态。运行状态包括时间、位置、速度和方向等。②车辆跟踪。可以实时连续跟踪一辆或多辆汽车。③历史轨迹回放。重现某一时间段内某一车辆曾经行驶过的路线轨迹，为车辆的事后管理提供有效的依据。④车辆信息管理。可以实时查询打印车辆信息，包括驾驶员名称、联系方式和车牌号等。⑤地图操作。实现地图平移、地图缩放、图层控制、距离测量、地名查找和增加图标等功能。⑥区域报警功能。进入、离开警戒区报警，报警区域实时可设。⑦偏离预定线路报警。预定路线可设。⑧超速报警。速度实时可设。⑨接收、发送信息。车台可以接收调度信息，朗读、存储并显示信息，车台可以接收调度信息，速度实时可设。⑩语音通话功能。安装车载免提，指定车台可接、可打电话，降低通信费用。⑪设定车机运行参数。包括回报时间、IP 地址和 ID 地址等。⑫信息查询。可查询接收、发送的信息等。⑬统计报表打印。可打印出车情况、出车班次和行驶里程等统计报表。

2. 北斗卫星定位技术

北斗卫星导航系统是我国自主研发、独立发展的全球卫星导航系统，也是我国第一个全球化的基础设施建设项目。它与美国的 GPS、欧洲的伽利略、俄罗斯的格洛纳斯并称为全球四大导航系统。北斗卫星导航系统能提供高精度的定位、测速、授时、短报文通信、差分服务和系统完好性信息服务，是我国经济社会发展不可或缺的重大空间信息基础设施。

2011 年 12 月起，北斗卫星开始向我国及周边地区提供连续的导航定位和授时服务。目前，北斗卫星导航系统已基本具备可覆盖亚太地区的定位导航、授时和短报文通信服务能力，到 2020 年左右，将成为覆盖全球的卫星导航系统。GPS 是由美国建立的全球定位系统，是目前全球应用最为广泛的技术，但其核心技术无法掌握，使用也有限制，而我国的北斗系统除了自身的特点和优势之外，重要的是它能与 GPS 兼容。

1）北斗与 GPS 系统的比较

覆盖范围：北斗导航系统是覆盖我国本土的区域导航系统，覆盖范围约为东经 70°～140°，北纬 5°～55°。GPS 是覆盖全球的全天候导航系统，能够确保地球上任何地点、任何时间能同时观测到 6～9 颗卫星（实际上最多能观测到 11 颗）。

数量和轨道：北斗导航系统在地球赤道平面上设置 2 颗地球同步卫星，卫星的赤道角距约 60°。GPS 是在 6 个轨道平面上设置 24 颗卫星，轨道赤道倾角 55°，轨道夹角 60°。GPS 导航卫星轨道为准同步轨道，绕地球一周11 小时 58 分钟。

定位和轨道：北斗导航系统是主动式双向测距二维导航系统，由地面中心控制系统解算用户三维定位数据。GPS 是被动式伪码单向测距三维导航系统，由用户设备独立解算自己的三维定位数据。北斗导航系统的这种工作原理带来两个方面的问题，一是用户定位的同时失去了无线电隐蔽性，这在军事上处于不利的地位，二是设备必须包含发射机，因此在体积、重量上、价格和功耗方面处于不利的地位。

定位精度：北斗试运行服务期间，位置精度可达平面 25 m、高程 30 m，测速精度达到 0.4 m/s，授时精度达 50 ns。GPS 三维定位精度 P 码目前已由 16 m 提高到 6 m，C/A 码目前已由 25 ～100 m 提高到 12 m，授时精度目前约 20 ns。

用户数量：由于北斗导航系统是主动双向测距的询问应答系统，用户设备与地球同步卫星之间不仅要接收地面中心控制系统的询问信号，还要求用户设备向同步卫星发射应答信号，这样，系统的用户容量取决于用户允许的信道阻塞率、询问信号速率和用户的响应频率。因此，北斗导航系统的用户设备容量是有限的。GPS是单向测距系统，用户设备只要接收导航卫星发出的导航电文即可进行测距定位，因此，GPS的用户设备容量是无限的。

生存能力：和所有导航定位卫星系统一样，北斗卫星导航系统基于中心控制系统和卫星的工作，但是北斗系统对中心控制系统的依赖性明显要大很多，因为定位解算是由中心控制系统而不是由用户设备完成的。为了弥补这种系统易损性，GPS正在发展星际横向数据链技术，这样，即使主控站被毁GPS卫星也可以独立运行。而北斗系统系统从原理上排除了这种可能性，一旦中心控制系统受损，系统就不能继续工作了。

实时性：北斗卫星导航系统用户的定位申请要送回中心控制系统，中心控制系统解算出用户的三维位置数据之后再发回用户，时间延迟长，因此对于高速运动体，就加大了定位的误差。此外，北斗卫星导航系统也有一些自身的特点，其具备的短信通信功能就是GPS所不具备的。

使用权限：GPS是一个以军用为主的卫星导航系统，所有权、控制权和运营权都属于美国国防部。GPS发射不同的无线信号分别为军事和民用使用。2000年以前，美国军方对GPS发布的民用信号进行干扰，为的是降低民用信号精度。北斗卫星导航系统可以承诺提供不间断的民用信号，对于国家来说，相当于一个“双保险”。不管是军用还是民用，不管是发展国家经济还是维护国家安全，导航系统在未来都将具有越来越大的作用。有专家建议，在涉及国家安全的银行、交通和公共安全等领域，应使用本国的系统，国家应该强制性地要求以中国的北斗卫星导航系统为主、GPS为辅。

2）北斗系统的特点

混合轨道：北斗导航轨道是个特殊的混合轨道，可提供更多的可见卫星的数目，卫星越多，导航定位的精度就越高，能支持的连续观测时间越长。

通信功能：和美国的GPS、俄罗斯的格洛纳斯相比，北斗系统用户终端增加了“短报文通信”功能，可双向通信，用户最多可传送120个汉字的短报文信息，解决了何人、何事、何地的问题。把短信和导航结合，是北斗卫星导航系统的独特发明，将给用户带来更好的应用体验。

位置报告：用户与用户之间可以实现数据交换。比如物流公司监控，要把车上所有货物的信息通过传感器发到信息中心，就可以用北斗链路完成信息收集以后进行发射。只要到了信息中心，可以自动算出发射时间和位置，信息量比GPS强得多。

模式兼容：北斗全球定位系统功能具备与GPS、伽利略广泛的互操作性。北斗多模用户机可以接收北斗、GPS和伽利略信号，并且实现多种原理的位置报告，稳定性更高。北斗卫星导航系统致力于向全球用户提供高质量的定位、导航和授时服务，包括开放服务和授权服务两种方式。开放服务是向全球免费提供定位、测速和授时服务，定位精度10 m，测速精度0.2 m/s，授时精度10 ns。授权服务可以为有高精度、高可靠卫星导航需求的用户，提供定位、测速、授时、通信服务和系统完好性信息。

3. 相关标准

我国于2003年颁布的《汽车GPS导航系统通用规范》国家标准。该标准规定了汽车GPS导航系统的要求、试验方法、检验规则、标志、包装、运输和储存等，适用于汽车用GPS导航系统的研制和生产，也是制定产品标准和检验产品质量的依据。同时适用于无线通信数据传输和GPS相结合来实现路线导航功能的其他汽车电子产品。

我国于2009年颁布了更新标准《全球定位系统（GPS）测量规范》。该标准规定了利用全球定位系统（GPS）按静态、快速静态定位原理，建立测量控制网的原则、等级划分和作业方法，适用于国家和局部GPS控制网的设计、布测与数据处理。

3.3 车路协同

车路协同系统（Cooperative Vehicle-Infrastructure System，CVIS）基于无线通信、传感探测等技术获取车辆和道路信息，通过车车、车路通信进行信息交互和共享，实现车辆和基础设施之间智能协同与配合，达到优化利用系统资源、提高道路交通安全、缓解交通拥堵的目标。

近年来，电子信息和无线通信技术的迅速发展与应用，推动了CVIS的发展。它作为智能交通系统（Intelligent Transport System，ITS）的重要子系统备受国内外科研人员关注，是世界交通发达国家研究、发展与应用的热点。

交通系统是一个典型、复杂的巨型系统，单从道路和车辆角度考虑的传统交通管理方式，很难解决近年来不断恶化的交通拥堵、事故频发、环境污染等问题。安全与效率已经成为制约我国交通运输发展的关键问题。基于车车、车路信息交互，建立人、车、路一体的车路协同系统，将会成为平衡交通运输系统效率和安全性的有效手段。展望未来的交通世界，交通如同一个有机体，人、车、路通过无线信息连接不再是独立的个体，而是庞大智能交通系统中的一员。

“车路协同系统的大范围应用，将带来基于时空信息的新一代交通管理与控制。”在 2011 年智能运输大会车路协调及交通安全新技术分论坛上，清华大学教授姚丹亚认为，“车路协同系统的应用前景主要体现在三个方面，一是车辆协同安全，包括人车主动避撞、车车主动避撞、危险路段预警与控制等；二是交通协调控制，包括交通信号协调控制、实时路径诱导、公交优先控制等；三是综合信息服务，包括交通需求管理、实时交通信息查询等。”

电子信息和无线通信技术的迅速发展与应用，推动了以车车、车路通信为基础的车路协同的实现。车路协同实现人、车、路三者之间的信息共享、协同与交互，从而建立全方位、实时、准确、高效的综合交通运输管理与服务系统。从国内外智能交通系统发展的历程和现状来看，尽管各国对车路协同称谓不一，内容也不尽相同，但研究的方向一致，有专家这样概括，车路协同“以道路和车辆为基础，以传感技术、信息处理与通信技术为核心，以出行安全和行车效率为目的。”车路协同系统将道路交通基础设施的智能化及其与车载终端一体化系统的协调合作作为研发方向和突破重点，车路、车车协同系统已经成为现阶段各国发展的重点。

3.3.1 车路协同研究历程

1. 美国 IntelliDrive

美国车路协同系统（Vehicle Infrastructure Integration，VII）是由美国联邦公路局、美国国家高速公路和交通运输协会、各州运输部、美国汽车工业联盟和美国智能交通协会等组成的特殊联合机构，通过信息与通信技术实现汽车与道路设施的集成，并以道路设施为基础，于 2005 年推出的可以实施的产品。各州采用统一的实施模式，采用 Probe Vehicle（试验车）获取实时交通数据信息，支持动态的路径规划与诱导，提高安全和效率。

VII 计划主要包括智能车辆先导计划、车辆安全通信计划、增强型数字地图计划等，并且通过美国联邦通信委员会（Federal Communication Commission，FCC）为车路通信专门分配了 5.9 GHz 的专用短程通信（DSRC）频段，为驾驶员提供安全辅助控制。

1）IntelliDrive 项目的特点

IntelliDrive 项目的特点如下。

（1）安全。应用车车、车路无线通信技术，全面感知车辆周围 360°范围内的危险信息。

（2）交通机动性。应用多种信息技术，向出行者和运输管理者提供多种实时交通信息。

（3）环境污染小。通过提供实时交通拥堵和其他信息，辅助出行者选择合适路线，减少环境污染。

IntelliDrive 提高了美国道路交通的安全性和效率，它通过开发和集成各种车载设备、路侧设备和通信技术，使得驾驶者在驾驶过程中能够做出更好和更安全的决策。当其与自动车辆安全系统结合应用时，如果驾驶员不能或没有及时做出响应，车辆会自动响应并进行操作，这样可明显增强安全预防能力，减轻碰撞损失。同时，运输系统管理者、车辆运营商、出行者都能得到所需的信息，以便为机动性、效率、运输成本和安全做出动态决策，实现人员和货物的高效移动。

2）IntelliDrive 的未来研究目标

IntelliDrive 的未来研究目标如下。

（1）通过连接车辆和基础设施使交通安全转型：①增强驾驶员主动和被动安全辅助应用（如协助车辆驾驶员躲避紧急冲撞）。②提供不需要实时通信的车辆信息以提高车辆行驶安全。③提供测试来支持管理和咨询决策，对决策系统性能的有效性进行评价，开发和验证相关标准。④提供技术支持以增强部分或全部车辆的控制性能。⑤增强车载应用以减少驾驶员分神。

（2）在所有的道路上，捕获完整的、实时的交通流信息以支持系统运行：①从连接的车辆、移动设备和基础设施中捕获实时数据。②在所有的交通流模式下，捕获实时信息。③开发能够集成所有应用于交通管理和绩效考核实时数据的技术框架。

（3）通过车辆和基础设施的通信，实现交通管理系统性能的转型：①开发面向所有实时数据的应用程序以供交通管理者使用，确保人员和货物安全、高效地移动。②利用实时流动性和成本化的数据来辅助道路使用者进行动态决策。

（4）实现“下一代”的电子支付系统：①创建跨模式的电子支付系统（如停车付费、公共交通等）。②定义技术框架以保证新兴地区和国家为交通运输提供财政支持政策。

（5）通过汽车和基础设施的连接实现环境管理：①捕获车辆周围实时的环境数据。②整合实时环境数据，用于交通管理和性能改进。③为交通管理者和道路使用者提供使用实时数据在环境影响方面的应用。

（6）为基于车路协同安全性、移动性等方面的应用建立制度基础：①确定和研究解决方案，解决国内和国际上的体制基础、治理、隐私问题、潜在法规和政策，以落实运输技术。②在所有目标领域解决社会公平问题，以确保所有用户在运输解决方案中受益。

2. 日本 Smartway

Smartway 计划由日本政府与民间 23 家知名企业共同发起，用于促进土地、基础设施、运输和旅游、先进安全汽车（Advanced Safety Vehicle，ASV）的发展。Smartway 发展重点在整合日本各项 ITS 的功能和建立车上单元的共同平台，使道路与车辆能借由 ITS 咨询的双向传输而成为 Smartway 与 Smartcar，以减少交通事故和缓解交通拥堵。基于统一与协调行为方针的 Smartway 示范系统还向用户提供以下几个方面的信息服务。

（1）辅助安全驾驶信息服务：通过路侧架设的一系列传感器检测前方道路转弯处，或视线死角区域是否发生交通阻塞或存在路面障碍物等，并通过车路通信系统向驾驶者提供实时道路信息。

（2）静止图像信息服务：通过闭路电视（Closed Circuit Television，CCTV）摄像机采集的道路环境状况信息，将以静止图像的形式提供给驾驶者，如在隧道入口处可以清楚地了解到出口处的车流情况等。

（3）浮动车信息采集服务：基于浮动车技术实现实时交通信息的获取，并通过车路通信系统，连同天气、路面情况和高危地段等信息迅速提供给临近的车辆。

（4）道路汇集援助服务：通过专用短程通信（DSRC）天线检测行驶于主干道上的车辆，当车辆接近道路汇集处时，将通过车路通信系统向有关驾驶者发出警示信息。

（5）停车场电子付费服务：通过车路通信系统实现停车场电子付费服务。

（6）宽带互联网连接服务：通过车路通信系统实现宽带互联网连接服务。构建包括智能车辆、智能公路和紧急救援系统的 Smartway，实现安全、高效、便利、舒适、低环境负荷的交通环境。

3. 欧盟 eSatety

eSafety 由欧洲智能交通协会最先提出，2003 年 9 月得到欧盟委员会的认可并列入欧盟计划。其主要内容是充分利用先进的信息与通信技术（Information and Communication Technology，ICT），加快安全系统的研发与集成应用，为道路交通提供全面的安全解决方案。除自主式的车载安全装置外，还要考虑车路协调合作方式，即通过车车和车路通信技术获取道路环境信息，从而更有效地评估潜在危险，并优化车载安全系统的功能。欧盟在其第 6 框架计划（FP6）中启动 70 余项与 eSafety 相关的研究开发项目，与之相配套，欧盟委员会还推荐了 28 项行动计划，可归纳为三类：社会公共基础设施建设，包括道路交通基础设施及体系架构、电信基础设施等；车辆预防与保护系统，包括车载智能终端系统、安全辅助驾驶系统、车内人员保护系统、紧急救援系统等；事故原因分析、人为因素（human factor）研究、成本效益分析等。

eSafety 重点研究安全问题，更加重视体系框架和标准、交通通信标准化、综合运输协同等技术的研究，并推动综合交通运输系统与安全技术的实用化。

eSafety 项目的几个重点子项目如下。

(1) PreVENT 项目。利用先进的信息、通信和定位技术，开发自主式和协调式主动安全系统，降低事故发生率和减小事故严重性。

(2) I-way 项目（Intelligent Cooperative System in Cars for Road）。通过提供实时的周围车辆信息和路侧设备信息，增强驾驶员的感知能力和对危险状况的反应能力。

(3) Car2Car 项目。推动车车、车路通信技术及其接口的标准化，发展战略和商业模式，推进车车通信技术市场化。

欧洲对安装了各种智能化车载设备的各种品牌汽车进行道路测试，通过大量的采集数据来检验安全、效能和舒适的程度，进而研究智能车辆对安全、能源、效率和社会的影响。

我国车路协同实施起步较晚，目前仍处于初步探索阶段。部分高校和研究机构进行了相关智能化车路协同控制技术的研究，例如，国家科技攻关专题“智能公路技术跟踪”，国家 863 课题“智能道路系统信息结构及环境感知与重构技术研究”、“基于车路协调的道路智能标识与感知技术研究”等。其目的是建立我国车路协同技术体系框架，抢占车路协同前沿技术战略制高点，并结合我国道路交通基础设施的发展现状和智能车载信息终端的应用现状，发展适合我国国情和满足市场需求的车路协同综合交通运输管理系统。

3.3.2 车路协同通信系统

一般来说，可以把车路协同所涉及的通信网络分为两种类型：一种是车辆之间通信的车车通信系统（Inter-Vehicle Communication，IVC），一种是车辆与路边单元之间通信的车路通信系统（Road-Vehicle Communication，RVC）。

1. 车车通信

车车通信系统提供能在车辆之间直接传送和接收信息的网络环境。这种通信方式的通信过程是，车辆与在他附近的其他车辆组成一个临时的网络，车辆可以和其无线覆盖范围内的任何车辆直接通信，而要和其无线范围以外的车辆通信，就要通过将其他车辆节点作为转发节点进行间接通信。所以，IVC 不仅允许车辆与其他不在视线范围内的车辆进行通信，还可以与不在其无线通信范围内的其他车辆进行通信。

车车通信网络收集的信息可以帮助提高交通的安全性与效率。配备有通信设备的移动车辆实际上组成了一种移动无线自组织方式的网络。由于车辆的自身特点，这些网络节点有更广的通信范围，并且几乎没有能量的限制。

1）车车通信的意义

近年来，随着驾驶员安全意识的提高，交通事故的数量在减少，但交通事故伤亡率却在不断增长。对汽车交通事故进行总结分析可知，驾驶员反应不及时、处置不妥当造成的交通事故占所有交通事故的比例高达80%，这其中又分为65%的汽车追尾事故和35%的侧面碰撞及擦刮事故。德国奔驰公司的研究人员还得出了一个更为具体的结论：若能帮助驾驶员提早1 s意识到可能发生的交通事故且采取相应的措施，可以避免绝大多数车辆碰撞事故的发生。

为减少车辆碰撞事故，近年来，基于红外、激光雷达和摄像机等传感器的车辆防撞预警系统被广泛关注，其原理一般是通过传感器检测本车与其他邻近车辆的距离，当距离值小于设定的安全阈值时，给出报警提示或紧急制动。上述方法着眼于本车与周围车辆的相对距离，所获取的信息量较少，具有很大的局限性。另外，红外、雷达、摄像机等传感器容易受天气、障碍物和光线等因素的影响，降低了防撞预警装置的适用性和效果。

随着无线通信技术、传感器技术和车辆定位技术等的快速更新发展，基于车车通信的车辆防撞预警系统以传统防撞预警系统所没有的优势开始受到越来越多的重视，该系统利用无线通信实时交换车辆状态和尺寸等信息，在此基础上预测本车和周围临近车辆的未来轨迹，根据车辆防撞预警算法判断是否有潜在碰撞危险。但是，该系统仍存在许多有待进一步解决的问题，车辆轨迹预测算法和碰撞预警算法仍有较多的改进空间。

车车通信系统可以克服盲点问题。如果在驾驶员有转向意图的时候，弯道前方有车辆在它的盲点位置，该系统将会通过震动座椅提示驾驶员。并且会估算车辆在制动情况下的速度和碰撞事件。此外，车辆通信系统可以在驾驶员不注意车道、行驶速度较低或者前方有车辆制动时发出报警。

车车通信系统在消除交通碰撞和提高交通通畅性等方面显示了巨大的优越性，促进智能交通系统的发展。当车辆在分离摩擦系数或者摩擦系数较低的路面行驶时，车辆容易发生打滑，驾驶员往往会采取紧急制动措施，但这样容易造成碰撞事故。如果车辆自动给其他车俩发送警告信息，就可以避免事故发生。

图3.19所示为三辆车同车道行驶示意图。当最前方车辆A紧急制动时，后两辆车都处于危险状态。更进一步说，最后一辆车C比中间一辆B更不安全。造成这种状态的主要原因如下。

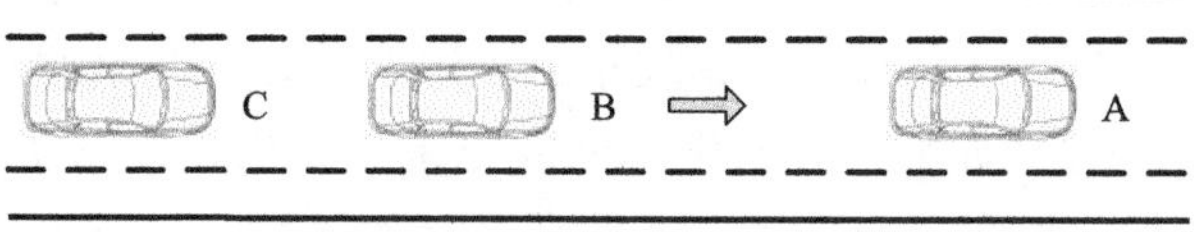

图3.19　三辆车同车道行驶示意图

（1）制动灯的视角限制。由于在同一车道行驶时，一般只有一辆车可以直接看到前方车辆的制动灯。因此，C 不能直接观察到 A 的制动情况，只有通过 B 才可以了解。

（2）时间延迟。从看到 A 制动灯到 B 踩下制动踏板，驾驶员由于大约需要 0.7～1.5 s 的反应时间，将会很大程度延迟紧急事件的报警。

随着通信技术的发展，尽可能减少紧急事件中的延迟、缩小局域网的范围，将会使车车通信更加安全。如前所述，B 和 C 在接收到 A 发来的警告信息时，如果没有延迟，驾驶员就可以及时调整，提高成功避免连撞的几率。尤其是在大雾天气，能见度很差或者驾驶员注意力不集中时，这种优势更加明显。

2）车车通信技术的发展现状

最早的车车通信研究始于 20 世纪 80 年代初期日本汽车行驶电子技术协会 JSK 发起的“Association of Electronic Technology for Automobile Traffic and Driving”。接着，加州大学伯克利分校的 PATH 项目因其完善的平台而闻名，它实现和展示了关于汽车列队行驶自动控制的研究成果，证明了应用无线通信技术在交通安全和效率方面可以取得较大程度的提高。20 世纪末 21 世纪初，日本展示了基于车间无线通信的协同驾驶系统（Cooperative Driving）的优势（典型代表项目是 DEMO 2000），比如在自动巡航系统（Adaptive Cruise Control，ACC）的应用方面，该系统类似于传统的基于雷达扫描和自动控制技术的自适应自动巡航系统，但是引入车车通信可以交换各自的行车和道路信息，通过互相协作实现更为安全高效的自动驾驶。此外，前车可以向后方车辆传递包括事故、紧急情况或交通堵塞等信息是车车通信的一个重要优势，欧洲发起的 CarTALK 2000 项目力图在车车通信的基础上实现安全和舒适驾驶。为进一步发展车车通信技术及其应用，CarTALK 2000 还积极与德国的 FleetNet、NOW（Network on Wheels）等项目合作。2004—2010 年间，MobiCom 先后六次召开专题研讨会讨论包括车车与车路通信的车载无线自组织网络（Vehicular Ad Hoc Network，VANET），许多计算机网络与通信网络的会议也增加了相关专题，进一步促进了车车通信技术的深入研究和产业应用的进程。

相对来说，国内对车车无线通信系统的研究还比较滞后，目前较常见的是研究物理层、MAC 层协议、路由协议和传输控制协议等车载自组网络的基础问题。例如，有学者提出了采取竞争与预约相结合的分配方式，用于控制时隙和业务时隙分离的车载通信系统 MAC 协议 CCR、ALOHA，提供可靠的单跳广播和高效的多跳广播服务，平均分组时延较小、扩展性较好。北京航空航天大学针对大城市环境下的车辆运动规律和车载自组网的相互影响，提出了在 DSR 路由协议基础上改进的路由算法，给出了以特殊车辆（如公交车或者出租车）为某一区域车载自组网的簇头的特殊处理方法，降低簇头选举、重新分簇和路由交换等带来的时空开销。武汉大学针对车载自组网的应用和特点提出了传输控制协议的设计目标和设计要素。与车车通信的相关的主要研究的应用领域如下。

（1）安全告警类应用：这类应用是在有事故发生或者存在事故隐患时，通过车辆间及时的交互信息，使驾驶员能够及时地对突发的事件做出反应，避免造成更严重的事故。

（2）协同驾驶：这类应用的目的是帮助驾驶员快速、安全地通过十字路口、高速公路出入口等敏感地段。

虽然由于各方面条件的限制，这些应用还未大规模出现在实际车辆中，但随着车车通信技术的进一步完善和各界人士的重视，将来一定可以获得广泛应用。

2. 车路通信

车路通信系统是基于车辆与路边基础设施通信的系统，当车辆驶入这些接入点的通信范围内时，通信自动建立，车辆与路边基础设施之间的通信类似于无线局域网，路边单元相当于无线局域网中的接入点。这种通信方式可以实现更大范围的信息共享，如接入互联网、电子收费等。这种通信方式的通信过程是：当节点 A 要与节点 B 进行通信时，节点 A 首先对路边单元通过控制信道进行通信获得可使用的信道信息，如果没有可使用的信道，只有等待，否则，节点接入由路边单元分配给它的信道进行通信。这种通信方式的优点是：通过路边单元分配信道给车辆单元，能够避免车辆单元自由竞争信道所引起的碰撞，因此可靠性较高。然而，在一些偏远的地方，由于路边单元架设困难或者架设之后维护困难等原因，RVC 的通信方式很难实现。目前，基于 RVC 系统的应用需要建设大量昂贵的基础设施，而且，由于接入点的信号覆盖范围限制，通信可能是间歇的，不能很好地适应多变的车车通信环境。相对于车路通信系统，车车系统可以提供车辆间的通信而不需要任何基础设施。

在智能车路系统中，车路通信主要有以下几种数据传输方式。

（1）路面设备收集路况信息并发送给车载终端。路面设备可以用无线摄像头采集路口的交通状况，并发送给需要该信息的车载终端，或存储到服务器中等待终端提取。也可以利用现有的感应线圈采集交通拥挤情况。或者将该路面设备覆盖范围内的道路状况发送给该路段的终端以进行车路协调。甚至还可以采集该路面设备附近的便利店位置、加油站位置等信息等待终端提取。

（2）路面设备存储固定数据并等待车载终端提取。在一个完善的智能车路系统中，必然拥有大量的车载终端需求的数据，由于数据量过大，可以将这些数据存储在路面设备上，待终端需要时进行现场提取。

（3）路面设备中转车载终端发出的需要由路面设备中转的数据。当多个车载终端在可通信范围外并且需要并行数据通信时，就需要路面设备有中转这种数据的功能。

(4) 路面设备发布用于商业用途的信息。ITS系统是一个社会基础设施，完全可以由政府全力出资搭建，但在不影响该系统正常作业的基础上，也可进行一些商业用途，如用路面设备广播一些附近的娱乐设施情况、宣传信息和广告等。

3.4 车联网无线通信技术

3.4.1 DSRC

专用短程通信（Dedicated Short Range Communication，DSRC）是一种短距离无线通信技术，它具有传输速率高、延迟短等特点，支持点对点、点对多点的通信。相对于传统的广域移动通信系统而言，它可以实现小范围内数据、音频和视频信号的实时、准确和可靠的双向传输，从而将车辆与车辆、车辆与道路有机地联系在一起，因此成为ITS中重要的无线通信平台，为ITS提供高效的无线通信服务。DSRC典型的应用包括电子不停车收费系统（Electronic Toll Collection，ETC）和车辆的公共安全。

1. 技术概述

1）结构体系

专用短程通信体系架构如图3.20所示，DSRC系统主要由车载单元（On Board Units，OBU）和路侧单元（Road Side Units，RSU）两部分组成。OBU是安装或放置于车辆上的嵌入式处理单元，在整体结构中相当于移动终端。车载单元采用电子标签技术，电子标签内存储包括车主、车型和车辆物理参数等固定信息，根据业务的需要，还可存储其他信息，如ETC应用还可存储支付账户、余额、交易记录和出入口编号等信息。

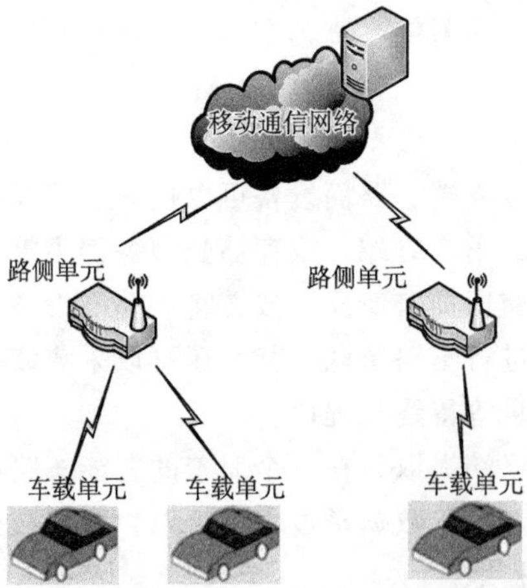

图3.20 专用短程通信体系架构

RSU是安装在道路的指定地点（如车道旁边、车道上方等）固定的通信设备。它保持着与不同OBU的实时高效的通信，实现信息的交互，其有效的覆盖区域为3～30 m。RSU的主要参数包括频率、发射功率和通信接口等。

2）通信协议

DSRC的通信协议参照开放系统互联

参考模型 OSI 通信协议的第一、二、七层架构，包括物理层、数据链路层和应用层。物理层是底层协议，主要提供帧传输控制服务和信道的激活/失效服务，收发定时及同步功能，并指示物理层状态。DSRC 物理层采用的是正交频分复用（Orthogonal Frequency Division Multiplexing，OFDM）技术，这是由于 OFDM 技术具有光谱效率高、抑制多径衰落和接收机设计简单等优点。数据链路层负责信息的可靠传输，提供差错和流量控制，使之对上层提供一条无差错的链路。它规定了通信帧的结构和封装形式，提供实现相应功能的程序和程序单元。数据链路层的主要模块是媒介访问控制子层（Medium Access Control，MAC）。在信号流的处理上，MAC 层负责传输的可靠性和实现相应的控制操作。应用层在数据链路层提供服务的基础上提供特定的应用服务，诸如实现通信初始化、释放程序、广播服务支持和远程应用相关操作等。

3）技术优势

DSRC 技术应用于车车通信的环境，其优势可以从和其他无线通信技术的比较中得出，如表 3.2 所示。

表 3.2 DSRC 技术与其他无线通信方式的比较

	DSRC	Wi-Fi	蜂窝网络	WiMax
时延	<50 ms	秒级	秒级	—
移动性	>60 m/h	<100 m	<10 km	<15 km
通信距离	<1 km	<100 m	<10 km	<15 km
传输速率	3～27 Mbit/s	6～54 Mbit/s	<2 Mbit/s	1～32 Mbit/s
通信带宽	10 MHz	20 MHz	<3 MHz	<10 MHz
工作频段	5.86～5.925 GHz	2.4 GHz、5.2 GHz	800 MHz 、1.9 GHz	2.5 GHz
IEEE 标准	802.11p（Wave）	802.11a/b/g/n	—	802.16e

由表 3.2 可以看出专用短程通信技术在性能上优于 Wi-Fi、蜂窝网络等无线通信技术；与 WiMax 技术相比，性能相当接近，但是在实现的复杂度和成本上，DSRC 远近比 WiMax 有优势。

2. 标准化

在 DSRC 的标准化方面，国际上已形成以 CEN/TC 278、ASTM/IEEE 和 ISO/TC 204 为核心的 DSRC 标准化体系。其中，ISO/TC 204 国际标准组织主要研究应用层的协议和资源管理，制定中长距离通信标准。

欧洲 CEN/TC 278 DSRC 标准的主要特点是采用 5.8 GHz 被动式微波通信，中等通信速率（500 Kbit/s 上行，250 Kbit/s 下行），调制方式为 ASK 和

BPSK。

美国的 ASTM 和 IEEE 标准，频率均为 5.9GHz。在 ASTM 标准的基础上，发展了 IEEE 802.11p 协议组，包括 1609～1609.4 标准。IEEE 802.11p 标准在车载环境下，达到 3～27 Mbit/s 的传输速率，大大改善了高速移动环境下的传输效果。

鉴于国际 DSRC 标准发展趋势，1998 年 5 月，中国 ISO/TC 204 技术委员会向交通部无线电管理委员会提出将 5.8 GHz 频段分配给智能交通运输系统的短程通信（包括 ETC 收费系统）。

3. 关键应用

1）车路通信

车路通信中的 DSRC 应用主要面向非安全性应用，以 ETC 系统为代表。车辆经过特定的 ETC 车道，通过 OBU 与 RSU 的通信，在不停车和收费人员不采取任何操作的情况下，能自动完成收费过程。除此之外，还可以用在电子地图的下载和交通调度等。RSU 接入后备网络后，与当地的交通信息网或互联网相连，通过 OBU 与 RSU 的通信获得电子地图和路况信息等，从而可以选择最优路线、缓解交通拥堵等。

2）车车通信

基于车车通信的 DSRC 应用主要用于车辆的公共安全方面。将 DSRC 技术应用于交通安全领域，能够提高交通的安全系数。其作用是减少交通事故，降低直接和非直接的经济损失，以及减少地面交通网络的拥塞。当前面的车辆检测到障碍物或车祸等情况时，它将向后发送碰撞警告信息，提醒后面的车辆存在潜在的危险。

3.4.2 ZigBee

ZigBee 是一种新兴的短距离、低复杂度、低功耗、低数据速率、低成本的无线网络技术。ZigBee 的物理层采用直接序列展频（Direct Sequence Spread Spectrum，DSSS）技术，媒体存取控制层沿用无线局域网（Wireless Local Area Network，WLAN）中 802.11 系列标准的 CSMA/CA 方式，以提高系统兼容性，从而适用于近距离无线连接。除了安全灵活，网络容量多达 65 000 个设备以外，ZigBee 最大的优势在于成本低和使用功耗低，在低功耗待机模式下，两节普通 5 号电池可使用 6～24 个月，此外其延时极短，典型搜索设备时延为 30 ms,安全性高，ZigBee 提供了数据完整性检查和鉴权功能，采用 AES-128 加密算法，各个应用可灵活确定其安全属性。ZigBee 的主要应用领域包括工业控制、消费性电子设备、汽车自动化等。

ZigBee 通信具备以下的特点。

(1) 低功耗：由于 ZigBee 的传输速率低，发射功率仅为 1 mW，而且采用了休眠模式，功耗低，因此 ZigBee 设备非常省电。

(2) 成本低：ZigBee 模块的初始成本低，并且 ZigBee 协议是免专利费的。

(3) 时延短：通信时延和从休眠状态激活的时延都非常短，典型的搜索设备时延为 30 ms，休眠激活的时延是 15 ms，活动设备信道接人的时延为 15 ms。

(4) 网络容量大：一个星型结构的 ZigBee 网络最多可以容纳 254 个从设备和一个主设备，而且网络组成灵活，采用网型结构最多可扩展至 65 000 个节点网络。

(5) 可靠：采取了碰撞避免策略，同时为需要固定带宽的通信业务预留了专用时隙，避开了发送数据的竞争和冲突。MAC 层采用了完全确认的数据传输模式，每个发送的数据包都必须等待接收方的确认信息，如果传输过程中出现问题可以进行重发。

(6) 安全：ZigBee 提供了基于循环冗余校验 (Cyclic Redundancy Check，CRC) 的数据包完整性检查功能，支持鉴权和认证，采用了 AES-128 的加密算法，各个应用可以灵活确定其安全属性。

3.4.3 蜂窝网络

蜂窝网络是指将服务区划分为若干个彼此相邻的小区，在每个小区设立一个基站的网络结构。由于每个小区呈正六边形，又彼此邻接，从整体上看，形状酷似蜂窝，所以人们称它为“蜂窝”网。用若干蜂窝状小区覆盖整个服务区的大、中容量移动电话系统就叫做蜂窝移动电话系统，简称蜂窝移动电话。

通用分组无线服务 (General Packet Radio Service，GPRS) 技术是在 GSM 蜂窝通信网络上发展起来的一种分组交换数据业务，按需动态分配信道资源。GPRS 频谱利用率较高，并将数据传输速率提高到 100 Kbit/s 以上，特别适合远程监测、交通监控等领域的中、低速率突发通信需求。由于采用了 TCP/IP 协议，并且容易与现有互联网技术及其应用平台整合，所以可以将各种 IP 技术与服务同移动通信技术相结合，为用户提供各种高速高质的移动车载数据通信业务。随着对 3G (CDMA2000、WCDMA 和 TD-SCDMA) 通信模块进一步的研发、集成与应用，为了提供这种服务，无线网络必须能够支持不同的数据传输速率，即在室内、室外和行车环境中能够分别支持至少 2 Mbit/s、384 Kbit/s 和 144 Kbit/s 的传输速率。

3.4.4 Wi-Fi

无线保真 (Wireless Fidelity，Wi-Fi) 是无线局域网 (WLAN) 的一种，符

合 IEEE 802.11b 标准，它是利用无线接入手段的新型局域网解决方案。Wi-Fi 的主要特点有传输速率高、可靠性高、建网速度快、便捷、可移动性好、网络结构弹性化、组网灵活和组网价格较低等。IEEE 802.11b 采用的工作频段为 2.4 GHz的带业务监测（In-Service Monitoring，ISM）自由频段，采用直接序列扩频（Direct Sequence Spread Spectrum，DSSS）技术理论上可以达到 11 Mbit/s速率。典型通信距离为 5.5 Mbit/s 时为 30～45 m，2 Mbit/s时为 45～75 m，1 Mbit/s 时为 75～100 m。

IEEE 802.11g 使用了与 IEEE 802.11b 相同的 2.4 GHz 的 ISM 自由频段。它采用了两种调制方式，即 IEEE 802.11a 所采用的 OFDM 和 IEEE 802.11b 所采用的 CCK，使 IEEE 802.11g 不但达到了 IEEE 802.11a 的 54 Mbit/s 的传输速率，同时也实现了与现在广泛存在的采用 IEEE 802.11b 标准的设备的兼容。IEEE 802.11g 已经被大多数无线网络产品制造商选作下一代无线网络产品的标准。

3.5 车载通信网络 VANET

车载自组织网络（Vehicle Ad hoc Network，VANET）是一种自组织、结构开放的车辆间通信网络，它是一种特殊的移动自组网（Mobile Ad hoc Networks，MANET)，可以适应不断变化的网络拓扑结构，为道路车辆之间、车辆与路边固定接入点之间提供通信。VANET 在 ITS 中起着很重要的作用，其目标是作为未来 ITS 的基础部分，通过车与车、车与路边节点的通信构成统一的无线通信网络，用于传递辅助驾驶或避免事故的实时信息，也可提供娱乐信息、互联网接入等数据服务。

随着交通基础设施和车辆间通信（Inter-Vehicle Communication，IVC）联系的日益密切，VANET 受到世界各国研究机构和科研人员的密切关注，大量研究致力于通过各种途径改进 VANET 的性能。最早关于车辆间通信的研究始于 20 世纪 80 年代初的日本，随后，欧美国家也相继启动了相关科研项目。1999 年，美国联邦通信委员会分配 75 MHz 的频谱用于车辆环境下的专用短程通信，并发展成为车载无线接入系统，为行车环境下的无线接入提供便利。2005 年，欧洲成立了车辆间通信联盟（Car 2 Car Communication Consortium)，采用无线局域网技术，目标是为车车通信系统建立一个公开的欧洲标准，使不同制造商的汽车能够相互通信。国际计算机组织（Association for Computing Machinery，ACM）专门成立了 VANET 会议组，其目标是研究 VANET 技术并关注其最新的发展状况。国内关于 VANET 的研究起步较晚，已有一些高校和科研机构开始从事 VANET 研究，研究成果主要集中在对路由协议、MAC 协议的研究和改进，其他方面（如传输控制协议和网络安全等）的研究还很少。

3.5.1 VANET 网络结构与特点

1. 网络模型

VANET 的基本思想是在一定通信范围内，车辆间可以相互交换各自的车速、位置等信息，也可以交换车载传感器感知的数据，并自动连接建立一个移动的网络。整个 VANET 分为 IVC 与 RVC 两部分。IVC 一般通过在车辆上安装无线通信设备，使车辆能够通过多跳的方式实现相互连接，如 DSRC。VANET 除了可以单独组网实现局部的通信外，还能使车辆通过道路基础设施（如路边设备）或移动基站接入互联网，以便获取更加丰富的信息资源。此外，现在大部分车辆上安装了卫星导航设备，能够提供精确的定位和时钟信息，卫星导航与 VANET 相结合也产生了更多的应用。图 3.21 所示为 VANET 网络示意图。

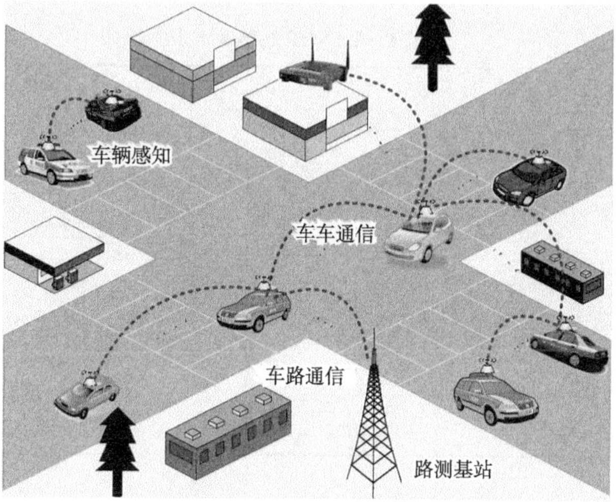

图 3.21 VANET 网络示意图

2. 主要特点

VANET 是一种特殊的 ad hoc 网络，它不仅具有一般 ad hoc 网络的特点，还具有自身独有的属性，如地理范围受限制、高动态性、可预测的移动性、网络密度动态性和需存储足够能量等。

(1) 车辆具有高速移动的特性，节点的高速移动必然导致网络拓扑变化快、路径寿命短的问题，这就需要有高效的路由算法支持。

(2) 基于交通安全的应用要求很高的实时性和可靠性，而无线信道质量比较不稳定，且受环境影响较大，因此需要对原有无线通信协议（如 IEEE 802.11、IEEE 802.16、3G 等）的物理层和 MAC 层标准进行改进，以提高服务质量。

(3) 由于 VANET 使用广播和组播较多，频繁的拓扑变化必然导致频繁的广播路径信息，这常常会带来网络的严重阻塞，采用分簇的方式可以减少泛洪对网络的影响。

(4) 节点的运动轨迹具有规律性，结合卫星导航系统和电子地图进行路径规划，将简化 VANET 的路由策略。

(5) VANET 的网络管理涉及面较广，包括移动性管理、地址管理和服务管理等，需要相应的机制来解决节点定位和地址自动配置等问题。

3.5.2 体系结构

根据 VANET 的特点，参照 OSI/RM 模型，得出的 VANET 的体系结构如表 3.3 所示。

表 3.3 VANET 的体系结构

VANET 体系结构	OSI/RM 结构
应用、安全等高层	应用层
	表示层
	会话层
	传输层
网络层（路由协议）基于拓扑：ADOV、DSR；基于位置：GPSR、GSR；基于分级：CL-DSR	网络层
数据链路层 IEEE 802.11 DCF、CMV	数据链路层
物理层 OFDM、3G TDD	物理层

其中，物理层完成无线信号编码、译码、发送和接收等工作，空中接口应尽量使用空闲的免费频段，并能适应高速移动的环境；数据链路层控制对共享无线信道的访问，为上层提供快速、可靠的报文传输支持；网络层是 VANET 的研究重点，且由于 VANET 的网络拓扑变化频繁，且由节点协作完成多跳路由而不由专用的路由设备完成，故必须设计专用、高效的多跳无线网络路由协议。上层应用协议提供面向用户的车载应用服务，可以承载多种应用形式。

3.5.3 物理层

VANET 的独特性质决定了其对物理层的特殊要求：①适用于高速移动，并能在高速移动时提供实时、可靠的接入；②分布式网络结构，支持多跳链接；③与MAC层协议相匹配；④最好使用免费频段。因此，需要对现有技术进行多方面改进。首先，需要适应高速、动态变化的网络拓扑；其次，要适用于分布式网络结构，基站控制的无线资源管理机制应变为节点自行管理、协同合作的机制；最后，要克服更为恶劣的多径效应和时隙同步等问题。

目前的研究主要是对IEEE 802.11和3G TDD物理层技术进行改进，以适用于以上要求。美国联邦通信委员会对IEEE 802.11标准进行扩展，以适用于VANET，这一扩展标准称为IEEE 802.11p，其被授权工作在5.9 GHz免费频段上，由7个10 MHz的信道组成，采用正交频分多路复用（Orthogonal Frequency Division Multiplexing，OFDM）技术，其频谱分配如图3.22所示。其中，178信道是控制信道（Control Channel，CCH），它只用于安全通信，其余信道都是用于车载安全和非安全方面的服务信道（Service Channel，SCH）。带宽的减少使其物理层的参数是IEEE 802.11a的两倍，同时也减少了多普勒效应。此外，两倍的警戒间隔减少了多路径传输引起的码间干扰，严格的频谱控制缓解了通信拥塞，提高了广播性能。欧盟汽车工业委员会使用3G TDD空中接口，为车辆间通信免费发放2010～2020 MHz频段。3G TDD最初是为集中式网络设计的，CarTALK 2000对其进行了改进，使其适用于分布式网络，并提出了信道建立和控制的新方法。此外，对IEEE 802.16适当改进也可以作为VANET的宽带无线接入物理层方案。

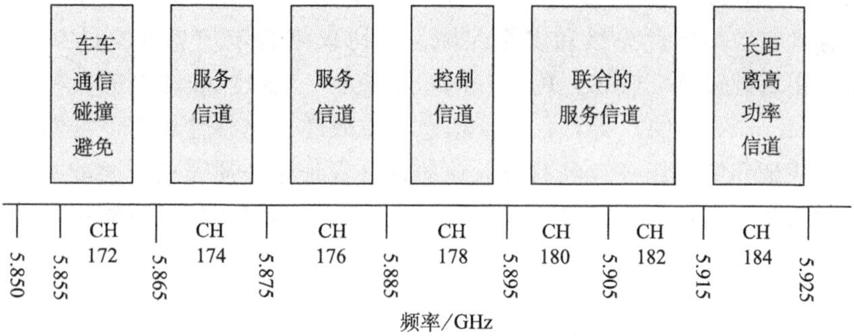

图3.22 IEEE 802.11p频谱分配

3.5.4 MAC层

MAC层向网络中的节点提供物理寻址和信道接入控制，为上层提供快速、可靠的报文传输支持。特别在无线网络中，MAC协议能否有效地利用无线信道的有限带宽，将对无线网络的性能起着决定性作用。对于VANET，MAC层除了考虑接入公平性、隐藏终端、暴露终端等 ad hoc 网络的普遍问题外，还需要考虑移动自适应拓扑变化、不同类别应用优先级、低传输延时和可靠传输等特殊因素。

早期关于 VANET 的 MAC 层协议研究主要是对传统 ad hoc 网络 MAC 协议的改进，以使其适用于高速移动的 VANET。例如，IEEE 802.11 DCF 协议基于 CSMA/CA，以较小的 RTS/CTS 分组的交互，分配较大的无线资源，从而提高无线资源的利用率。但 IEEE 802.11 DCF 不能很好地支持实时业务：ad hoc MAC 协议通过 TDMA 机制为每个终端预留时隙，为 VANET 提供了较好的 QoS 保证，但 ad hoc MAC 协议不能有效地利用信道，且通信范围内的节点数目受限制；定向天线 MAC（directional MAC，D-MAC）协议是基于 IEEE 802.11 提出的，每个终端通过 GPS 知道自己和相邻终端的地理位置，定向天线有利于减少传输干扰和冲突，但其复杂性和昂贵的设施给实现带来了困难。

近几年，关于 VANET 的 MAC 层协议的研究较多，且提出了一些专门为车载环境下的无线接入设计的 MAC 层新协议，大大改进了 VANET 无线接入控制的性能，提高了通信可靠性，降低了传输延时。下面简要介绍几种近年来提出的 VANET 的 MAC 层新协议。

1. Secure VANET MAC 协议

Secure VANET MAC 协议是一种 VANET 环境下的安全 MAC 协议，该协议考虑了 VANET 中信息传输的安全性和优先级，因此，安全警告信息可以比一般信息具有较高的优先级和安全保障。该协议结合了信息安全的一些重要概念，如公钥基础设施（Public Key Infrastructure，PKI）和证书颁发机构（Certificate Authority，CA）等，保证了信息的有效性、完整性和不可抵赖性，并提供了信息认证和匿名服务。经验证，该协议在保证服务质量的同时能提供更为安全的信息服务，即使节点很多，具有高优先级的安全警告信息也能保持较高的传输效率。

2. A-ADHOC MAC 协议

自适应 ad hoc（A-ADHOC）MAC 协议对 ad hoc MAC 协议进行了进一步的改进。A-ADHOC 协议的基础是 RR-ALOHA 协议，这是一种新的分布式预留协议，能动态建立可靠的单跳广播信道。该协议通过帧周期性的广播帧信息（Frame Information，FI），使所有的邻节点都知道每一个时隙的信道使用状况，从而使 RR-ALOHA 协议能够在 VANET 中正确运行。经验证，A-ADHOC MAC 协议在提供健壮网络的同时，能够比传统 ad hoc 协议减少 50% 的响应时间。

3. CMV 协议

感知 MAC（Cognitive MAC for VANET，CMV）协议与感知无线电和宽带传输技术结合，对不同时间周期使用不同的频谱接入技术。对于较长时隙的频谱接入，使用感知无线电技术进行并发传输；对于较短时隙的频谱接入，使用宽带频谱池。因此，不同要求的信息将根据需求通过不同的接入机制进行传输。这样，CMV 协议既保障了资源共享，又极大地提高了频谱利用率。经验证，CMV 协议将网络吞吐量较传统 ad hoc 协议提高了 72%。

4. 改进的 IEEE 802.11 DCF 协议

在国内，也有一些针对 VANET 的 MAC 协议研究。武汉理工大学对 IEEE 802.11 DCF 协议进行了建模分析和研究，得出在节点通信载荷较大的情况下，现有的二进制退避算法存在产生节点接入信道不平衡的弊端，因此提出一种基于节点使用信道时间份额评估的自适应调节退避算法。该算法通过估算节点在网络通信中已占用的时间份额，评估节点对网络的占用比，根据该占用比调节 IVC 网络车辆节点的竞争接入窗口值的大小，以此使每个节点获取公平接入网络的机会。经验证，该算法在对节点吞吐量影响较小的情况下，提高了通信网络中车辆节点通信的公平性。

3.5.5 路由协议

路由协议是 VANET 的研究中不可缺少的一个环节，特别是由于其网络拓扑的频繁变化和节点的快速移动，路由技术成为 VANET 面临的重大挑战之一。ad hoc 网络中的多跳路由是由普通节点协作完成的，而不是由专用路由设备完成的。因此，必须设计专用、高效的多跳无线网络路由协议。常用的 VANET 路由协议分类如图 3.23 所示。

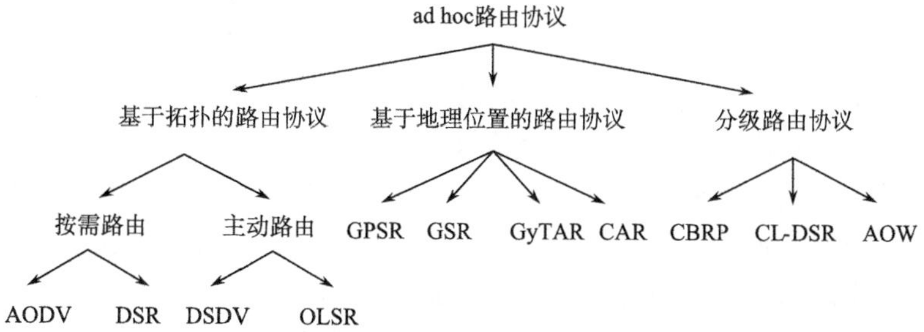

图 3.23 VANET 路由协议分类

1. 基于拓扑的路由协议

早期的 VANET 基本都沿用了传统 ad hoc 网络的路由协议，这些协议都基于网络拓扑结构，网络中的节点通过周期性的交互路由信息得到所有其他节点的路由，如节点序列距离矢量协议（Destination-Sequenced Distance-Vector，DSDV）、动态路由协议（Dynamic Source Routing，DSR）、按需距离矢量路由协议（Ad hoc on Demand Distance Vector Routing，AODV）等。按照路由发现策略的不同，可以将其分为按需路由协议和主动路由协议。DSDV 协议是主动路由协议，该协议能迅速为节点建立路由并发送数据，在任何情况下都能避免产生路由环路，但当加入网络的节点越来越多，路由表容量、开销和带宽也相应增加。DSR 协议是一种基于源路由的按需路由协议，其工作过程主要包括路由发现和路由维护，它采用路由缓冲技术，减少路由发现的代价，但不适合大规模高动态网络。AODV 协议对 DSDV 算法进行了改进，同时从按需路由算法 DSR 中借鉴了路由发现和路由维护的思想，具有思路简单、无环路、路由获取迅速等优点，但其周期性地广播报文，需要消耗一定的电池能量和网络带宽。这一类协议的致命缺陷在于，路由建立控制开销大造成延时过大，因而不适用于与安全相关的 VANET 应用，例如，寻找、维护邻居节点的 Hello 信息平均时间间隔是 1 s，而交通安全领域要求的反应时间是 100 ms。

2. 基于地理位置的路由协议

随着定位技术的发展，车辆可以利用专用定位系统（如 GPS）方便地获取自己的地理位置信息，利用这些位置信息可以改善 VANET 的路由性能。这类协议不需要建立路由表或存储路径，每个节点仅需要获知邻居节点和目的节点的位置信息，进而决定自己的下一条节点，这一类路由协议能更好地适应网络大小和拓扑结构的变化，因此更适合 VANET。

国内外关于此类协议的研究成果较多，最典型的是贪婪周边无状态路由转发（Greedy Perimeter Stateless Routing，GPSR）算法及其各种改进算法。GPSR 协议最早由 Brad 和 Kung 于 2000 年提出，它是一种将贪婪转发与周边转发相结合的基于位置信息的路由算法。在该协议中，每个节点需要在一定周期内向一跳范围内的节点广播自己的位置信息，这样每个节点就知道自己和所有一跳范围内邻居节点的位置。但是在城市场景下，由于环境相对比较复杂（如阻挡信号的建筑物林立，实际路由可能只能沿道路方向进行等），直接应用 GPSR 协议的效果并不十分理想。因此，许多学者都对 GPSR 协议提出了改进方案，如通过对 GPSR 协议的改进使其更适用于大规模城市环境下的车辆间通信。国内也有一些研究成果：北京邮电大学提出了一种基于地理和交通信息的 VANET 的路由算法，该算法具有更高的数据包投递率和更低的时延网；哈尔滨工程大学对 GPSR 平面图算法提出了改进方法，使 GPSR 协议在定位错误的情况下性能有所提升。

地理源路由（Geographic Source Routing，GSR）算法能够处理节点的高速度特性和城市特有的拓扑结构，是基于位置的由城市地图支持的地理源路由协议，路由计算选择 Dijkstra 最短路径算法，以获得性能的提高；GyTAR（The Greedy Traffic Aware Routing）协议在 GSR 协议的基础上，结合考虑了车辆的方向、速度和行驶环境，由于这些因素都会对 VANET 的路由带来影响，因此 GyTAR 协议将其纳入路由策略中；CAR（Connectivity-Aware Routing）协议也是一种基于位置的路由协议，其特别之处在于具有路由缓存功能，并能进行道路感知，在低密度车辆环境下性能良好。

3. 分级路由协议

VANET 的体系结构可以是平面式的，也可以是分级式的。在平面式结构中，所有节点的功能和地位相等，不存在瓶颈节点，网络比较健壮，并且节点的覆盖范围比较小，相对比较安全。但是，在车辆较多，特别是在高速移动的情况下，存在处理能力弱、控制开销大、路由经常出现中断等缺点。在分级结构中，网络被划分成若干个簇，每个簇由一个簇首和多个普通节点组成。簇首之间的通信需要借助网关节点完成，簇首和网关形成了高一级的网络，称为虚拟骨干网。分级结构的最大优点是网络的可扩充性好，网络的规模不受限制，并且容易实现移动性管理和网络的局部同步。典型的几种分级路由协议有分簇路由协议（Cluster Based Routing Protocol，CBRP）、基于簇标签的可靠动态网络源路由协议（Reliable Dynamic Source Routing Based Cluster Label，CL-DSR）、自适应加权分簇算法（Automatic On-demand Weighted clustering algorithm，AOW）。

CBRP 协议的目标是实现一个分布式、高效的可扩展路由协议，采用分簇路由机制减少按需路由发现的洪泛分组，并且采用本地修复机制增加分组投递率、减少路由发现时延和路由发现开销，并且使用路由缩短机制，基于节点的两跳拓扑信息优化路由。CL-DSR 协议以 DSR 协议为基础，通过引入分簇算法，利用簇标签对网络中节点进行分组，形成骨干路由，改进路由发现、维护过程，从而提高路由可靠性和投递率的一种 ad hoc 网络路由协议。AOW 算法是一种需求驱动的加权分簇算法（Weighted Clustering Algorithm，WCA）算法。AOW 算法利用加权的思想综合考虑了节点的移动性、节点度、传输功率和剩余能量 4 个因素进行分簇，相对其他分簇算法更加灵活、合理。

3.5.6 VANET的应用

VANET可以承载多种应用形式，根据不同的通信需求，可将VANET的应用分为三个类别：一般信息服务、交通安全信息服务和车辆行驶辅助控制。VANET应用分类如表3.4所示。

表3.4 VANET应用分类

类型	描述	通信信息
一般信息服务	信息延时或丢失不会影响车辆安全，也不会使应用失效	交通信息查询（如天气预报、道路状况、交通通行量），小区广播（如广告、娱乐套餐）
车辆安全信息服务	信息延时可能影响车辆安全，或使得应用无效	关于潜在危险的安全警报信息，如异常车辆或道路障碍等信息）
车辆行驶辅助控制	发出操作警告或控制车辆行驶以保证安全、高效的操作	广播车辆运动状态以避免车辆冲突

第一类应用为一般信息服务，不涉及车辆安全（如交通信息查询、小区广播等），因此能容忍一定的传播延时。车辆装载有卫星导航设备和无线收发器，可向接触车辆获取其他车辆信息，以此定位其他车辆并监视交通通行状况等。或者，车辆不装载卫星导航设备，而是在车辆相遇时选择性的交换信息，以更好地感知道路通行状况。

第二类应用为车辆安全信息服务，涉及车辆安全（如意外警告、道路障碍识别等），因此必须保证低延时和高可靠性。VANET可作为道路交通系统的一部分，通过VANET及时地传播紧急警报信息，鉴定车辆位置和运动状态异常的原因，如交通事故、机械故障等，这项工作的重点是向“异常车辆”附近运行的车辆提供预警。CarTALK 2000项目建议将这种预警功能作为驾驶辅助系统的一部分，并提出预警信息可以通过多跳广播，向临近车辆发送以提供预警功能。第一类和第二类应用提供的信息服务，只能用于提供辅助信息，都不能用于车辆行驶控制。

第三类应用为车辆行驶辅助控制，它对车辆的运动状态进行管理和控制，对数据延时或丢失非常敏感。车辆使用GPS和数字地图来定位交叉路口，在交叉路口前50 m处，车辆会广播其位置、方向和速度，使其他车辆采取相应避让措施。高速公路上多发的连环追尾事故主要是受司机视线距离和反应时间的影响，而通过VANET可以有效地降低这类事故的发生，如可通过记录前方车辆运动状态，计算前方发生紧急事故时能自动刹车制动的有效车间距离，并提醒后方车辆。

3.6　安全辅助驾驶技术

从车辆安全研究范围看，随着汽车技术水平的提高，车辆安全研究范围越来越广。以往车辆安全研究主要集中在汽车被动安全性的研究上，如设置安全带、安全气囊和保险杠等，经过多年的发展，汽车安全领域的研究开始转向汽车的主动安全性。汽车安全研究方向如图 3.24 所示。

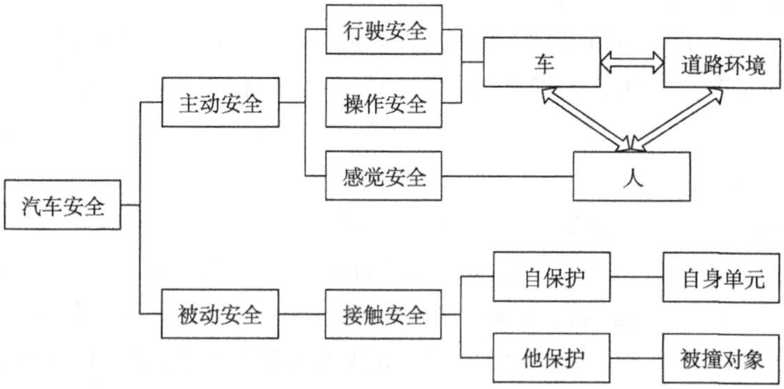

图 3.24　汽车安全研究方向

安全辅助驾驶（Safety Driving Assistant，SDA）的研究在世界各国得到了普遍的重视，而且各个国家都根据本国的实际情况，对安全辅助驾驶研究的内容和目标做了不同的规定。有日本学者认为，司机的人为局限性和操作失误是造成交通事故的主要原因，只有完全排除司机的人为因素，才能根除交通事故的隐患，所以，日本学者研究安全辅助驾驶的最终目的是实现无人驾驶。日本于 1989 年开始定位研究安全辅助驾驶，他们的研究方向为自动高速公路系统和高级安全汽车。

欧洲研制的先进驾驶辅助系统（Advanced Driver Assistance Systems，ADAS）利用安装于车上的各式各样的传感器，在第一时间收集车内外的环境数据，进行静、动态物体的辨识、侦测与追踪等技术上的处理，从而能够让驾驶者在最快的时间内察觉可能发生的危险，同时也能让驾驶者更便捷有效地实施对车体的操控。

辅助驾驶的功能较为广泛，涉及的关键技术主要有主动巡航控制、电子稳定程序、交通环境感知、车道偏离报警、驾驶员状态检测、防碰撞技术、盲点辅助技术、泊车辅助技术和夜视系统等。

3.6.1 主动巡航控制系统

传统巡航控制系统通常在车辆发动机舱内配有巡航控制模块，通过控制执行器调节气门开度来控制车速。在转向盘附近通常有控制按键，按下设定键就会启动巡航，车辆会自动维持在当前车速。按下加速或减速键时，车速会以一定的数值改变，可以进行 1 km/h 的定值加速或减速。车速在 40 km/h 以下时不能设定巡航。作为安全特性，只要踩下制动踏板，巡航会自动取消。如果是手动变速器，离合器踏板也起到关闭巡航的功能。

随着交通流量的不断增加，由于前车的影响，传统的定速巡航系统需要频繁地进行设定和取消操作，逐渐失去了作用。新的巡航系统应运而生，这就是能够连续调整车速以保持与前车的安全距离的主动巡航控制系统（Adaptive Cruise Control，ACC）。

主动巡航控制系统包括雷达传感器、数字信号处理器和控制模块。系统利用低功率雷达或红外线光束得到前车的确切位置。美国天合公司制造的 77 GHz 雷达能探测到 150 m 的范围，车速的调节范围为 30～180 km/h。驾驶者设定所希望的车速和车距，主动巡航控制系统利用制动和节气门控制实现车速智能控制，保证车辆在高速公路上与前车自动保持一定车距，避免了频繁地取消和设定巡航控制。如果系统发现前车减速或监测到新目标，系统就会发送执行信号给发动机或制动系统来降低车速。当前方道路没车时又会加速恢复到设定的车速，通过自动控制制动和加速来保证一定的车速。当遇到前方车速很慢必须制动车时，会发出声音和视觉报警以提醒驾驶者。宝马公司的 5 系和 7 系、奔驰公司的 S 级、奥迪公司的 A8、通用公司的凯迪拉克 XLR、本田公司的无限 Q45 等车型都提供了主动巡航系统。

3.6.2 电子稳定程序

德国保险联合会的一份事故调查报告显示，在所有的汽车事故中，约有 25％是由车辆发生侧滑引起的。这种侧滑的原因可能是驾驶者猛打转向盘、紧急避让或对路线的判断失误。电子稳定程序（Electronic Stability Program，ESP）是一种能够预知、并能迅速有效地控制侧滑现象发生的系统。ESP 整合了防抱死制动系统（Anti-lock Braking System，ABS）和牵引力控制系统（Traction Control System，TCS），在二者所有部件的基础上还增加了侧向加速度传感器、横摆角速度传感器和方向传感器。ESP 通过传感器收集转向盘的转动角度、侧向加速度等信息，利用微处理器分析来自传感器的信号，并输出相应的控制指令，再由液压调节器向车轮制动器发出制动指令，对各个车轮单独施加精确的制动力，使车辆恢复稳定行驶。在汽车转向过度时，ESP 会慢制动外侧的前轮来稳定车辆，防止后轮失控而发生甩尾现象；在转向不足时，ESP会慢制动内侧的后轮，从而校正行驶方向。而且，ESP还能降低发动机转矩并干预自动变速器的挡位。ESP能以25次/秒的频率对驾驶者的行驶意图和实际行驶情况进行检测，不仅能防止车轮在制动时抱死和启动时打滑，还能防止车辆侧滑，保证驾乘者的行车安全。ESP在车辆即将失去稳定、纠正车辆姿态和恢复稳定的过程中完全是主动的，在事故发生之前起作用，彻底防范事故的发生，主动地提高行车安全。ESP已经广泛应用于奔驰、宝马、奥迪、通用和福特等公司的中高级车型中。

3.6.3　交通环境感知技术

实时了解交通环境对于车辆驾驶安全是非常重要的。汽车安全辅助驾驶中的交通环境感知系统就是利用各种传感器（如激光、超声波、微波、视觉等）探测交通环境（如道路信息、交通标志、周边车辆与障碍物、行人、路面等）信息，并实时提供给驾驶员的驾驶安全判断系统。交通环境涉及的因素较多，因此交通环境感知技术是汽车安全辅助驾驶支持系统研究中比较活跃的领域，下面将分类对此进行介绍。

1. 车道检测

在汽车安全辅助驾驶系统中，车道的检测主要包括道路标线的检测和道路转弯半径的检测。

1）道路标线的检测

道路标线可渠化交通、保障交通安全，因此，判断车辆是否正确地按照道路标线的引导行驶，对于驾驶安全具有重要意义。

在道路标线检测中典型的驾驶安全辅助系统为车道偏离报警系统，由摄像机、速度传感器、信息处理系统、方向盘调节器和报警系统等组成。车辆一旦有偏离车道的倾向，便会通过指示灯和蜂鸣器向驾驶员报警。当根据驾驶员的转向灯操作断定为有意识地进行车道变更时，便会暂时停止报警。驾驶员也可以主动关闭报警系统，但车辆再次启动时系统便会自动开始工作。国外一些汽车公司纷纷开展本领域的研发，已经有实用化产品。车道偏离报警系统多采用单目摄像机探测道路标线图像，为增加系统检测道路标线的可靠性，日本汽车研究所ITS中心探索利用双目CCD摄像机和实时差分GPS系统检测运行车辆偏离道路标线情况。

2）弯道的检测

当车辆行驶遇到弯道时，由于驾驶员对道路情况不熟悉、注意力不集中或车速太快，经常发生车撞路标（栏杆）或翻车事故。转弯减速调节系统可检测转弯车辆经由路面的转弯半径和曲率，将信息通知给驾驶员或相应地自动调节车辆减速度。转弯减速调节系统主要有主动式和诱导式两种。主动式系统通过车载传感器（如摄像机、激光、车速等）主动探测前方道路弯道信息；引导式系统则通过车载信息接收系统（如卫星导航接收机）接收车辆当前位置信息，通过查询道路电子地图获取前方道路弯道信息，或通过无线信号接收器直接接收外部道路诱导系统发布的信号。日本的几家汽车公司在此领域进行了深入研究，并取得了实用化成果。马自达公司的方案是采用主动式系统，当车辆接近转弯时，系统计算出一个足够安全的车速，并根据来自路标的信息，估计到弯道开始点的距离。如果车速传感器检测证明车速超过估计的安全速度，系统就会发出警报信号，如驾驶员未减速，系统将自动操作制动。本田公司与三菱公司使用引导式系统，本田公司的转弯减速调节系统用地图数据警告驾驶员有弯道、应选择合适速度，如需减速，则发出警告信号，弯道图形显示在风窗玻璃显示器上；三菱公司的转弯减速调节系统利用车载信号接收器接收从路边发射的逼近拐弯和弯道信号，并警告驾驶员减速，如果驾驶员忽视警告，系统将自动降低车速。

2. 交通标志探测

道路交通标志是重要的道路交通安全附属设施，可向驾驶员提供各种引导和约束信息。驾驶员实时地、正确地获取交通标志信息，可保障行车安全。在汽车安全辅助驾驶系统中，交通标志的探测是通过图像识别系统实现的。戴姆勒公司正开展新一代图像识别系统研究，该系统首先对交通标志的形状进行判断，然后再读取上述形状中的文字和图形信息，以做出最终判断。在难以对标志进行判断时，驾驶员也可利用事先记录的道路标识相关电子地图数据进行识别。宝马公司在高级汽车辅助驾驶系统（Advanced Driver Assistance Systems，ADAS）项目研究中，也利用图像识别技术进行了交通标志的研究。此外，日本丰田公司也积极进行交通标志自动识别系统的研发。

在国外，研究人员在交通标志图像识别算法研究中进行了多方面的探索。交通标志图像识别包括交通标志定位（即确定感兴趣区域）、分类器设计等几个过程。交通标志与背景的颜色、交通标志的形状在交通工程标准中有明确的规定，因此可根据交通标志颜色和形状进行定位研究。

3. 行人检测

通过统计资料分析，在整个交通事故中，车辆碰撞行人的事故数量仅次于车辆间相撞的事故数量。行人检测技术是安全辅助驾驶领域备受关注的前沿方向，特别是在城市交通环境中，当可能与车辆邻近的障碍物尤其是行人发生碰撞时，行人检测能向驾驶员发出警告。

车辆辅助驾驶系统中基于计算机视觉的行人检测属于计算机视觉中人体运动分析的研究范畴，其主要任务是在运动摄像机下快速准确地检测行人。行人检测除了一般人体检测具有的服饰变化、姿态变化等难点外，由于其特定的应用领域，还具有以下难点：①摄像机是运动的，这样广泛应用于智能监控领域中检测动态目标的方法便不能直接使用；②行人检测面临的是一个开放的环境，要考虑不同的路况、天气和光线变化，对算法的鲁棒性提出了很高的要求；③实时性是系统必须满足的要求，这样采用的图像处理算法不能太复杂。

目前道路行人检测通常采用车载行人检测系统与道路行人检测系统两种方式。车载行人检测系统多通过红外摄像机实现，ADAS项目即采用该方式。道路行人检测系统是通过安放在人行通道路口的设备（如红外摄像机、超声传感器、压力传感器、雷达等）检测道路中的行人与车辆，并将行人信息发送到即将通过该路段的车辆上，日本的先进安全车辆项目即采用该方式。目前，行人自动检测系统尚处于研发中，运用图像处理技术自动检测行人（包括行人图像定位、跟踪）受到许多研究人员的关注。

4. 路面状况检测

路面状况检测系统（Road Surface Condition Information System，RSCIS）运用各种传感器检测路面信息（如冰、雪、路面摩擦系数和坑槽等），并向驾驶员提供报警信息。RSCIS有车载式与固定式两种。

车载式RSCIS利用车载传感器（如红外传感器、激光传感器、视觉传感器等）实时检测路面数据，并显示给驾驶员。美国的IDI公司开发的基于红外传感器的RSCIS就采用该方式，该系统已经装备在奥迪轿车中。

固定式RSCIS利用路侧设立的气象检测传感器、视觉传感器等实时检测路面数据和气象数据，并通过道路信息发布系统（如可变情报板、无线信息发布系统等）通知驾驶员。在日本的SmartWay项目中，路面状况检测系统采用固定式。

5. 车辆检测

为避免安全车距不足导致的追尾、碰撞等恶性交通事故，前方车辆的检测跟踪也是一种提高安全性的方法。利用各种传感器对前方车辆和车距进行实时有效地检测，当发现安全车距不足时，及时向驾驶员发出声音警示，促使其采取必要措施保持安全车距，避免发生追尾、碰撞等事故。车辆检测和跟踪的方法很多，所采用的传感器主要有机器视觉传感器、红外传感器和激光雷达传感器等。

3.6.4 车道偏离报警系统

车道偏离报警系统利用机器视觉传感器、激光传感器或埋设于路面下的磁钉，使车辆始终在车道线内运行，防止因为车辆驶离当前行驶车道而导致交通事故的发生，提高了行车安全性。车道偏离报警系统检测车辆外部环境，由分析摄像机传送图像信息，通过大规模图像分析并行处理体系 PAPRICA 来解释图像，并将分析结果告知驾驶员，实现辅助驾驶功能。目前，车道偏离报警系统多采用单目摄像机探测道路标线图像，为增加系统检测道路标线的可靠性，日本汽车研究所 ITS 中心探索利用双目 CCD 摄像机和实时差分 GPS 系统检测运行车辆偏离道路标线的情况。在国内，车道偏离报警系统尚处于研究阶段。图 3.25 所示为车道偏离报警示意图。

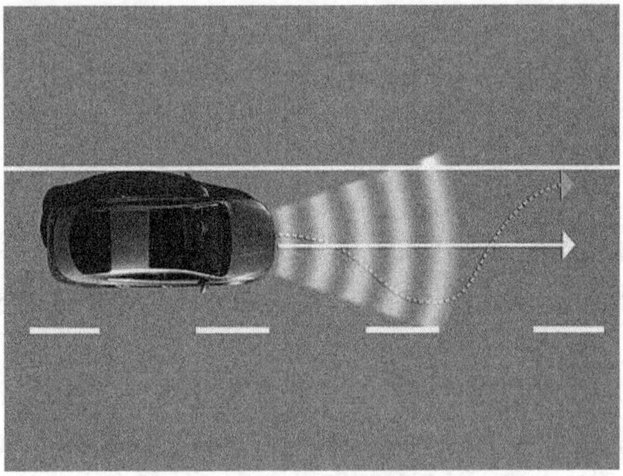

图 3.25　车道偏离报警示意图

日产汽车上配备的车道偏离报警系统是由法国法雷奥（Valeo）公司和美国艾特锐视（Iteris）公司联合开发的。系统由车内镜后方的摄像头、速度传感器、显示装置和报警蜂鸣器构成。车辆一旦有偏离车道的倾向，便会通过指示灯和蜂鸣器向驾驶者报警。另外，当摄像头无法捕捉到车道线，或时速超过 72 km/h 时系统也会报警。

奥迪公司的车道辅助（Lane Assist）系统利用安装在内后视镜上的一个小照相机检测前面的车道标志，如果车辆驶出了原来的车道，转向盘就开始轻微地震动。如果在不打方向指示灯的情况下直接变更车道，也会通过震动转向盘来警告驾驶者，警告时间等控制参数可通过多媒体界面进行设定。

3.6.5 驾驶员状态检测系统

在汽车安全辅助驾驶系统研究中，驾驶员状态检测主要涉及驾驶疲劳检测和驾驶行为监控两个领域。

1. 驾驶疲劳检测

驾驶疲劳检测的研究主要在于监控和分析驾驶员状态、设计先进车辆和良好的用户信息交互界面，以便学习和控制，甚至模拟驾驶员行为。驾驶疲劳反映在生理与心理两个方面。主要的生理反应是神经系统功能、血液和眼睛的变化等，研究人员往往用脑电波、心率、眼睑眨动、眼球运动、头部的位移加以鉴别。主要的心理反应是反应时延长、注意分散等。从现有研究上看，疲劳的与清醒的驾驶员相比，较有特异性的指标有方向盘的微调、头部前倾、眼睑的眨动或闭合。高级的驾驶员辅助系统应该能确保驾驶员反应恰当而且安全。由于疲劳驾驶是重大交通事故的主要原因，国内外研究机构纷纷开展该领域的研究。欧洲的e-Safety项目开发了AWAKE驾驶诊断系统。该系统利用视觉传感器和方向盘操纵力传感器实时获取驾驶员信息，并利用人工智能算法判断驾驶员的状态（清醒、可能打瞌睡或打瞌睡）。当驾驶员处于疲劳状态时，通过声音、光线、振动等刺激驾驶员，使其恢复清醒状态。在国内，也有多家研究单位开展驾驶疲劳的研究，有的利用机器视觉的方法对驾驶员的眼睛特征进行实时跟踪，从而判断驾驶员的精神状态；有的从心理和生理的角度入手，分析驾驶疲劳的特征；有的用脑电仪记录驾驶员的脑电情况，得到了驾驶员在正常状态和疲劳状态下驾驶时的脑电数据和波形，用驾驶员驾驶时的脑电特征量来评价其疲劳程度。

2. 驾驶行为监控

驾驶行为即驾车过程中驾驶员操纵车辆的动作，如控制油门、换挡、制动、踩离合、转向等，是影响车辆行驶的安全性因素。驾驶行为可以反映驾驶操作的合理性，并在一定程度上反映驾驶员的精神状态。有研究机构利用车辆速度的变化描述驾驶行为，并探讨了基于驾驶行为的交通事故预测问题。法国从2000年开始研制基于驾驶行为的驾驶员注意力下降监测系统，通过声音或光信号提醒驾驶员，该系统采用的传感器有视频传感器（不间断地测量并分析汽车与旁侧车道白线间的距离）、方向盘传感器（监控方向盘的活动情况）、刹车传感器（监控脚踏板上的压力状况）等。为减少驾驶行为导致的道路交通事故，美国成立了驾驶行为研究美国国家研究所（The National Institute for Driver Behavior，NIDB），来从事车辆驾驶行为标准制定等工作，该研究所提出了车辆安全驾驶行为管理问题，指出实施车载驾驶行为监控系统，除了需要解决技术上的问题，还需要解决驾驶员认可实施问题，因此需要制定相关的标准和条例。

3.6.6 防碰撞技术

1. Pre-Safe 安全系统

奔驰公司开发的 Pre-Safe 安全系统的最大特点是利用车载雷达系统、电控单元和 BA 制动辅助系统协同工作，缩短系统的反应时间。雷达系统共有两个波段，频率为 77 GHz 的雷达波有效监测距离达 150 m，频率为 24 GHz 的雷达波监测距离为 30 m，扫描角度为 80°。雷达系统探测道路前方车辆的距离，并将数据传送给系统控制单元。当雷达波监测到前方车辆进入 150 m 范围时，系统进入预备状态。当雷达波监测到与前方车辆达到危险距离 30 m 而驾驶者还未作出反应时，系统会根据车速和车距计算出一个合适的制动力值，同时给 BA 制动辅助系统下达制动命令，安全带和座椅都进入碰撞预备状态，闪光制动灯也开始工作，以此来最大限度地避免碰撞发生。

当驾驶者察觉到前方危险情况并进行紧急制动时，系统控制单元指挥安全带卷收器实施预紧，电动座椅同时自动调节到标准位置，此时制动力通过 BA 系统迅速达到最大。当车速与前方车辆相同或低于前方车辆时，安全带和座椅恢复至正常状态。奔驰公司通过模拟测试显示，该系统能够使出现事故的概率降低近 75%，这意味着该系统将大大减少高速公路发生的追尾事故。

图 3.26 所示为 Pre-Safe 系统示意图。

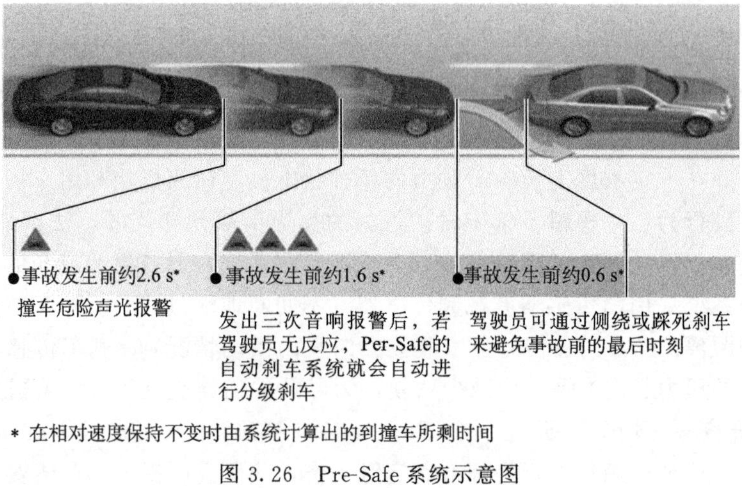

图 3.26 Pre-Safe 系统示意图

2. Pre-Crash 系统

丰田公司针对奔驰 Pre-Safe 安全系统，为 LS460 车型研发了 Pre-Crash 系统，该系统同样采用雷达探测汽车是否将会发生碰撞，然后调动全车的主、被动安全设施作出反应。系统不仅会探测前方的状况，还能通过在后保险杠上配备毫米波雷达，实现对后方接近车辆的检测。当毫米波雷达检测到危险时，系统会在追尾发生之前将头枕位置前移，以减轻追尾时的冲击性损伤，保护乘车人员。

3.6.7 盲点辅助技术

汽车左右两侧 3 m 、后方 3 m 的区域，极易形成车外后视镜上的视觉盲点，对汽车造成潜在的危险。随着雷达技术的运用，汽车的视觉盲点被雷达检测所覆盖，提高了汽车的安全性能。

1. 盲点辅助系统

奔驰公司将 6 个短距雷达装置于车辆的前后保险杠，以监测此区域的邻近车辆动态。当邻近车辆进入视觉盲点区域时，盲点辅助系统将用后视镜上的红色三角形报警灯提醒驾驶者。当驾驶者拨打方向灯准备变换车道时，盲点辅助系统进一步闪烁报警灯并发出声响，以预防可能出现的碰撞。奔驰公司将盲点辅助系统率先提供给 S 级和 CL 级等旗舰车系，驾驶者可借助多功能转向盘和仪表板显示屏来控制盲点辅助功能。

2. 侧边辅助系统

奥迪公司在奥迪 Q7 汽车车尾后保险杆上安装 2 颗 24 GHz 微波雷达，实时地对后方与两侧车道进行监控，系统最大监控范围可达到 50 m。系统的主要功能是提醒驾驶者在进行车道变换时，防止与左右车道后方来车发生碰撞。当车速达到 60 km/h 以上，系统就会自动启动。一旦侦测到后方有车辆进入，就会通过亮起车外后视镜 LED 灯的方式，提醒驾驶者后方有车接近，而驾驶者此时若进行拨打方向灯和切换车道动作，LED 灯将会快速闪烁，以警告驾驶者其忽略的已进入视觉死角的后方来车，从而避免可能的碰撞意外。

3.6.8 泊车辅助技术

1. 丰田智能泊车系统

丰田公司开发的智能泊车系统的基本原理是通过车身前后和侧面的多个传感器，来测算车位的大小、距离和准确的入位角度。系统对车辆和车位都有要求：

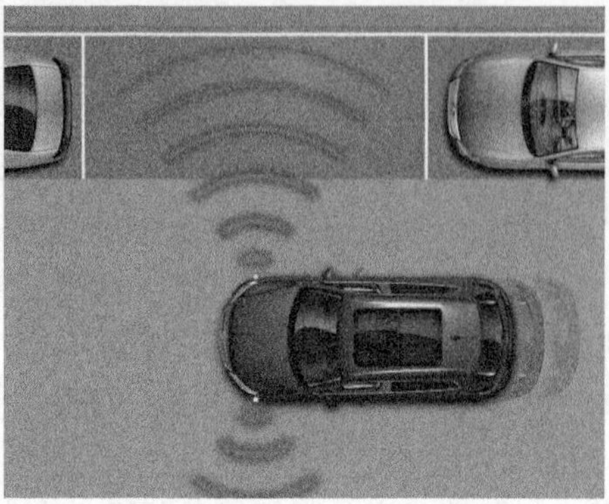

图 3.27 智能泊车系统

首先，车辆必须配置具有倒车影像功能的屏幕；其次，在停车时，车位不应小于车身总长加 2 m 的长度，而倒车时，与旁边车辆的横向距离应该保持在 0.5～1.5 m。车位选好了就可以开始泊车了，将车摆放好挂入倒挡后，倒车影像屏幕会自动显示出当前所在的位置和周围环境。这时用户在触摸屏式导航仪上，通过移动光标来设定泊车的目标位置，同时启动智能泊车系统。系统一旦启动会自行旋转转向盘，然后缓慢进行倒车，将车辆停在泊车位置附近。驾驶者可以在注意周围有无障碍物的同时，通过控制油门或制动调整泊车过程。

智能泊车系统如图 3.27 所示。

2. 本田泊车辅助系统

本田公司的 Life 改款车型中，提供一种通过转向盘操作和语音导航来辅助泊车的泊车辅助系统作为选配装置。

将车辆停在想用来停放车辆的车位前，启动泊车辅助系统，车辆就会自动操纵转向盘，将车辆引导至最佳倒车起始位置。从该位置开始，由驾驶者在保持转向盘位置不变的情况下直接向后倒车，在系统发出语音指示后再将转向盘打回中央位置，不需要进行复杂的转向盘操作即可进行倒车泊车和纵列泊车。

本田公司的泊车辅助系统在倒车时需要驾驶者操纵转向盘，自动程度不如丰田公司的智能泊车系统。但是正因为系统在倒车时是由驾驶者操纵转向盘，因此不需要成本较高的监视器。由于系统简单，选配价格相对低廉，因此小型轿车也可配备。

3.6.9 夜视系统

虽然现代化的照明设备可以提供出色的照明效果，但仍然有一个问题尚未解决：为了不影响逆向车道驾驶者的视线，普通前照灯近光灯的照射范围只有 30 m，所有光线没有直接照射到的地方，驾驶者都很难看清楚，或者根本看不见。远光灯虽然有所改善，但由于存在晃眼的问题，因此只能在很少的情况下使用。

1. 被动夜视系统

宝马 7 系装配有被动夜视系统。系统在车辆前端一个隐蔽的防撞击盒子中装有热能照相机，利用人和动物本身的辐射特性，以 8～12 μm 的波长范围记录人和动物身体上传来的热辐射，将路边行人和穿行道路的动物以影像中最亮的物体显示在荧屏上。系统的主要作用是提前发现夜间在黑暗道路上和路边的行人、动物、自行车等，可以提前 5 s 使驾驶者觉察危险情况。

热能照相机为 320×240 像素，拍摄距离为 300 m，由挡风玻璃清洗系统负责清洁。当外界气温低于 5 ℃时，镜头被加热。中速行驶时，监控器中的显示图像覆盖角度为 24°，可以根据驾驶者转动转向盘的角度左右调整 6°。高速行驶时，被拍摄物体可以按照 1.5∶1 的比例放大。

2. 主动夜视系统

奔驰新 S 级在前照灯组中安装红外线灯，可以将人的肉眼看不见的路面照亮。这种 H11 型卤素白炽灯的强度大致相当于普通前照灯的远光灯，红外线照射能力很强，光线的照射距离可以达到 150 m，但肉眼根本看不见，因为在卤素灯泡前面安装了一个滤光器，将看得见的那部分光线挡住，只让波长在 0.78～1.1 μm 的红外线光通过，这样可以避免驾驶者看到的光线颜色发红。

车内后视镜的前面安装了一个对红外线非常敏感的摄像机，用来拍摄夜间路面在红外线照射后的反射波，再将图像传输到仪表板的显示屏上。被动夜视系统只对温度明显高于环境温度的物体作出反应，奔驰的主动夜视系统的图像更清晰，可以提供较高的对比度，而且还可以看到一些不发出热量的物体。

3.7 车联网信息融合技术

信息融合技术是自动化信息综合处理技术，该技术主要用于对多源信息进行采集、传输、分析和综合，将不同数据源在时间和空间上的冗余或互补信息依据某种准则进行组合，生成完整、准确、及时、有效的综合信息，进而获取被观测对象的一致性解释或描述，实现对同一事物或目标的更客观、更本质的认识。

3.7.1 信息融合的原理

信息融合是生物系统或其他逻辑系统普遍存在的基本功能。人类本能地具有将各种功能器官（如眼、耳、鼻、四肢）探测的信息（如景物、声音、气味和触觉）与先验知识进行综合的能力，以便对周围的环境和正在发生的事件做出估计。由于人类的感官具有不同的度量特征，因此可以测出不同空间范围内发生的各种物理现象，这一处理过程是复杂的。

人类对事物的综合认知、判断与处理过程具有自适应性，但要把各种信息或数据转换成对环境的有价值的准确解释，不仅需要大量不同的高智能处理，而且需要足够丰富的适用于解释组合信息含义的知识库，也称先验知识。因此人的先验知识越丰富，其综合信息处理能力就越强。

一个智能化的监测系统要想获得对周围环境的认识，必须应用传感器技术作为其感知外部世界信息的“感官”。多传感器信息融合实际上是对人脑综合处理复杂问题的一种功能模拟，它充分地利用多个传感器资源，通过对各种传感器及其观测信息的合理支配与应用，将各种传感器在空间和时间上的互补或冗余信息依据某种优化准则组合起来，产生对观测环境的一致性解释和描述，使该信息系统具有比其各组成部分的子集所构成的系统更优越的性能。

3.7.2 信息融合的层次

融合概念涉及的范围是非常广泛的，可以说包括所有的领域，如科学领域、社会领域和文化艺术领域等，而且融合概念在不同的学科有不同的含义和称呼，如交融、综合、汇总、混合、交叉、复合和交杂等。在多目标多传感器系统中，信息融合的定义为，为完成所需要的决策和统计任务，利用计算机技术，在一定准则下对按时序获得的若干传感器的观测信息进行自动分析和综合的信号处理过程。信息融合的概念主要包括以下三层含义。

1. 信息的全空间

融合系统要处理的是确定和模糊的、全空间和子空间的、同步和非同步的、同类型和不同类型的、数字和非数字的信息，即比传统系统更为复杂的多源、多维信息，即全空间信息。通常，信息融合的对象不但包括由传感器得到的数据，还包括社会信息。系统的状态变化可分为随机过程、混沌过程、确定过程和模糊过程，前三者可用数字信息来描述，但后者只能用语义信息来描述。

高性能智能系统要求能同时处理数字信息和语义（模糊）信息，因此这类问题的解决往往需要引入信息融合的概念和技术。

2. 信息的综合

融合可看作是系统动态过程中进行的一种信息综合加工处理。广义上讲，它也是一种信息处理系统。

3. 信息的互补过程

这里的互补包括信息表达上的互补、结构上的互补、功能上的互补和不同层次上的互补等。它是解决系统多功能问题的主要手段之一，也是实现系统智能化的必要手段。融合的目的之一是要解决系统功能上的互补问题；反过来，互补信息的融合可以使系统发生质的飞跃。

综上所述，其第一层含义讲的是融合空间的性质，它的研究对象是复杂的，一般为多输入系统；第二层含义讲的是融合的动态信息流，它是信息的广义综合技术；第三层含义讲的是融合的算法性质，它的核心是信息的互补运算。

3.7.3 信息融合的层次结构

按照信息的抽象程度和表征水平，融合主要在数据层（data level）融合、特征层（feature level）融合和决策层（decision level）融合三个层次上展开。不同层次，信息的表征不同，融合的层次决定了对原始信息进行何种预处理，以及在信息处理的哪一层上实现融合。数据层融合与特征层融合输出的是状态、特征和属性等，而决策层融合输出的是抽象结果。

信息融合的优点突出地表现在信息的容错性、互补性、实时性和低成本性等方面，图 3.28 所示为信息融合的层次化描述。

1. 数据层融合

数据层融合也称为像素层融合，它是直接在采集到的原始数据层上进行的融合，在各种传感器的原始测量数据未经预处理就进行的综合与分析。这一层次的融合通常是对同一目标的多种来源的数据进行配准、合成，以克服单一来源数据在某一方面的欠缺或局限性，从而使有关目标的信息更加完备。图 3.29所示为数据层融合结构图。

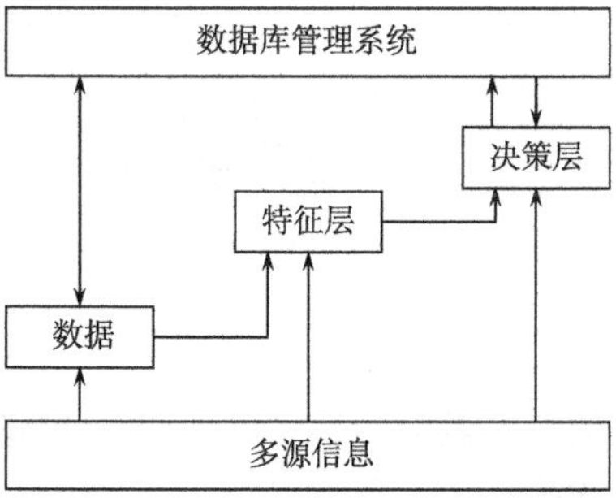

图 3.28 信息融合的层次化描述

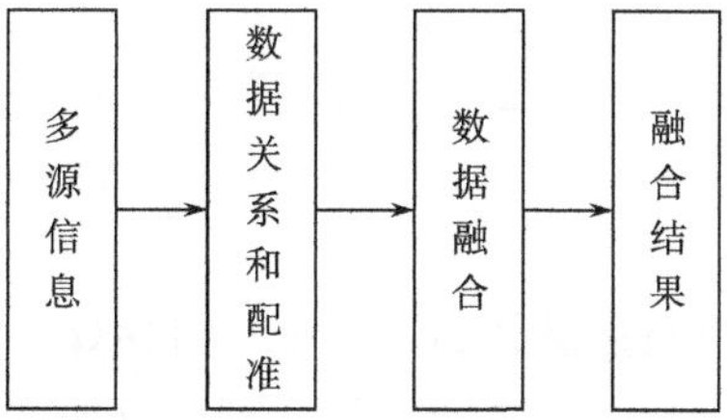

图 3.29 数据层融合结构图

数据层融合的优点在于它尽可能多地保持了目标的原始信息，能够提供其他两种层次融合不能提供的细微信息，基本不会产生信息丢失或遗漏。但也存在一定的局限性，包括要处理的传感器信息量大、占用信带较宽、处理代价高、时间长，原始信息的不确定性和不完全性要求传感器在融合时有较高的纠错能力，数据通信量较大、抗干扰能力较差等。

2. 特征层融合

特征层融合属于中间层次的融合，是对从原始信息中提取的特征信息（特征可以是目标的边缘、方向和速度等）进行的综合分析和处理。一般来说，提取的特征信息应是原始信息的充分表示量或充分统计量，以便按特征信息对多传感器数据进行分类、汇集和综合。特征层次融合主要是对表征目标状态或特征的数据进行配准和关联，增加描述目标状态或特征的维数，使有关目标的信息更加完备。图 3.30 所示为特征层融合结构图。

特征层融合的优点在于实现了可观的信息压缩，既保持了足够的重要信息，又大大减少了数据量，有利于提高处理的实时性，并且由于所提取的特征直接与决策分析有关，因而融合结果能最大限度地给出决策分析需要的特征信息。其缺点是由于某些信息的损失，对融合的准确性会有影响。

3. 决策层融合

决策层融合是一种高层次的融合，其结果为检测、控制、指挥和决策提供依据。决策层融合从具体决策问题出发，充分利用特征层融合的结果，直接针对具体决策目标，融合结果直接影响决策水平。决策层融合抽象层次最高，使用范围最广。图 3.31 所示为决策层融合结构。

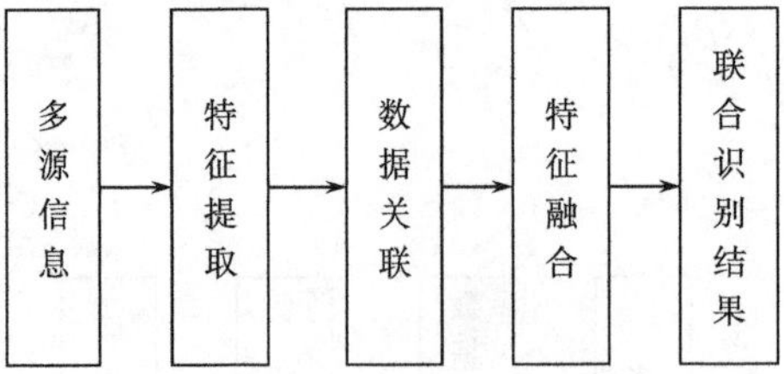

图 3.30 特征层融合结构

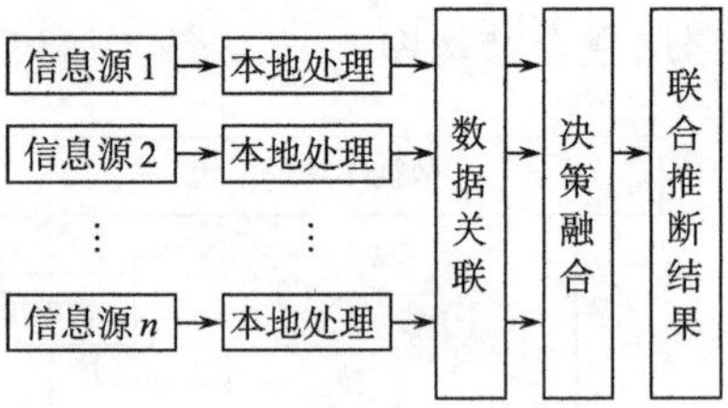

图 3.31 决策层融合结构

决策层融合的优点是实时性好，适用范围广，具有很高的灵活性，对带宽要求较低，抗干扰能力强，能有效地反映环境或目标各个侧面的不同类型的信息。

3.7.4　信息融合的相关方法

在信息融合中，不同层次的融合常见的融合方法也不同，具体融合方法如表3.5所示。

表3.5　不同层次的信息融合方法

层　次		研究方法
数据层		小波变换、人工神经网络、加权平均、产生式规则、遗传算法等
特征层	目标状态融合	卡尔曼滤波、扩展卡尔曼滤波等
	目标特征融合	参量模板法、特征压缩和聚类法、k阶紧邻、人工神经网络、模糊理论等
决策层		贝叶斯推理、统计决策、D-S证据理论、模糊理论、专家系统、人工神经网络、遗传算法、粗糙集理论等

下面对信息融合的主要方法进行分述。

1. 加权平均

加权平均是最简单、最容易理解的信息融合方法，该方法对多源传感器提供的冗余信息进行加权平均，并将加权平均值作为信息融合值。该方法简单、易于实现，可满足低层数据的实时处理要求。

2. 卡尔曼滤波

卡尔曼滤波用于多源传感信息的低层动态实时融合。该方法用测量模型的统计特性递推决定在统计意义下的最优融合数据估计，其应用前提是系统噪声和传感器噪声都为高斯白噪声。卡尔曼滤波的递推特性使系统的数据处理无需大量的存储空间和计算。

3. 产生式规则

产生式规则作为人工智能中一种常用的控制方法，主要用于低层的信息融合。此方法中的规则一般要通过对具体使用的传感器特性进行分析后才能产生。系统升级或改换时，其规则需重新产生，因此系统的可扩展性较差。

当用产生式规则对目标进行辨识时，先用符号表示目标特征和相应传感信息之间的联系，接着引入置信因子，表明各个规则的不确定程度。在同一个逻辑推理过程中，当两个或多个规则形成一个联合的规则时即产生融合。

4. 统计决策

用于证据子集相对较小情况下的信息融合。统计决策中的不确定性多为可加噪声，不同传感器测得的数据必须经过鲁棒测试来检验它的一致性，然后用鲁棒极值决策规则进行融合。

5. 贝叶斯推理

贝叶斯推理用于信息融合时，假设被观测对象的向量为 $\boldsymbol{H}$，其先验概率为 $P(\boldsymbol{H})$，x_i表示系统中某一传感器对观测对象的观测值，该传感器相应的条件概率分布为 $P(x_i|\boldsymbol{H})$，后验概率为 $P(\boldsymbol{H}|\boldsymbol{X})$，其中 $\boldsymbol{X}=(x_1, x_2, \cdots, x_n)$，$n$ 为传感器的个数，观测值为 $\boldsymbol{X}$ 的情况下对 $\boldsymbol{H}$ 的相信度 $P(\boldsymbol{H}|\boldsymbol{X})$ 为

$$P(\boldsymbol{H}|\boldsymbol{X})=\frac{P(\boldsymbol{H})P(\boldsymbol{X}|\boldsymbol{H})}{P(\boldsymbol{X})}$$

式中，$P(\boldsymbol{X})$ 为无条件概率分布，$P(\boldsymbol{X})=\Sigma P(\boldsymbol{X}|\boldsymbol{H})P(\boldsymbol{H})$。计算 $P(\boldsymbol{H}|\boldsymbol{X})$ 并结合某一决策规则（如最大后验规则等）来选择对观测对象的最佳假设估计。

6. D-S 证据理论

在 D-S 证据理论中，所有命题都用一个鉴别框架 Θ 的子集表示，将多源传感信息的特征度量作为证据，通过基本概率分布函数为所有命题赋予一个可信度（证据的函数），某个特定的质量分布函数与 Θ 构成一个证据体。信息融合的实质就是同一个鉴别框架下，通过 Dempster 合并规则，将各质量分布函数合并产生一个总体质量分布函数，然后将各命题的总体质量分布函数利用某一决策选择规则，获得最终的融合结果。简言之，就是将不同的证据体合并成一个新的证据体。

7. 遗传算法

遗传算法（Genetic Algorithm，GA）是一种全局优化算法，它借用了生物遗传学的观点，通过自然选择、遗传、变异等作用机制，提高了个体的适应性，体现了自然界“物竞天择、适者生存”的进化过程。遗传算法主要是通过选择、交叉和变异等模拟生物基因操作的步骤来进行的。

在算法的运行过程中，种群逐代优化而趋近于问题的最优解。另外，遗传算法对目标函数的要求也很低，甚至无须知道目标函数的表达式。遗传算法用于信息融合，通常与模糊理论、神经网络等联合使用。

8. 模糊理论

模糊理论通常用于高层的多源信息融合。该方法通过综合考虑客观证据与人的主观评价，为每个命题和推理算子赋予一个［0，1］区间内的值，然后使用多值逻辑推理法，将各种算子对各个命题进行合并运算，从而实现信息融合。模糊

理论还可以与遗传算法等相结合，完成多源信息融合。

9. 人工神经网络

人工神经网络使用大量的简单神经元处理信息，采用并行结构和并行处理机制，具有很强的容错性、自学习/自组织/自适应能力和强大的非线性处理能力，可以用于实现多源信息的融合。人工神经网络用于多源信息融合，首先要选取合适的网络模型，如BP模型、ART模型、Hopfield模型或RBF模型等，然后根据多源信息的特点采取合适的学习方法，确定连接权值和连接结构，最后将得到的网络用于多源信息融合。

10. 粗糙集理论

粗糙集（Rough Set）理论研究不精确、不确定性知识的表达、学习和归纳等方法，由Pawlak在20世纪80年代提出。其主要思想是模拟人类的抽象逻辑思维，以各种更接近人们对事物的描述方式的定性、定量或者混合信息为输入，通过决策表简化得到输入控件与输出空间的映射关系式，它通过考察知识表达中不同属性的重要性，分辨系统的某些特点、过程和对象等。相比而言，粗糙集理论的提出时间较晚，在信息融合中的应用较少，但作为研究不确定性的理论，它也有自身的优势。另外，从目前的研究进展来看，它与模糊理论、神经网络等的相互渗透日益深入，因此，它在信息融合中的应用必将大有前景。

3.7.5 信息物理融合系统

信息物理融合系统（Cyber Physical System，CPS）是通过计算（computation）、通信（communication）和控制（control）技术的有机与深度融合，实现计算资源与物理资源的紧密结合与协调的智能系统。

在微观上，CPS通过在物理系统中嵌入计算与通信内核实现计算进程（computation processes）与物理进程（physical processes）的一体化。计算进程与物理进程通过反馈循环（feedback loops）方式相互影响，实现嵌入式计算机与网络对物理进程可靠、实时和高效的监测、协调与控制。

在宏观上，CPS是由运行在不同时间和空间范围的分布式的、异步的异构系统组成的动态混合系统，包括感知、决策和控制等各种不同类型的资源和可编程组件。各个子系统之间通过有线或无线通信技术，依托网络基础设施相互协调工作，实现对物理与工程系统的实时感知、远程协调、精确与动态控制和信息服务。

信息物理融合系统的概念最早是由美国国家基金委员会在2006年提出的，其核心是3C的融合。CPS是一类将数字化、网络化系统与物理过程密切整合的设备系统，汽车电子控制系统、智能电网、智能机器人技术都属于这个范畴。CPS的最终目标是实现信息世界和物理世界的完全融合，构建一个可控、可信、可扩展并且安全高效的CPS网络，最终从根本上改变人类构建工程物理系统的方式。

车联网是虚拟交通世界与现实交通世界融合的实际系统，是将现实交通世界实时反映到计算机世界，建立起实际物理系统的虚拟镜像，物理系统与虚拟镜像将是共存同变的，物理系统发生任何变化，虚拟镜像也随之改变。

1. 车联网CPS的关键技术

车联网CPS的关键技术研究包含以下六个主要方向。

(1) 面向车联网应用场景的大型异构CPS系统建模、分析与仿真。要实现车联网信息与物理系统的综合仿真，需要建立信息系统和物理系统的统一模型。新建立的系统理论和模型必须能适应车联网连续性与离散性并存的特点；能从理论和方法上实现创新突破，改变现有系统设计中信息与物理系统分离的状况；能通过对城市环境进行3D建模，对交通热数据进行仿真，对信息系统和物理系统进行统一建模，自动映射车联网虚实空间，实现车联网要素虚拟再现技术，从而实现真正意义上的交通仿真。

(2) 面向车联网应用的CPS系统体系结构与开发方法。主要目的是发展出一套适应复杂信息-物理交互过程的新型编程语言和开发环境，以及相应的高可靠性的远程控制工具，为大型异构车联网应用领域CPS系统提出全新的整体架构设计方法和开发环境，在异构系统的协同、交互与信息融合方面实现突破。

(3) 大型异构CPS系统的集成环境与实时运行基础支撑。主要目的是针对未来车联网CPS系统的特性，提供新型软、硬件，提供系统设计在各个层面上的理论依据和关键技术支撑，为面向车联网应用的CPS系统的开发和标准化奠定基础。

(4) 大型异构CPS系统的信息基础架构和安全。主要目的是通过对信息基础架构的研究，建立起一套健壮的海量多源信息汇聚和融合的大型数据处理机制，构建一个可靠的安全体系，为CPS系统中重要的个人和社群信息，提供隐私保护手段。

(5) 对个人、社群行为的感知与交互。主要目的是在以人为中心的传感、社群传感和车辆与城市传感三个重要发展理论的融合基础之上，研究个人和群体的行为模式并进行一系列的配套软、硬件开发。

(6) 复杂场景下大型CPS应用示范系统的开发与验证。主要目的是针对车联网应用的大规模移动通信建立CPS系统实验床，实现多种网络互联，多种通信手段融合。检验CPS系统在车联网领域实现人-车-交通系统一体化的典型应用示范。

2. 车联网 CPS 体系结构

车联网 CPS 系统的主要目标是利用计算机技术、信息技术、通信技术和电子控制技术等各种智能技术，通过对每个交通元素（包括道路、通信信号设备、供电设备、交通云系统）的控制与协调，实现整个交通系统的全局优化，提升交通运行效率、安全性、可靠性、经济性和交通系统的服务水平。

车联网 CPS 体系结构包括感知层、计算层、控制层、网络层和应用层，具体结构如图 3.32 所示。

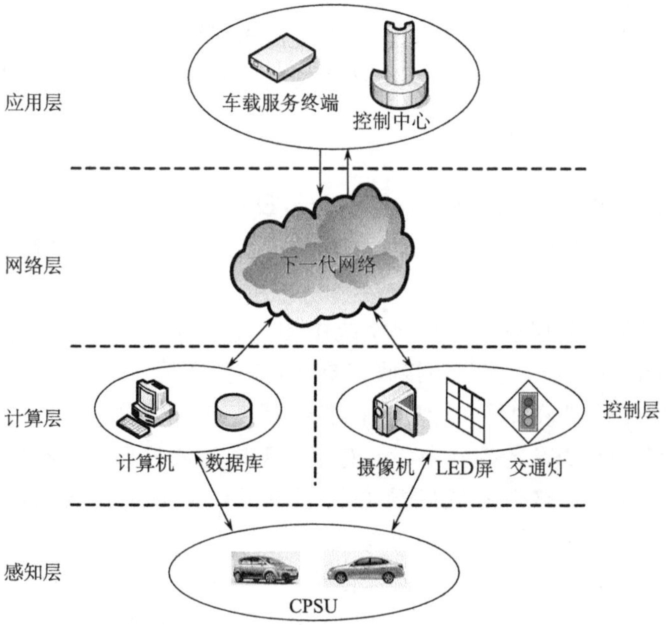

图 3.32 车联网 CPS 体系结构图

1）感知层

CPS 感知层是与物理环境直接交互的感知设备、执行设备和由它们构成的具有特定功能的网络单元，这些设备又称为 CPS 节点（CPSN）或 CPS 单元（CPSU），通常包括传感器、执行器或兼有两种功能的设备。CPS 通过感知层感知物理世界，又通过感知层作用于物理世界，改变其环境。

车联网 CPS 感知层的 CPSU 由智能汽车、智能道路、智能路况情报板、智能车辆停靠站和智能停车场等智能设备构成，这些智能设备不同于现在的交通设施，而是被嵌入了大量的传感器、执行器的智能体。这些具有感知、执行能力的交通智能设备分布在环境中，直接与物理环境相互作用，将物理环境中的各种信息转化成抽象的系统信息。例如，通过传感器感知驾驶员的思维、意志、动作、注意力和驾驶时间，获得驾驶员的身体状况，保证车辆的行驶安全。在感知物理世界交通信息时，各 CPSN、CPSU 并不是单独工作，而是需要与其他 CPSN、CPSU 协同工作，达到对交通系统中某一信息的精确采集。

2）计算层

CPS 计算层是由系统中具有统计、计算、仿真和显示能力的设备构成，为 CPS 的最优控制提供参考数据。

车联网 CPS 计算层包括未来交通系统中的计算机、路况监测仪和气象数据统计仪等智能设备，当接收到感知层 CPSU 或者控制层设备传递过来的数据时，运用自身的数据处理能力，经处理、加工后传递到控制层或感知层。同时，计算层还包括数据存储设备，能够短暂存储或长期存储历史交通信息，供以后交通网络使用。

3）控制层

CPS 控制层由系统中控制、调度和分析设备或模块组成，其主要功能是收集数据采集设备获得的信息，分析收集到的信息并生产控制命令控制系统中的其他设备。

车联网 CPS 控制层包含了交通系统中的车辆导航仪、车速控制器等具有控制与调度功能的子系统。控制层接收来自计算层的数据，加工处理后生成控制命令，经网络层传送到感知层和计算层，实现对感知层 CPSU 实时、准确的控制，控制层作为车联网 CPS 的控制中心，对整个系统起调控作用。车联网 CPS 的计算层和控制层构成了整个系统的核心处理单元，类似于计算机的中央处理器（CPU）由运算器、控制器和寄存器构成。

由于未来车联网 CPS 的复杂性，传统的集中式控制方式的控制能力已远远落后于车联网 CPS 对控制的需求，智能化的嵌入式控制平台则是未来车联网 CPS 的发展方向。

4）网络层

CPS 网络层利用卫星通信、光纤通信和基站通信等方式将计算层、控制层和感知层互相连接，从而实现感知层 CPSU 之间的互操作、数据传输和资源共享。网络层是 CPS 实现资源共享的基础。

车联网 CPS 网络层在整个系统中起到桥梁的作用，将交通系统中大量异构的 CPSU、计算层及控制层连接起来，实现车联网 CPSU 的互联互通和互操作。单一的智能汽车 CPSU 不能构成车联网 CPS，这是由于车联网 CPS 中感知层的大量 CPSU 内部的物理系统、计算系统和通信网络等各异，其各自的数据属性、数据结构和通信协议等也不尽相同。

5）应用层

CPS 应用层是直接向应用进程或用户提供服务的，它为用户屏蔽了其他各层的详细信息，使用户不必了解其他各层的细节即可直接进行业务处理。

车联网 CPS 应用层是整个结构体系的最高层，由一系列向用户提供服务的应用软件构成，包括车载软件和交通监控软件和交通环保管理软件等。应用层主要是收集任务需要，根据需要进行查询、配置和调度资源。

3. 车联网 CPS 工作流程

车联网 CPS 的五层体系结构模型中的每一层都有各自的主要功能。在实际工作中，各层并不是独立工作的，而是通过与其他层的相互协调与反馈控制完成任务的。感知层的各 CPSN 与 CPSU 之间通过网络层实现信息传递与交换，共同实现对物理环境的精确感知；计算层获取来自物理层或其他层的数据后，经分析、运算后传到其他各层；控制层接收来自计算层的数据或来自应用层的用户控制信息，加工处理后生成控制命令，经网络层传送到感知层和计算层，实现对感知层的控制；同时，网络层又将感知层、计算层、控制层连接成较大的网络，不但实现了环境的感知与共享，还实现了各层次间的相互控制与协助，实现应用层的任务请求与需要。

3.8 车联网数据处理技术

车联网数据处理技术的研究重点包括四个方面：①云计算技术；②多源数据预处理技术；③数据加密与隐私保护技术；④大数据存储技术。

3.8.1 云计算技术

云计算和车联网都是当代科技迅猛发展的高新技术产物。一方面云计算需要从概念构想走向应用实践，另一方面车联网的大量交通数据需要强大的支撑平台对其进行处理分析，因此，云计算和车联网的结合可以实现优势互补，具有十分重要的应用价值。云计算与车联网相结合需要解决的关键技术主要有基于云计算的交通数据处理、基于云计算的交通信息应用和基于云计算的交通信息安全等。基于云计算的车联网信息服务体系示意图如图 3.33 所示。

1. 基于云计算的交通数据处理

为保证高可用性、高可靠性和经济性，云计算一般采用分布式存储的方式存储数据，并采用冗余存储的方式（即为同一份数据存储多个副本）进一步保证存储数据的可靠性。大部分云计算都采用由 Hadoop 团队开发的 HDFS 数据存储技

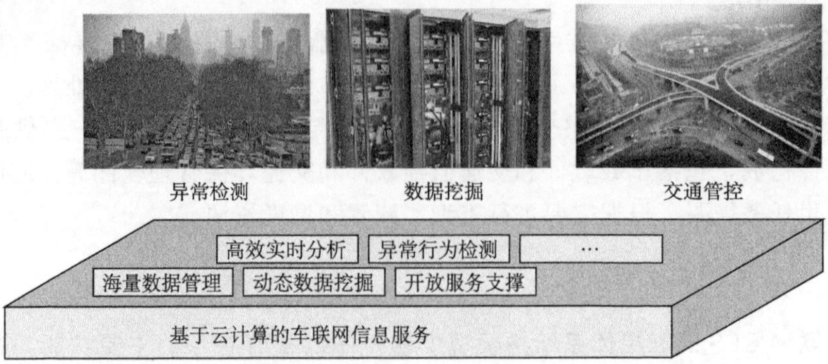

图 3.33 基于云计算的车联网信息服务体系示意图

术。交通数据具有数据信息量大、数据波动严重、信息实时处理性高、数据共享性高、可用性和稳定性高等特点，这对交通数据的存储、处理和管理提出很高的要求。交通云的数据存储技术的重点主要集中在超大规模的数据存储、数据加密、安全性保证和提高 I/O 速率等方面。如何设计出适合交通云数据存储的技术是个亟待解决的课题。

云计算强大的计算能力能对庞大、复杂而又无序的交通数据进行分析处理，然而非云计算技术人员并不能很好地利用这些资源，因此，建立一个完善的云计算平台是目前广泛研究的技术难点之一。而基于云计算平台的交通数据建模和索引、交通数据的分布式处理和融合、交通流动态预测也将是未来交通云研究的重点方面。

云计算对大量的交通数据进行处理分析并向用户提供服务必须以可靠、高效的数据管理技术为基础。云系统的数据管理一般采用数据库领域中列存储的数据管理模式，将数据表按列划分后存储。当前应用比较广泛的是谷歌提出的BigTable数据管理技术。BigTable采用列存储的方式，能极大地提高数据读取效率，但也存在一些缺点，如表内的数据格式单一、数据难以切割存储等。结合BigTable技术创新地提出新的云计算数据管理技术是云计算研究的重点之一。此外，如何提高对规模巨大的交通信息数据进行更新的速率，也是云计算数据管理技术必须解决的问题。

2. 基于云计算的交通信息应用

云计算提供的服务按照其应用模式可分为基础设施即服务（IaaS）、平台即服务（PaaS）和软件即服务（SaaS）。IaaS 提供给用户的服务是对所有设施的利用，包括处理、存储、网络及其他基本的计算资源，用户能够部署和运行任意软件，包括操作系统和应用程序。PaaS 提供给用户的服务是能够将用户自己开发的应用程序部署到供应商的云计算基础设施上去。SaaS 提供给用户的服务是让用户能通过网络设备访问供应商提供的应用程序和软件等。云计算 SPI 模型如图 3.34 所示。

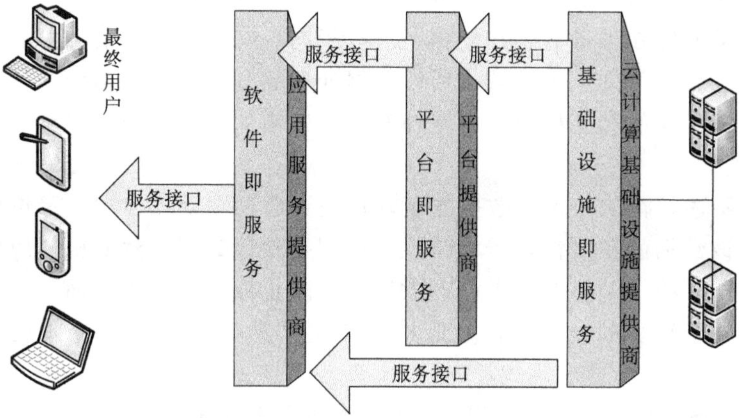

图 3.34 云计算 SPI 模型

交通云领域中已经提出了地理信息服务、信息发布服务、出行诱导服务等 SaaS 服务。这些云服务尚出于起步阶段，在应用过程中存在或多或少的一些问题，且只涉及云服务的 SaaS 服务层。从长远来看，构建的交通云中 IaaS、PaaS 和 SaaS 的应用缺一不可。如何提供基层的 IaaS 服务和如何为交通管理者提供研发新的交通管理软件平台的 PaaS 服务将是当前交通云研究的热点问题。此外，如何建立起完整的三级云计算服务体系并将这些服务付诸于实际应用将会是交通云技术研究的重难点之一。

3. 基于云计算的交通信息安全

云计算由于其用户和信息资源的高度集中，带来的安全事件后果与风险也较传统应用高出很多。交通信息的安全性直接关系到整个交通网络的命脉，信息安全一旦出现了问题，其后果将不堪设想。交通云的信息安全主要有交通数据存储安全问题、交通云平台可用性安全问题和云平台遭受攻击的安全问题等。解决交通云安全的主要方法是将交通云构建成混合云：将交通数据中心搭建成私有云，并将基础架构虚拟化，通过虚拟架构查看、监控、管理虚拟资源，实现远程控制；将面向公众的交通信息服务平台构建成公共云，向公众提供各种交通信息服务，并在私有云和公共云之间设置防火墙，有效地防止数据中心与外界相连。更深一步的有关交通云信息安全的措施则需进一步研究。

3.8.2 多源数据预处理技术

从采集源传来的数据可能由于传输设备故障、路面交通状况的异常而造成信息不全或存在错误的数据，所以需要对这些数据进行预处理。车联网中会有多种不同类型感知设备的感知数据，对应于同一交通参数的信息，通过对多源异构数据进行预处理，可以减小后续数据处理的复杂度和数据处理量，通过多源异构数据之间的相互校验、相互补充，可以增加多源异构数据预处理后参数的可信度。

综上所述，在防止错误数据方面，首先要通过预处理检索、定位出奇异数据，分析该数据的正确性，若为错误数据则剔除该数据，然后根据历史同期数据统计分布规律，差值补充上合理数据；在防止数据的丢失方面，首先要通过预处理得到所缺少的数据项，然后根据历史同期数据的统计分布规律，差值补齐。

这一领域的研究重点是如何通过制定多源异构数据的格式标准，对多源数据进行校验优化，选择分集，从而实现数据的预处理。

3.8.3 数据加密与隐私保护技术

作为一种多网融合的网络，车联网安全涉及各个网络的不同层次的安全。在这些独立的网络中已实际应用了多种安全技术，特别是移动通信网和互联网，但由于资源的局限性，对车联网中的感知网络安全研究的难度较大。

这一领域的研究重点包括对分布式节点安全模块、信息共享机制、用户身份认证、权限管理和数据安全传输协议等的研究，以实现对采集到的多源数据进行加密和保护隐私。

3.8.4 大数据存储技术

较多情况下，信息存储方式包括本地存储/海存储和云端存储。原始感知数据和预处理阶段数据通过本地存储/海存储方式提供给各类感知平台，用于现场情况处理。而无异常情况下的日常感知数据通过互联网由云端存储服务器进行处理和保存。公路智能交通系统特有的分布式形态、特殊事件时空特征的随机因素和特殊事件快速反应的需求对感知信息存储方式提出了新的要求。通过对事件的性质进行分析，对潜在用户（包括控制人员和响应机制）进行判别，并对事件和用户的地理位置信息进行优化匹配实现对信息进行分布式存储，提高海存储数据查询速度和使用效率。

研究重点包括数据存储模型与协议，协同存储架构与算法，数据定位、挖掘与获取，广域数据管理，数据存储安全机制，评价体系等。

参考文献

安福东．2003．机动车的几种测速方式原理及性能的分析比较．警察技术，3：33-35．

蔡志理，孙丰瑞，韦凌翔，等．2011．基于车联网技术的车路协同系统设计．山东交通学院学报，(4)：17-23．

陈超，吕植勇，竹姗姗，等．2011．国内外车路协同系统发展现状综述．交通信息与安全，(1)：20-105．

陈全，邓倩妮．2009．云计算及其关键技术．计算机应用，29 (9)：2562-2567．

陈勇，黄席链．2006．汽车防撞预警系统的研究与发展，计算机仿真，23 (12)：239-243．

杜春臣，孙浩．2012．车车通信技术的分析．上海汽车，(2)：34-36．

冯新宇，庞艳辉．2007．车牌识别技术实现方法初探．交通科技与经济，(2)：50-51．

耿华，张涛，连小珉，等．2011．北斗卫星与车载传感器融合的车辆定位．汽车工程，(11)：929-933．

郭敏．2003．车辆检测技术和车辆检测器的比较分析．中国交通信息产业，(11)：78-79．

韩智广．2003．车牌分割与矫正．计算机工程与应用，(5)：210-212．

李明，姜燕，柯尊平，等．2009．基于 RFID 远距离智能停车场系统的设计．电脑知识与技术，5 (24)：6849-6850．

李清泉，熊炜，李宇光．2008．智能道路系统的体系框架及其关键技术研究．交通运输系统工程与信息，8 (1)：40-48．

廖翔云，许锦标，龚仕伟．2003．车牌识别技术研究．微机发展，13：31-35．

刘东．2000．ITS 中的车辆检测技术．中国人民公安大学学报：自然科学版，(4)：36-39．

罗亮红．2010．基于 ZIGBEE 的车路协同关键技术研究．广州：华南理工大学．

牛欣等．1999．汽车牌照识别技术的研究．测控技术，(12)：14-17．

汤一平，庞成俊．2009．基于全方位视觉传感器的车辆违章检测系统的设计．计算机测量与控制，17 (6)：1045-1048．

唐小林，林培群，徐建闽．2011．基于云计算和 WSN 的车联网体系架构及关键技术研究．交通信息与安全，29 (5)：106-111．

汪治华，张亚杰，杜凯．2012．交通 CPS 体系结构设计．公路交通科技，29 (S1)：142-146

王化祥等．2002．传感器原理及应用．天津：天津大学出版社．

王惠南．2003．GPS 导航原理与应用．北京：科学出版社．

王哲．2009．交通流中的车-车间无线通信系统的通信性能分析［硕士学位毕业论文］．合肥：中国科学技术大学．

王征平，邵迈，蔡少渠．2003．智能运输系统的产生与发展，综合运输，(3)：48-50．

卫平，李吉成，沈振康．2002．车牌目标的自动定位技术．中国图象图形报，(8)：835-839．

吴晓东．2010．无线射频技术在高速公路不停车收费系统中的应用．公路交通科技：应用技术版，(1)：163-165．

赵悦，陈俊彦，张雄彬，等．2009．车间通信技术的研究．信息技术，33 (8)：1-5．

诸彤宇，王家川，陈智宏．2007．车联网技术初探．公路交通科技应用技术版，07 (5)：266-268．

Abatdulhai B，Tabib S M. 2003. Spatio-temporal inductance-pattern recognition for vehicle re-identification. Transportition Research Part C：Emerging Technologies ，11：223-239.

Bouraoui L，Petti S，Laouiti A，et al. 2006. Cybercar cooperation for safe intersection. Proceedings of the IEEE ITSC 2006：456-461.

Gislason D. 2008. Zigbee Wireless Networking. Burlington：Newnes.

Hayashi M，Fukuzawa S，Ichikawa H. 2007. Development of vehicular communication (WAVE) system for safety applications. ITST '07. 7th International Conference on ITS：1-5.

Jiang D，Delgrossi L. 2008. IEEE 802. 11p：towards an international standard for wireless access in vehicular environments. Vehicular Technology Conference：2036-3040.

Miura J，Itoh M，Shirai Y. Toward vision-based intelligent navigator：it's concept and prototype. IEEE Transactions on Intelligent Transportation System，3 (2)：136-146.

第4章 车联网的应用与实践

4.1 车联网应用特征分析

基于物联网技术的车联网系统不同于传统的智能交通系统，它集中运用了计算机、传感、信息融合、通信、人工智能和自动控制等技术，是典型的高新技术综合体。车联网拥有强大的传感器网络，车联网中的每一辆汽车都可以被视为一个传感器节点，包括各种内部和外部传感器，如温度传感器、导航器、亮度传感器、摄像头、麦克风、超声波雷达等。汽车之间、汽车和路边基站之间，以及汽车与信息中心之间能够以自组织网络方式实时相互通信。这种方式极大地扩展了车辆对外部环境的感知与控制能力，并可以让信息在本地产生和共享，不必涉及庞大的基础设施，也可以不依赖于驾驶员和乘客的控制，从而自主地进行网络连接和业务实现。

车联网的应用发展是通信手段与载体不断融合、不断深化的过程。由辅助驾驶到无人驾驶，从简单代步工具到智能行车电脑，未来车将摆脱人的控制，成为路上奔跑着的机器人（智能车辆）。车联网这个新兴产业的应用发展需要多方力量的帮助和支持：需要跨产业的通力合作；需要政府的重视，在政策上给予支持和引导；需要城市规划者和基础设施专家的努力；需要汽车制造企业的长远眼光和开放心态，做好产品的研发和市场策划；需要信息技术服务企业的共同参与，建立更加扎实的信息基础设施，为信息的采集、传递和处理做好准备。车联网应用发展是一个阶段性循序渐进的过程，其发展阶段可划分如表4.1所示。

表4.1 车联网的发展阶段

发展阶段	主要特征	主要应用	优点	缺点
起步期	车辆作为信息接收终端	导航系统、GPS（或北斗）定位、车载广播	将汽车从信息孤岛解放出来	信息交互量小、手段单一
发展期	车辆作为信息输入输出载体	车载可视电话、公路连网监控	实现信息双向交互，初步具备了M2M交流功能	由人接收信息、自动化程度低
成长期	较强物物通信能力（M2M）	自动寻找车位、主动安全	实现硬件设备间信息交流、初步实现智能化	无法感知驾驶者状态、形成闭路循环

续表

发展阶段	主要特征	主要应用	优　点	缺　点
普及期	人机通信与相互感知	自动/远程代驾、驾驶者疲劳度、酒驾判断	人车合一、无缝沟通、驾驶即服务	只关注本车及驾驶者情况、缺乏整体大交通视野
深化期	人车路协同发展，实时感知	智能道路识别，智能控制车速、路线	人车路合一、汽车不需要人工干预	对系统的可靠性要求极高

4.2 车联网的优势

车联网不仅能给人们出行带来极大的便利，而且还有利于改善城市空气质量，打造和谐、环保的城市交通。车联网的特征和应用前景使得其已经被多个国家列为新一代智能交通发展的方向。车联网通过普及和深化应用，在车辆管理、交通管理、安全出行、信息服务等方面具有明显的优势。

1. 方便对车辆的统一管理

在车联网中，通过安装移动通信终端，可以对在线车辆进行实时监控和调度，保证了车辆的通畅运行，从而能够有效避免交通拥堵。在车联网系统中，每辆机动车辆都有一个独特的身份信息，身份信息记录了车辆的基本信息，运用该身份信息，行驶、停车和收费等将变得简单快捷。这样，可以提高车辆行驶速度和运输效率，降低车辆空驾率和油耗，减少车辆对道路的无效占用和汽车废气的排放，进而可以改善整个城市的交通状况和空气质量，有助于打造和谐交通，建设和谐社会。

2. 出行更安全、更便捷

在公交行业应用车联网技术，可以对车辆进行监控、定位，人们可以通过智能手机、互联网或站牌了解公交车的相关信息，如公交运行情况、交通状况、车内拥挤度等，免去等车或者拥挤的烦恼。此外，车联网还可以实时监控车辆状况，自动检测车辆速度，避免驾驶员疲劳驾驶或者车辆因故障而发生事故；一旦车辆超速或者车辆发生故障，系统会自动进行语音报警。如果遇上紧急情况，车载系统能够自动把信息上传到控制中心，请求援助，控制中心能够通过定位系统进行快速救援。因此，未来的车联网不仅能方便用户随时随地了解交通信息，而且还能为人们的出行提供安全保障。

3. 协助驾驶

协助驾驶是指将从车辆与路边基础设施之间收集到的传感器状态信息（如交通事故、汽车抛锚、道路紧急情况和潜在的危险等），通过车联网提前告知车主，建议车主做出及时、恰当的驾驶行为。这样，有助于提高车主的注意力，保持合适的车速和车距，提高驾驶的安全性，避免交通事故的发生。其典型的应用是紧急突发事件的通告。同时，协助驾驶还可以运用于智能停车场管理。例如，车主驾驶到一个陌生地方，可能找不到停车的位置，此时就可通过车联网搜索周边 100 m 之内的停车位，给驾驶带来极大的便利。

4. 交通信息收集

交通信息收集是指收集到的车联网信息不直接影响车主的驾驶行为，而仅仅让车主掌握整个道路的相关信息，便于交通管理中心的智能管理。典型的应用是交通流量信息的分发，例如，车辆周期性地广播自己的位置、行驶方向、车速、路况和从别的汽车收集到的信息等。同时，收集这些相关信息可让司机对当前交通状况有一个大概的了解。

5. 汽车间的协作驾驶

汽车间的协作驾驶是指利用汽车与汽车直接通信的方式来控制汽车的协调驾驶，如刹车、倒车和转弯等的协调操作。即使道路上行驶的汽车发生了故障，也能及时发现并告知后方的汽车进行刹车操作。这些操作不仅要求掌握前方车辆的信息以做出相应判断，而且要获得整个车队的信息以做出协作的步骤。

6. 辅助交通管理

辅助交通管理主要包括协助交通管理部门实现远程指挥调度、路桥电子不停车收费、超速驾车和肇事车辆逃逸追踪等。

7. 用户通信与应用

让用户在驾驶中享受娱乐。在车联网系统中可使用各种基于无线网络的业务。典型的应用是下载音乐、电影或游戏等。例如，在堵车的情况下，驾驶员或者乘客可以通过车载终端连接到互联网，同时获得各种互联网服务（如聊天、股票、网上购物、娱乐和视频会议等），让出行变得丰富多彩。

8. 带动相关产业的发展

车联网涉及的领域包括、汽车、通信、电子和计算机等。要实现“零排放、零油耗、零污染、零事故、驾乘时尚有趣”的美好愿景，需要重点突破无线通信技术、卫星定位导航技术和传感器技术等相关技术，这必然会带动相关产业（如汽车、通信、电子和计算机等）的发展，提供很大的就业空间，缓解我国的就业压力。

4.3 车联网应用实现

4.3.1 车联网应用阶段技术能力

随着信息化逐步深入，车联网将最终发展成为拥有强大传感器网的智能交通网络，其应用功能也将达到深化期的完美表现。我国尚处于发展期到成长期的过渡过程中，部分新的应用已出现但尚未大规模铺开。物联网的应用实现过程如表4.2所示。

表 4.2 车联网的应用实现过程

阶段	主要技术	通信能力	处理能力	突破点
起步期	车载信号接收（包括广播、CMMB等）	信号源-物单向通信	依靠人工识别处理信息	预留双向接口、处理模块
发展期	移动通信发送、接收；智能芯片嵌入	信号源-物双向通信、简单的物-物通信能力	简单指令由机器识别并执行、仍依赖人工干预	开放物-物通信与信号源-物通信接口
成长期	无线短程通信	较强的物-物通信能力；初步智能处理	硬件设备信息交流、信号识别后触发指令	开放的智能处理系统
普及期	情境感知、普适计算、统一的服务交付	物-物通信拓展到周边信息采集、变被动通信为主动获知	基于XML，对格式化信息快速处理	感知信息采样范围
深化期	智能交通系统网络、流量识别与控制	与城市网络间通信、与驾驶者双向通信	基于周边感知、交通网络的自动控制	人-车-路交通网的有机结合

4.3.2 车联网的应用推进

近年来，智能车辆已经成为世界车辆工程领域研究的热点和汽车工业增长的新动力，很多发达国家都将其纳入各自重点发展的智能交通系统当中，未来大有可为。

从技术层面上来说，车联网并没有克服不了的技术困难，即便是路与车、车与车的信息交换也有多种不同的技术方案。而新旧系统如何兼容过渡才是车联网发展的关键，没有兼容和过渡，便不可能有真正意义上的车联网应用。从这个角度来看，车联网的建立比互联网的建立挑战性更大。互联网是一种独立于旧有模式的新媒体、新模式，新旧模式之间没有直接的冲突，两者是可以共存共荣的。但车联网的情况不同，我们很难想象一种专为联网汽车开辟的街道、马路或高速公路的存在，因为那是不现实的。人们能接受的连网汽车，首先应该能在传统的马路上行驶，并在使用过程中体现其有异于传统汽车的优异性能和功效，这样，人们才会喜欢它、接受它，并最终使其成为汽车的主流而将传统汽车淘汰。因此，能够实现从传统到未来过渡的车联网必须具备以下几个“兼容”与“互动”的特质。

（1）要兼容当前道路信号系统，同时令连网汽车与道路信息互动。具体可将车联网所需的数字化信息融入当前的信号系统之中，并使数字化信息与传统道路灯号信息同步发送。传统汽车司机按红绿灯信号行驶，联网汽车的电子系统按数字化信息行驶（自动模式下），同时，连网汽车司机也可在手动模式下按灯号信息行驶。这时，数字化信息系统可作为一个辅助系统来看待，可提醒司机注意交通信息，防止违规操作和意外发生等，使得无论天气情况如何恶劣，驾驶都能一样轻松自如。

（2）要兼容当前的汽车灯号系统，同时令连网汽车之间状态互动。连网汽车应同时具备传统灯号及数字化信息，并可在车与车之间实现数字化信息交换。刹车时除将刹车灯点亮之外，还会发送数字信息，使尾随的汽车可以及时得到消息，并计算出两车之间的距离、速度和加速度，从而能自动与其保持一个安全距离，防止汽车追尾事故的发生。

（3）兼容当前的道路指示系统，同时令连网汽车与数字导航系统互动。在车联网中，卫星导航将不再需要，因为整个城市的导航都会交由数字化交通信息系统和电子化道路指示系统来承担。在这个系统中，每一个交通信号灯、道路指示牌和交通广播系统都是一个数字信息交换点，只要汽车向信息交换点提供其目的地信息或请求，便可得到比卫星导航更新、更准、更全面的实时交通导航，可有效避开拥堵路段，选择最佳行驶路径。

（4）要兼容当前的道路收费系统，同时令连网汽车与收费系统互动。现有的道路收费未必是最合理的，因为它并没有体现汽车的道路使用情况，同时对疏导城市交通拥堵也没有任何的帮助。目前一些发达国家或地区已根据不同时段和不同路段的情况进行“拥堵收费”，这既可有效分流高峰期车辆，同时也能体现公平公正和用者自负的原则。在这样一个网络中，每一个交通信号或信息指示都是一个数字化的收费检测点，这样不但可有效疏导交通拥堵，同时使收费和分流处理以最合理方式自动进行，可进一步提高城市的通行效率。

(5) 要兼容道路管制系统，同时令连网汽车与管制系统互动。在道路管制中，某些路段对某些汽车可能是有限制的，如通行禁区只允许有通行证的汽车进入。在车联网中，所有连网的汽车都会获得自动的识别和提示。目前城市的主干道上通常也有大车道、小车道的划分和管制，但因执行检查的困难而形同虚设。但在车联网中这些问题都很容易解决，因为不按车道行驶会被监测甚至会被罚款。另外，停车、超速和闯红灯等问题在车联网中都会以最合理方式自动处理。在车联网中，未经授权的汽车、失窃的汽车、违规的汽车都会被监测、跟踪和处理。

4.3.3 车联网应用发展的策略

1. 实现汽车与道路的信息交换

(1) 行驶中的汽车与道路的连网是实现车联网的第一步。为了兼容传统车辆，现有的道路交通信号（行车线、红绿灯、指示牌等）都应该被保留，因为那是新旧系统兼容的基础和保障。

(2) 将无线数字传输模块植入当前的道路交通信号系统中去，数字模块可向经过的汽车发送数字化交通灯号信息、指示信息和路况信息等，接收连网汽车的信息查询和导航请求，并将有关信息反馈给相关的连网汽车。

(3) 将无线数字传输模块植入到连网汽车中去，令连网汽车可接收来自交通信号系统的数字化信息，并将信息于连网汽车内显示，同时还将信息与车内的自动/半自动驾驶系统相连接，将其作为汽车自动驾驶的控制信号。

(4) 连网汽车的显示终端同时作为城市道路交通导航系统来使用，在车联网系统中，卫星导航将不再需要，因为导航信息直接来自具有更快、更新、更全面导航功能的数字化交通系统。

(5) 连网汽车的数字传输模块包含有连网汽车的身份标识信息，这是车联网对汽车进行通信、监测、收费和管理的依据。

2. 实现行驶中车辆的互联互动

(1) 连接路面行驶中的汽车是实现车联网的第二步。为了使连网汽车与传统汽车兼容，现有的汽车灯号系统（如刹车灯、转向灯和危险信号灯等）都将被保留，这也是新旧系统兼容的基础和保障。

(2) 将无线数字传输模块植入到连网汽车中去，数字模块可以向周边连网汽车提供数字化灯号信息和状态信息，并且数字化信息与其传统灯号信息是同步发送的。

(3) 连网汽车中的无线数字传输模块可同步接收来自其他连网汽车的数字化信息，并在车内进行显示，同时还将信息与车内的自动/半自动驾驶系统相连和互动，为连网汽车的安全行驶提供依据。

(4) 根据接收到的由其他连网汽车发送的数字信息，连网汽车便会知道周边连网汽车的状况，包括位置、距离、相对速度和加速度等，并在紧急刹车情况下，可令随后的连网汽车同步减速，有效防止汽车追尾事故的发生。

(5) 连网汽车还可随时通过数字化网络与周边任意连网汽车进行通话。在有需要时，还可向附近的连网汽车进行广播，告知有关紧急情况。

3. 实现整个交通系统的协调控制

整个交通的协调控制是实现车联网的第三步。在车联网体系中，每一辆汽车都是一个信息采集节点，这将产生海量的涉车信息资源，对这些信息资源的分析、挖掘和智能处理是实现整个交通系统协调控制的关键所在。

4.4 车联网的服务

4.4.1 服务类型

车联网从业务服务对象上大体分为三类：第一类，为公安、市政等部门提供政务管理服务；第二类，为涉车的商业银行、消费单位和保险公司等提供非公益性的行业服务；第三类，为广大车主开展非公益性个性化服务。其中，政务管理包括交通管理、治安管理、指挥调度、事故勘察、违章稽查、紧急救援、车管业务、4S行业管理、停车场管理、路况信息发布和运营车管理等公益服务，如图4.1所示。

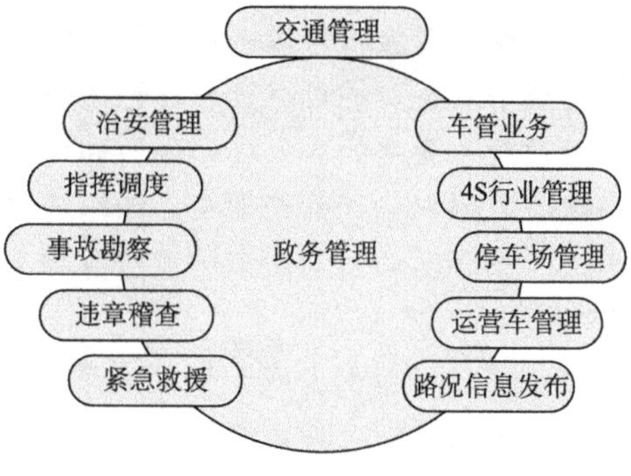

图4.1 政务管理服务

行业管理包括高速公路服务、电信运营商服务、路桥收费、移动缴费服务、信息定制服务、保险业务、4S行业服务、停车场行业服务、运营服务、定位服务和交通数据业务等，如图4.2所示。

车主业务服务包括4S服务查询、移动缴费服务、交通信息查询、车管业务查询、车辆维修、旅游信息查询、违章查询、相邻车辆信息获知、路况信息获知、紧急救援求助、加油站查询、车辆评估买卖、商旅信息和停车场指引等，如图 4.3 所示。

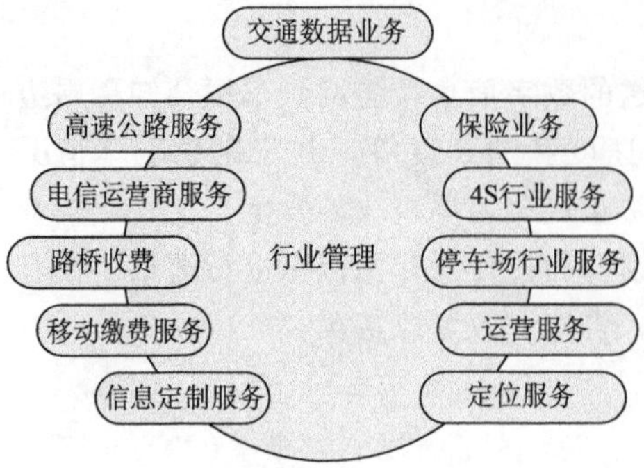

图 4.2 行业管理服务

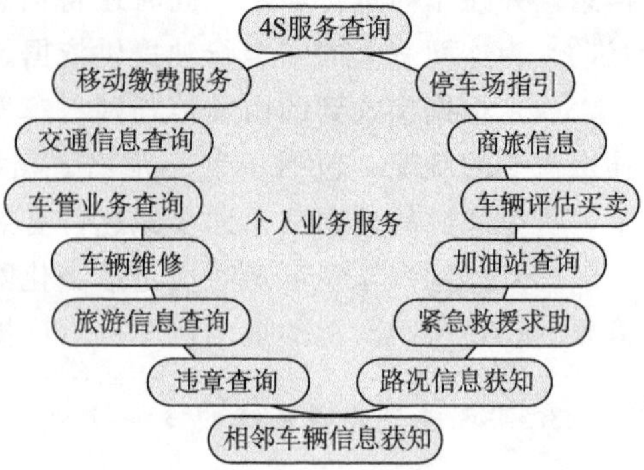

图 4.3 车主业务服务

4.4.2 服务模式

车联网发展到成熟阶段时，不仅能够为人们提供优质高效的社会生活服务，而且能优化公共管理水平，具有重大社会价值。车联网服务模式也将通过运营管理、业务开展和商务运作等多个层面互相支撑而实现。

1. 服务运营管理

车联网的发展将采用一种"依靠资源、形成资源、凭借资源、进行应用服务而获得经济效益"的可持续发展经济模式。其中，资源是指涉车信息资源。

通过对车联网的需求类型分析和市场可行性分析可知，车联网应用平台系统的搭建应由用户、运营管理商、涉车消费单位、商业银行和信用担保中心五大载体组成。车联网涉及的涉车信息资源和涉车信息服务将由第三方（运营管理商）运营。

(1) 用户（即车主或车辆持有单位）：车联网系统平台最直接的服务对象，也是车辆的法定拥有者，通过车辆身份标识与银行卡的绑定，形成"人＋车＋银行卡"的信用体。

(2) 运营管理商：负责提供涉车消费相关的金融信用担保服务。此外，其结算中心负责对涉车消费过程中产生的交易数据进行认证、统计和结算，产生与商业银行（清算机构）的划账指令，依据商业银行（清算机构）提供的信息进行用户黑名单的生成和控制。

(3) 涉车消费单位：由运营管理公司与涉车消费单位签订相关合同，构成涉车消费链。平台提供结算账户冻结、账户解冻、消费金额清算、结算账户变更和结算账户注销等服务。

(4) 信用担保公司：负责为服务提供商（运营管理公司）提供金融信用担保（为服务提供商提供与商业银行间的金融信用担保）。

(5) 商业银行：负责资金和账务清算。

2. 服务业务开展

车联网应用平台系统的内部经营模式为纵向型，即由运营管理公司作为总部，向各地方单位、行业单位发展二级运营商。总部主要职责是对资本的管理，向二级运营商提供相应的技术支持，拓展新业务和协调其他部门，负责平台的运营管理和全网范围内的资金清算。二级运营商作为总部直属单位，主要负责地方和行业范围内的业务扩展，发展下一级代理商并且为客户提供完善的售后服务，为客户提供安装并且负责衍生产品的营销。

车联网应用平台系统面对社会和政府开展的业务按照收费体系大体分为两类：第一类，由交通治安防控系统和车联网平台相结合，为道路交通管理部门等政府部门提供公益性的服务，以提高车辆运行安全服务，减少犯罪的发生；第二类，车联网应用平台系统对商业银行、各涉车消费单位、保险公司和车主开展非公益性的服务，按比例收取相应的服务费用和安装车载附属设备的费用，同时将资本运营和增值服务收入返回到运营管理商。

3. 服务商务运作

1) 金融信用体系

由于非公益性服务产品主要是面向企事业单位和其他法定车主，以金融担保授信模式提供有偿服务。因此，必须部署其金融信用体系。图 4.4 所示为金融信用体系示意图。

2) 法人车主（私家车车主）

以汽车作为有价抵押物，与车主的相关商业银行卡绑定，并与运营管理公司签订信用担保协议。从而可以到与运营管理公司签约的单位进行无现金消费，定期到商业银行进行清算，或通过网上银行（或电话银行）进行清算。

3) 客/货运场站

以本企业固定资产估价作为信用保障主体，与运营管理公司、客运/货运车车主签订信用担保合同。以此构成车-车主（或企业）-运营管理公司-商业银行这一信用链，从而进入信用-消费-清算体系。这些企业（客/货运企业）可以：

(1) 为客运车辆提供信用担保；

(2) 为货运车辆提供信用担保；

(3) 为挂靠的运输车辆提供信用担保。

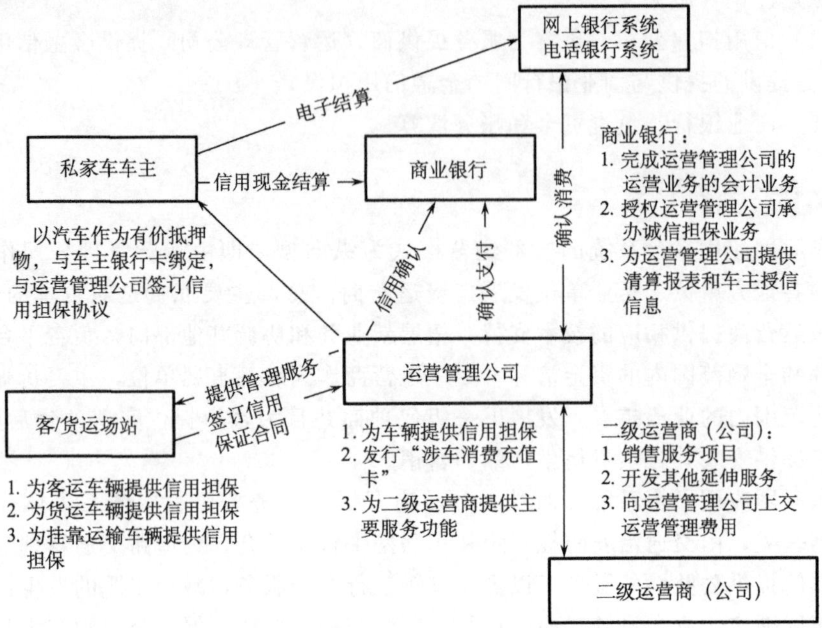

图 4.4　金融信用体系示意图

4）商业银行

商业银行的职能是：

(1) 完成运营管理公司的运营业务的会计业务；

(2) 授权运营管理公司承办诚信担保业务；

(3) 为运营管理公司提供清算报表和车主授信信息。

5）二级运营商职责

二级运营商的职责包括：

(1) 销售服务项目；

(2) 开发其他延伸服务；

(3) 向运营管理公司上交运营管理费用。

6）运营管理公司

运营管理公司是涉车消费的信用担保主体，其主要职能有：

(1) 为车辆提供信用担保；

(2) 发行“涉车消费充值卡”；

(3) 为二级运营商提供主要服务功能。

7）财务清算模式

在车联网应用平台经营模式中提到涉车信息服务平台同时也负责全网内的账务

清算，在车主与各个涉车消费单位发生消费行为后，涉及与银行、涉车消费单位等进行结算，因此账务清算体系也需要部署。财务清算体系示意图如图 4.5 所示。

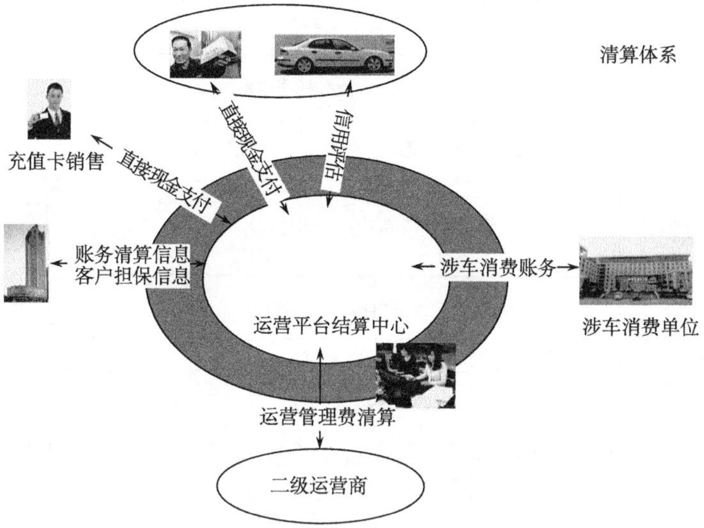

图 4.5 财务清算体系示意图

在图 4.5 中，车联网运营平台结算中心直接承担账务的清算，为车主和绑定汽车提供信用评定，受理车主的现金支付，负责涉车消费单位的涉车消费账务结算。同时，运营平台为商业银行提供账务信息和客户授信信息，商业银行完成清算会计流程后，向运营平台结算中心提交清算表单。

运营平台对下属的二级运营公司进行运营管理费的清算。运营管理商针对小额消费对象发行“充值卡”，运营平台可直接接受充值卡现金支付。

4.4.3 服务支撑平台

车联网的应用发展到了深化期，人-车-路交通网的协同性、实时性、准确性将获得有效突破，车联网的服务模式以典型的人、车、路协同发展的业务形态呈现。与此同时，要求建立各项运营技术服务体系来支撑服务运营平台。整个支撑服务平台应包括人、车、路协同通信系统，信息管理中心，信息安全保障系统，云计算数据服务中心，各类接口服务，技术、应用、服务标准体系，以及应用服务平台。只有实现了上述各类系统，才能保障车联网服务的逐步形成。图 4.6 所示为车联网服务支撑平台。

4.4.4 服务保障

车联网的各项服务必须在技术、政策和标准等各类保障下运行。

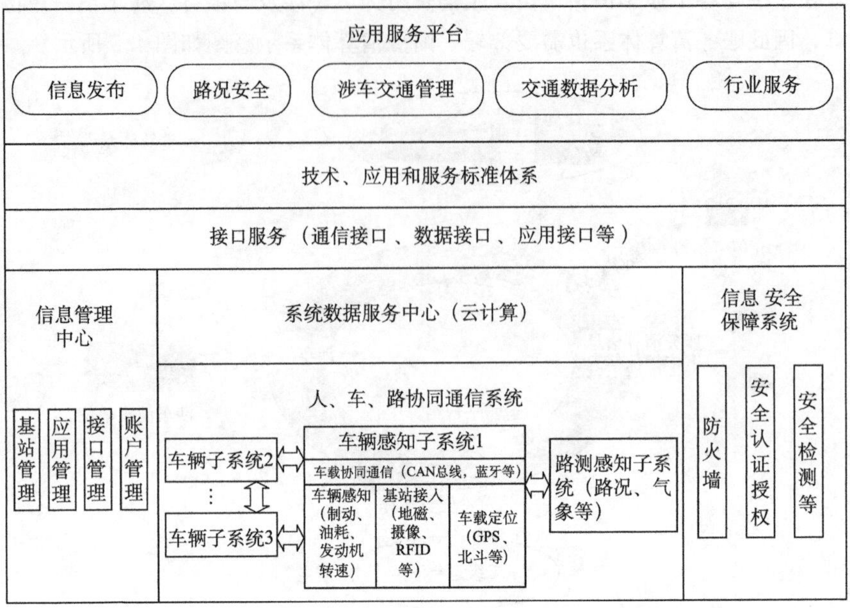

图 4.6 车联网服务支撑平台

1. 建立车联网协同运作标准

如果没有 TCP/IP 和 IMT-2000 协议，互联网和移动电话不可能取得今天的成就。同样地，建立各类车联网标准是实现车联网的首要条件。

在建立车联网协同运作标准时，应面向现代交通运输物联网发展需求，注重车联网基础标准、通用标准和技术标准体系的研究制定工作。根据车联网技术与应用密切相关的特点，按照技术基础标准和应用子集两个层次，采用引用现有标准、裁剪现有标准或制定新规范等策略，形成包括体系架构、组网通信协议、接口、协同处理组件、网络安全、编码标识、骨干网接入与服务等技术基础规范和产品、应用子集类规范的标准体系，提升技术标准规范总体水平，为交通运输物联网又好又快发展提供技术支撑。应积极参与国际标准的讨论制定工作，保证国家利益，抓紧在实践基础上提炼普遍认可的技术标准规范。

同时，应为今后的车联网产品研发和应用开发中对标准的采用提供重要的支持。应加快制定我国车联网行业标准和国家标准，推进智能交通物联网一体化运作建立体系标准保障。

2. 统一交通要素身份认证体系

交通运输要素（包括交通工具、交通基础设施和交通对象等）的身份标识和识别是构建交通运输物联网的基础，是实现交通要素身份化、虚拟化、可唯一寻址的关键，也是目前交通信息化和智能交通发展所不具备的。统一的交通要素身份和属性认证体系是实现信息资源挖掘的基础，同时也是促进各区域交通运输信息兼容互通的基础。

应建立起以交通要素身份属性特征信息为核心的、可靠的、唯一对应的“电子镜像”，并将这一“电子镜像”真实、可靠、完整、动态地映射到应用系统的数字化平台上。通过对运行于这一信息平台上的“电子镜像”的数据挖掘和科学计算，来支持或满足对存在于实景现场的交通要素物理实体的监管和服务。具体而言，建立交通要素身份认证体系，也就是构建交通对象、交通工具、交通基础设施等相关要素的唯一化身份认证体系。

3. 政策保障

1）组织保障

应建立专门的管理机构，为交通运输物联网的发展提供组织保障。车联网作为一个新兴产业，涉及市政、交通、公安和城建等主管部门，有效地调动各部门的积极性，加强各部门间的协调合作，是车联网稳步发展的基本保障。因此，有必要建立一个专门的车联网管理部门，统一协调管理车联网产业发展。该部门的职责是加强规划的适用性和政策的指导性，构建各部门间的协调合作机制、标准的完善机制、需求的培育机制、技术的推动机制和人才的引进机制，为我国交通运输物物联网产业的规模化发展提供组织制度保障。

2）财政法律支撑政策

应加大财政支持力度，针对目前缺乏与车联网发展相适应的科技投入保障，建立多渠道的车联网科技创新投入体系。为确保车联网科技创新的持续发展，必须构建新型、多渠道、多层次、社会性的科技投入体系，在充分发挥市场对资源基础性配置作用的同时，实现政府、企业、金融体系和第三部门在科技投入上的合理分工和协调配合，投入范围应涵盖车联网关键技术研发、应用系统研发、科技成果产业化和信息平台建设等方面。在多元化科技投入机构中，政府应着力解决市场资源配置机制不能有效解决的车联网中基础性研发和公共性科技研发的投入问题。因此，政府可通过直接拨款、税收支出、政府采购和政策性金融支持等多种方式参与投入并予以适当政策引导。而在其他领域，可以建立完善的、公平竞争的市场环境，并通过实行对社会组织加大科技投入的优惠政策，鼓励引导企业、商业性金融和非营利机构的资金投入，为车联网技术创新获得资金提供制度保障。通过立法，对公共机关、公共事业经营者持有的个人信息加以保护，确保个人信息的正当使用，提高车联网的可信度、接受度和安全性。通过法律支持政策达到充分调动各方积极性，保障各参与方基本利益与信息安全，加速我国车联网产业发展进程的目的。

4.5 车联网的应用安全

4.5.1 车联网安全风险分析

从应用角度，车联网是在现有的网络基础上扩展了感知网络和应用平台，车联网是互联网的应用延伸，而应用延伸的末端是感知层的系统和设备。因此，车联网除了面临物理、网络、系统、应用和管理等层面的安全风险，还面临感知层方面的安全风险。车联网相较于传统网络，其感知节点大都部署在无人监控的环境，具有能力脆弱、资源受限等特点，传统网络安全措施不足以为其提供可靠的安全保障，从而使得车联网的安全问题具有特殊性。在解决车联网安全问题时，必须根据车联网本身的特点设计相关的安全机制，同时也要按照国家等级保护标准进行安全等级设计。

1. 感知层安全风险

车联网前端各类信源基本上通过无线通信传输信息，通常车联网信源层安全风险有以下特点：信源本身的访问缺陷，无线链路比较脆弱，网络拓扑动态变化，通信方式多种多样，节点计算能力、存储能力和能源有限，现场干扰大、环境差，机器无法感知安全隐患，信息量较小，缺乏后期节点布置的先验知识，布置区域的物理安全无法保证，节点安全、整个网络的安全与应用密切相关。

因此，车联网前端感知网无法使用传统的安全机制，必须采用轻量级的解决方案。感知网的安全需求注重感知信息（一般是小量信息）的稳定可靠性、真实性和机密性。

2. 基站系统安全风险

基站系统安全风险包括：

(1) 地震、水灾和火灾等环境事故造成整个系统的毁灭；

(2) 电源故障造成设备断电，导致操作系统引导失败或数据库信息丢失；

(3) 设备被盗、被毁造成数据丢失或信息泄漏；

(4) 电磁辐射造成数据信息被窃取或被偷阅。

3. 网络链路层安全风险

入侵者不仅可能到内部网上进行攻击、窃取或其他破坏，而且有可能会在传输线路上安装窃听装置，窃取网上传输的重要数据，再通过一些技术读出数据信息，从而造成泄密或者做一些篡改来破坏数据的完整性。以上种种不安全因素都对网络构成严重的安全威胁。网络链路安全风险包括：

(1) 拒绝服务攻击、欺骗攻击会造成服务器服务的中断，影响业务的正常运行；

(2) 通过网络抓包技术，获得系统用户名和口令等关键信息或其他机密数据，进而假冒内部合法身份进行非法登录，窃取内部网重要信息；

(3) 通过扫描软件获取其他用户系统或服务器的各种信息，并利用这些信息对整个网络或其他系统进行破坏；

(4) 病毒，尤其是蠕虫病毒爆发，将使整个网络处于瘫痪状态。

4. 系统层安全风险

一方面，操作系统的代码庞大，都存在一些不同程度上的安全漏洞。一些广泛应用的操作系统（如 UNIX、Windows NT/2000 和移动终端 Android 系统）的安全漏洞更是广为流传。另一方面，系统管理员或使用人员对复杂的操作系统及其安全机制了解不够，这可能导致配置不当，从而也会造成安全隐患。操作系统自身的脆弱性将直接影响业务应用系统的安全。

5. 应用层安全风险

由于车联网应用系统复杂多样，某一种特定的安全技术不能完全解决应用系统的所有安全问题。一些通用的应用程序（如 Web Server 程序、FTP 服务程序、Email 服务程序、浏览器和 Office 办公软件等）自身的安全漏洞和由于配置不当造成的安全漏洞会导致整个网络的安全性下降。

6. 管理层安全风险

管理层的安全风险如下：

(1) 内部管理人员或员工把内部网络结构、管理员用户名和口令、系统的一些重要信息传播给外人，带来信息泄漏风险；

(2) 机房重地允许任何人进出，来去自由，存有恶意的入侵者便有机会得到入侵的条件；

(3) 熟悉服务器、小程序、脚本和系统弱点的员工，利用网络故意进行破坏，如传出至关重要的信息、错误地进入数据库、删除数据等，这些都将给网络造成极大的安全风险；

(4) 非法人员进入重要部门或机房，非法获得资料或对设备进行破坏；

(5) 员工有意、无意地把硬盘中重要信息目录共享，使其长期暴露在网络邻居上，从而可能被外部人员轻易偷取或被内部其他员工窃取并传播出去造成泄密。

7. 系统运营效率问题

系统建设涉及网络、主机、移动终端、基础设施、安全、应用和业务等层面，每个层面又包括许多信息基础设施。这样庞大的信息基础设施，仅仅靠技术人员手工方式管理是不可行的，而众多的技术与设备的应用又在相当程度上加重了系统与管理人员的负担。效果（effect）和效率（efficiency）是服务管理的主要目标。运维的主要目的是保证手段的应用能够达到预期的良好效果，提高效率。因此，如何保证运维工作的有效性（有效果和有效率），是摆在管理人员面前的主要难题。由于系统基础设施复杂，业务和数据集中方式对系统的可用性要求非常高，而研究显示，在系统运维方面有 60％甚至更多的事故都与人类的活动相关，包括例行的维护、关键系统的重新配置、维护任务和人为失误等。因此，维护人员的活动需要靠配套管理机制来规范和指导，最大程度发挥维护人员运维管理工作的能动性、主动性和准确性。

4.5.2 安全体系

车联网安全系统的整体架构如图 4.7 所示，系统可分为四层：感知信源层、基站集群层、网络传输层和应用服务层。每个层面保护对象不同，安全需求也不

车联网服务			车联网安全		
服务层	保护对象	安全需求	安全防护层		安全措施
应用服务层	·商务服务 ·运营服务 ·信息服务 ·个人服务	·服务可用性 ·信息保密性 ·信息完整性	应用服务安全	·服务环境安全	·物理层安全 ·网络层安全 ·系统层安全
				·服务接入安全	·SSL VPN ·PKI/CA
				·服务平台安全	·认证、授权、审计 ·代码审核、Web防护 ·安全运维和管理
网络传输层	·无线网络信息 ·IP网络信息	·信息完整性 ·信息保密性	·网络传输安全		·IP通道加密 ·无线通道加密
基站集群层	·固定基站 ·移动基站 ·便携基站	·基站可用性	·基站集群安全		·系统安全监控 ·设备安全监控 ·病毒安全防护 ·边界安全防护
感知信源层	·交互信息	·保密性和完整性	·信源交互安全		·认证、加密、签名
	·标签、识读器 ·摄像头、传感器 ·传感器网络等	·信源信息保密性	·感知信源安全		·智能卡加密和签名

车联网安全防护模型

图 4.7 安全系统整体架构图

同，依据不同保护对象安全需求建立分层的防护体系。防护体系由感知信源层安全、基站集群层安全、网络传输层安全和应用服务层安全组成，为实现应用服务层细化安全防护，应用服务安全又分为服务环境安全、服务接入安全和服务平台安全。另外，在感知信源层和基站集群层之间还需要充分考虑信息交互安全需求。同时考虑车联网运营安全性，把运营安全管理独立出来进行重点考虑。各防护层实现作用如下。

（1）感知信源层安全：实现车辆电子标识、视频信息、路网环境和车辆等各种资源的安全保护。

（2）基站集群层安全：实现采集基站、监控基站、移动基站和便携终端等的安全保护。

（3）网络传输层安全：实现各终端与数据中心的双向数据传输安全。

（4）应用服务层安全：①服务环境安全。实现车联网（物理环境、网络系统、主机系统等）服务支撑基础环境安全保护。②服务接入安全。实现行业用户、公网用户接入安全保护。③服务平台安全。实现车联网业务平台安全保护。

（5）运营安全管理：从管理角度，利用技术和管理相结合的安全手段，保障整个车联网数据中心业务安全运营。

按照上述安全系统整体架构，安全防护架构如图4.8所示。

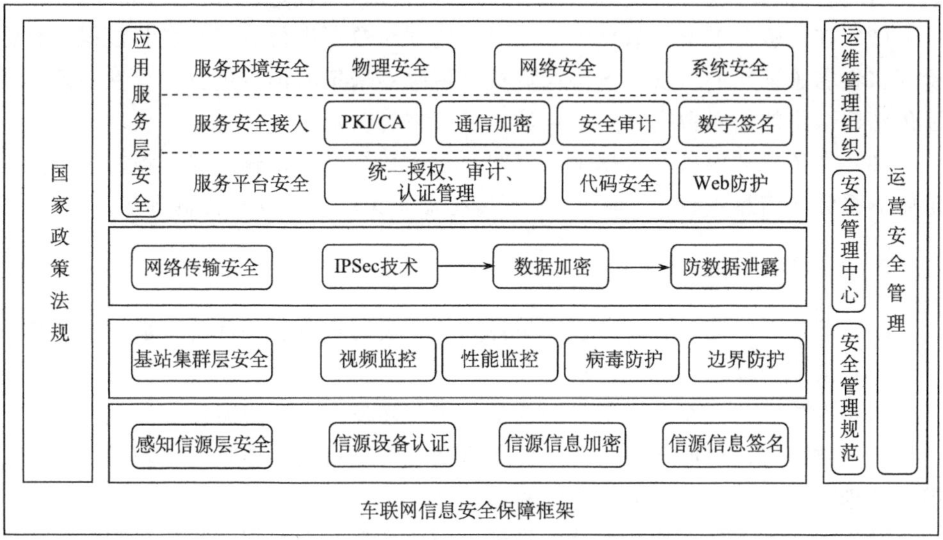

图4.8　安全防护架构图

4.5.3 安全措施

为了保证车联网系统能够长期、安全、稳定、可靠、高效地运行，系统需要具有安全保障措施，主要从以下方面考虑。

1. 信源层安全

车联网感知信源层的信息量种类繁多，通信方式也是多渠道的，所以要确保车联网海量感知信息的可靠获取，必须要有安全保障措施。基本的做法是建立可信支撑平台，对各类信息进行有效地分类处理，同一类的信息可实行统一安全通信协议、加密和签名等技术进行安全保障，不同信息之间按照设备终端编号进行设备认证，同时对车辆的标识信息进行唯一性保障，防止克隆和重复使用等。通过可信支撑平台的作用确保车联网内数据不外露，并保证网内各用户通过安全权限和认证体系进行通信。车联网可信支撑平台包括车联网可信接入平台和车联网管理平台两部分，二者均部署在车联网数据中心。车联网可信接入平台实现车联网信源认证、签名验证和完整性验证。车联网管理平台负责对信源进行管理，如标识卡认证、密钥、算法初始化和用户信息输入。

物联网可信接入平台功能如下。

(1) 在传感器设备和基站数据中心之间，采用认证协议对传感器进行设备认证,该协议负责定时对传感器设备进行身份认证，确信传感器是否完好。

(2) 在传感器设备和数据中心之间，建立对数据进行数字签名和数据完整性验证（签名验证）的协议，该协议负责对传感器采集的信息进行完整性验证，保证传感器采集的信息数据完整、可信（没有被篡改）。

(3) 在传感器设备和数据中心之间，建立数据保密传输协议，该协议负责对传感器采集的信息进行加/解密，保证传感器采集的信息安全传输到数据中心。

2. 基站集群安全

基站运行系统安全，对所有采集计算机布设防病毒软件和防火墙，对操作系统设置登录用户权限管理。

基站设施实现了车联网信息的前端收集和转发，采用设备监控措施对基站系统性能、物理端口、服务端口和硬件运行状态等进行实时监控，出现问题及时上报和处理，保障基站系统的稳定性和可靠性。

基站整个系统被部署在室外，物理上脱离了车联网数据中心的控制范围，需要集成远程视频监控和报警机制进行全天 24 小时远程监控，如果出现基站整合系统破坏事件，相关人员可以第一时间到现场进行处理和解决。

3. 网络传输安全

为了实现车联网前端采集的车辆电子信息的安全传输，保障基站采集数据的完整性和一致性，需要以车联网数据中心为中心，建立 IPSec 隧道加密技术体系，对车联网基站采集的数据进行加密传输，防止车联网基站采集的数据被非法篡改和截获。另外，对于以无线方式传递信息的基站，应使用无线加密隧道上传无线基础信息数据。

4. 系统安全

1）安全审计

虽然通过部署防火墙和入侵检测系统可以有效防止和检测各种网络攻击，但是对于内部用户滥用网络资源，利用系统正常开放的服务进行越权访问、非法操作或无意破坏等行为，防火墙和入侵检测很难防止和检测。因此，需要在运营数据中心业务应用区和存储备份区交换机上部署安全审计系统，对所有访问内部业务的用户访问行为进行监控和审计。

安全审计要求如下。

（1）网络安全审计要求：①应对网络系统中的网络设备运行状况、网络流量、用户行为等进行日志记录；②审计记录应包括事件的日期和时间、用户、事件类型、事件是否成功，以及其他与审计相关的信息；③应能够根据记录数据进行分析，并生成审计报表；④应对审计记录进行保护，避免受到未预期的删除、修改或覆盖等。

（2）主机安全审计要求：①审计范围应覆盖到服务器和重要客户端上的每个操作系统用户和数据库用户；②审计内容应包括重要用户行为、系统资源的异常使用和重要系统命令的使用等系统内重要的安全相关事件；③审计记录应包括事件的日期、时间、类型、主体标识、客体标识和结果等；④应能够根据记录数据进行分析，并生成审计报表；⑤应保护审计进程，避免受到未预期的中断；⑥应保护审计记录，避免受到未预期的删除、修改或覆盖等。

（3）应用安全审计要求：①应提供覆盖到每个用户的安全审计功能，对应用系统重要安全事件进行审计；②应保证无法单独中断审计进程，无法删除、修改或覆盖审计记录；③审计记录的内容至少应包括事件的日期、时间、发起者信息、类型、描述和结果等；④应提供对审计记录数据进行统计、查询、分析和生成审计报表的功能。

2）安全检测

由于功能复杂、代码庞大，操作系统、数据库系统、应用软件系统和一些网络设备系统均不同程度存在一些安全漏洞和一些未知的“后门”，且一般情况下很难发现，因此对主要服务器进行安全评估是非常重要的。采用安全评估手段对网络和系统安全漏洞进行扫描检测，提前发现安全漏洞，并加以修补，可以使安全风险降到最小。

在运营数据中心业务应用区和存储备份区交换机上部署一套漏洞扫描系统，定期检测服务器的操作系统、数据库系统配置，识别安全隐患，评测安全风险，提供改进措施，帮助安全管理员控制可能发生的安全事件，最大可能地消除安全隐患。同时，应采用终端管理补丁分发功能和人工加固方式实施安全加固。

3）安全加固

操作系统、数据库系统、应用系统和网络设备系统均不同程度存在一些安全漏洞，这也是黑客攻击得手的关键因素。因此，应对运营数据中心网络系统、安全系统、操作系统、数据库系统和应用系统提供安全配置、补丁安装等服务，提高系统自身的安全防护能力。

对系统自身安全漏洞进行修补，应采用终端管理补丁功能，实现智能化的安全漏洞修补，系统自身安全配置优化和设置需要采用人工加固方式进行安全加固。

4）病毒防护

为了防止主机系统遭受来自外部或内部病毒、恶意代码、木马等攻击，建议在运营数据中心网络部署防病毒系统，在运营数据中心网络管理区部署防病毒管理中心，同时在管理终端和服务器上安装防病毒客户程序，并由防病毒管理中心实现统一策略制定、分发和监控。

5. 应用安全

1）应用防火墙

普通防火墙能够实现网络层安全防护，而应用防火墙能在 OSI 模型第七层阻断已知和未知的攻击，它通过执行细粒度的安全策略来保证运营数据中心、Web 应用系统及其数据免遭各种攻击。应用防火墙能够抵御的各种威胁如表 4.3 所示。

表 4.3 应用防火墙所抵御的威胁

危胁	手段	后果
注入式攻击	通过构造 SQL 语句对数据库进行非法查询	黑客可以访问后端数据库，偷窃和修改数据
跨站脚本攻击	通过受害网站在客户端显示不正当的内容和执行非法命令	黑客可以对受害者客户端进行控制，盗窃用户信息

续表

危　　胁	手　　段	后　　果
上传假冒文件	绕过管理员的限制上传任意类型的文件	黑客可以篡改网页、图片和下载文件等
不安全本地存储	偷窃 Cookie 和 Session Token 信息	黑客获取用户关键资料，冒充用户身份
非法执行脚本	执行系统默认的脚本或自行上传的 Web Shell 脚本等	黑客完全控制服务器
非法执行系统命令	利用 Web 服务器漏洞执行 Shell 命令 execute 等	黑客获得服务器信息
源代码泄露	利用 Web 服务器漏洞或应用漏洞获得脚本源代码	黑客分析源代码从而更有针对性地攻击网站
URL 访问限制失效	访问非授权的资源链接	黑客可以强行访问一些登录网页、历史网页

为了对运营数据中心对外公开的应用服务进行深层次安全保护，建议在外网防火墙防护基础上再部署一层应用防火墙，以实现业务应用层安全防护，避免系统遭受来自互联网的各种应用攻击，另外，为了防止应用防火墙出现单点故障，可部署 2 套应用防火墙实现双机热备份。

2）SSL VPN

综合车联网的情况，按不同的安全域划分，其涉及的对象有行业专用网、运营数据中心网络、行业用户和公网用户四类。运营数据中心需要为行业用户和公网用户提供服务业务，为了防止和避免行业用户和公网用户访问的信息在互联网上被非法地修改、截获和破坏，建议在安全接入区的交换机上部署一套 SSL VPN 系统，使行业用户和公网用户安全接入。行业用户和公网用户与 SSL VPN 设备之间的通信 ，采用了 SSL 加密的手段，保证了这些敏感的数据在不可信任的互联网上的安全传输。

SSL VPN 能够实现的安全目标如下。

（1）实现远程用户数据保密性。VPN 在用户传输数据包之前将其加密，以保证数据的保密性，防止用户数据在互联网传输过程中被窃听，造成信息泄露。

（2）实现用户访问权限管理。采用 URL、应用、服务器或文件级别的细粒度的安全授权访问控制。

（3）实现用户访问安全审计。通过易于了解的清晰格式提供细粒度的审计和日志记录功能，可逐用户、逐目的、逐事件的进行记录。

（4）实现用户终端安全准入。以用户开始接入到会话结束过程中，检查客户计算机安全性，不允许不符合安全要求的客户计算机远程接入办公信息系统。

3）CA 认证

由于互联网的广泛性和开放性，信息系统在发展建设的同时也出现了众多信息安全隐患。近年来，随着信息系统的深入建设，用户账号被盗用、重要信息被越权访问、非法信息被发布、重要数据被篡改等安全事件时有发生，并呈上升趋势。

目前，CA 认证技术是一种安全可靠的身份认证手段，同时这种技术手段也符合国家安全技术规范要求，但是独立建设 CA 认证技术平台存在如下方面的现实困难。

（1）政策许可方面。我国对证书认证系统的技术鉴定和认证中心的资质审查非常严格。

（2）资金投入方面。需要涉及系统建设、物理场地建设和网络建设等一系列高额投入，初期投入巨大。

（3）后期运营维护方面。需建立专门的运营管理团队，并有具备业务维护和技术维护能力的专业人员。

（4）风险方面。电子认证服务系统在运营时需要承担相应的法律责任和运营风险。

直接使用第三方 CA 提供的数字证书服务也存在一些现实的困难和不便。

（1）管理难度大。大量直接使用第三方 CA 提供的证书会带来证书应用机构对证书管理难度加大，对应用的安全性造成一定的影响。

（2）证书申请复杂度高。直接使用第三方 CA 提供的证书服务会要求证书申请人向第三方 CA 递交申请资料，会在一定程度上增加证书申请的难度和复杂度。

基于以上原因，建议在业务层面和国家授权的第三方认证中心合作，建立 CA 系统的合作 RA 系统以解决上述问题。合作 RA 系统作为第三方认证中心 CA 的服务延伸，主要作用为证书发放的审核，包括用户信息的录入、用户信息的审核、证书申请、证书注销、证书更新和证书恢复等功能，等同于一套功能完备的证书信任系统。

在运营数据中心网络安全接入区部署第三方认证中心扩展的 RA 服务系统，利用扩展的 RA 服务系统对行业用户和公众用户发放电子证书，并联合 CA 认证服务器，实现高强度的身份认证。

4）用户安全管理

保护车联网应用系统主要是控制用户对资源的操作，确定用户的可信性是第一步。在车联网应用系统中，用户的身份和授权应该统一定义，以实现完整的、一体的用户强认证和授权，每个用户只能使用那些完成必要任务所需的功能，只允许访问经过确认的业务应用服务和设备。这样，通过严格的用户认证和授权验证措施，增强了对用户的管理控制。同时，可通过采用应用接口集成方式，把具有认证、授权、审计和单点登录功能的系统和物联网应用系统进行接口集成，实现车联网应用系统用户集中认证、授权和审计，具体描述如下。

（1）集中账号管理。由系统自动同步不同系统下的账号，便于用户集中认证、授权和审计。

（2）集中身份认证。选择不同的身份认证方式，加强身份认证手段，提高系统安全性。

（3）集中访问授权。采用基于角色的授权管理方式，实现授权细化管理。

（4）集中安全审计。对用户行为集中审计，实现用户非法行为审计、跟踪和取证。

（5）统一单点登录。认证后根据授权信息展现可访问资源列表，安全认证由后台系统自动完成，避免登录多个系统要频繁输入密码。

用户访问边界应设置统一门户（portal）。统一门户采用 OTP、CA 等认证方式对用户进行合法性认证。如果认证通过，用户将得到被授权访问的资源列表，通过单点登录模块实现只需要登录一次就可以访问所有相互信任的应用系统，安全审计模块会对用户访问行为进行审计记录，安全监控模块对非法信息流进行及时的分析和报警。

5）软件代码审核

代码安全漏洞往往是黑客入侵的重要途径，物联网安全防护手段再好，如果物联网系统在软件设计上存在代码安全漏洞，黑客也能够突破安全防护手段，利用代码安全漏洞进入物联网系统。因此，在物联网系统软件设计上要进行软件代码安全性审核，在物联网系统上线之前和之后应采用专业模拟渗透机制对系统软件进行实践性的安全检测。

6）门户系统安全

门户网站服务系统是运营服务系统的重要实现形式，所有的商用服务都可以通过门户网站的形式实现，如信息服务子系统、清分结算和 CallCenter 子系统。除了这些子系统以外，门户网站服务系统还提供新闻、公告、通知、留言和投诉的窗口，以及便民服务、资料下载、宣传等功能，门户网站服务系统应该得到高强度的保护，为门户网站服务系统划分独立的安全区，在安全区部署 Web 防护。

6. 安全管理

随着非法访问、恶意攻击等安全威胁不断出现，防火墙、VPN、IDS、防病毒、身份认证、数据加密和安全审计等安全防护和管理系统在网络中得到了广泛应用。虽然这些安全产品能够在特定方面发挥一定的作用，但是这些产品大部分功能分散，形成了相互没有关联的、隔离的“安全孤岛”。各种安全产品彼此之间没有有效的统一管理调度机制，不能互相支撑、协同工作，从而使安全产品的应用效能无法得到充分的发挥。

从网络安全管理员的角度来说，最直接的需求就是在一个统一的界面中监视网络中各种安全设备的运行状态，对产生的大量日志信息和报警信息进行统一汇总、分析和审计。同时，在一个界面完成安全产品的升级、攻击事件报警和响应等功能。

但是，现今网络中的设备、操作系统和应用系统数量众多，构成复杂，异构性、差异性非常大，而且各自都具有自己的控制管理平台，网络管理员需要学习、了解不同平台的使用与管理方法，并应用这些管理控制平台去管理网络中的对象（设备、系统和用户等），工作复杂度非常大。

因此，建议在运营数据中心网络的管理区部署一种新型的整体网络安全管理解决方案——统一安全管理平台，来总体配置、调控整个网络多层面、分布式的安全系统，实现对各种网络安全资源的集中监控、统一策略管理、智能审计和多种安全功能模块之间的互动，从而有效简化网络安全管理工作，提升网络的安全水平、可控制性和可管理性，降低用户的整体安全管理开销。

7. 安全运维

安全运维要求在网络运维过程中做好技术设施安全评估、技术设施安全加固、安全漏洞补丁和安全事件应急响应等运维保障工作，及时发现并修复信息系统中存在的安全隐患，降低安全隐患被非法利用的可能性，并在安全隐患被利用后及时加以响应。

安全运维工作包括如下内容：

（1）确定安全运维涉及的信息系统和关键技术设施；

（2）执行首次技术设施安全评估，评估关键技术设施存在的安全隐患并进行安全排查；

（3）根据首次技术设施安全评估的结果，对关键技术设施进行安全加固；

（4）定期执行技术设施安全评估，针对评估所发现的安全隐患；

（5）当主机或网络正遭到攻击或已经发现遭受入侵的迹象时，及时进行应急响应，分析事故原因并防止损失扩大；

（6）及时跟踪并提供安全漏洞和补丁信息或相应安全建议；

（7）针对系统管理人员在日常维护时发现、产生的安全技术问题提供咨询服务。

参 考 文 献

冯涛. 2011. 车联网技术中的信息安全研究. 信息安全与技术，(8)：28-30.

刘建华，杨士航. 2010. 浅谈车联网技术发展与应用前景. 中国高新技术企业，(28)：29-30.

舒文琼. 2011. 车联网催生行业应用新契机. 通信世界，(24)：13.

王建强，李世威，曾俊伟. 2011. 车联网发展模式探析. 计算机技术与发展，21 (12)：235-238.

吴菁芃. 2012. 车联网相关感知技术、产品以及案例分析. 数字通信，39 (5)：24-27.

第5章　车联网的产业化发展

5.1　车联网产业发展现状

5.1.1　车联网产业链发展形势

纵观我国车联网产业发展态势，产业格局在不断变化中形成了四大车联网产业链雏形。

1. 以政府等公共机构为主导的车联网产业链

在以政府等公共机构为主导的车联网产业链的发展中，政府推动力很大。该产业链的服务侧重于政府管理部门对车辆监控和公共管理的需求，服务提供商的收入依赖于政府部门，缺乏独立发展的动力和良性的商业模式。

2. 以商业车辆运营管理机构为主导的车联网产业链

相对而言，以商业车辆运营管理机构为主导的车联网产业链是车联网产业中最为成熟、商业模式最为清晰的链条。目前，占据主导地位的提供商业车辆管理服务的机构有电信运营商和汽车制造商。商业车辆管理机构作为车联网服务的提供者和运营者，控制着来自用户（企业或者政府）的价值来源渠道，并且在产业发展的过程中形成了稳定可预期的商业模式，使其具备了集成服务和划分产业价值的权力，从而拥有了控制整合产业链的能力。

3. 以汽车厂商为主导的车联网产业链

以汽车厂商为主导的产业链以厂商改善制造环节、增加品牌影响力和保持竞争优势为目的，其自身的推动力很强，是目前车联网发展的重要力量。从该产业链发展现状来看，其目标市场主要定位在整车出售的前装市场。

4. 以车载信息服务商为主导的车联网产业链

以车载信息服务商为主导的产业链包含的主体众多，既有电信运营商，也有车联网信息服务商，还有后来的参与者，如互联网和保险等行业的企业。虽然起步比较晚，但是由于产业链的开放，并且面向用户提供服务，因此其驱动较为强劲，发展速度快。

该产业链是现阶段车联网后装市场的主要发展模式，车载信息服务商以获得车载终端销售收入或信息服务费用为目的，其服务内容主要界定在导航类、资讯类和娱乐类服务。这一产业链准入门槛相对较低，主要包括消费电子提供商和电信运营商等。其关键在于形成以主导者为核心的信息资源共享池和应用服务合作伙伴圈，形成群体智慧以响应来自用户的个性化需求。

5.1.2 车联网与车载信息服务产业的总体情况

我国的车联网与车载信息服务产业刚刚起步，不过经过几年的高速发展，中国已经成为全球最大的汽车生产国之一。随着中国汽车市场的不断升温，汽车相关服务也应运而生。同时，中国汽车消费者的关注点也逐渐从单纯地购买汽车、使用汽车转移到对汽车消费后续服务和配套服务的需求上。正是在这样的背景下，向中国汽车市场引入车载信息服务已经开始成为众多整车厂商中国战略的重要内容。目前，我国车联网与汽车信息服务初步具备了一定的技术、产业和应用基础，呈现出良好的发展态势。

我国产业发展已初具基础，技术研发和标准研制取得突破，应用推广初见成效。例如，2009 年，丰田 G-Book 和通用 On-Star 在中国正式推出 Telematics 服务。推动国内的 Telematics 服务全面展开，2009 年也成为中国 Telematics 产业元年。

受国外技术影响，中国车厂 Telematics 服务发展很快。以往车展都会看见中国本土车厂展示大量子品牌下的新车型，但许多子品牌都缺乏明确的品牌标志。2011 年车展的一大不同是，本土车厂收缩战线，转而强调新车质量的提升，主要表现就是部署 Telematics 功能。2010 年北京车展上展示的多数 Telematics 系统都是原型和概念产品，2011 年上海车展则全力展示了本土生产的 Telematics 车载系统，2012—2013 年国产车 Telematics 系统得到了快速发展。随着中国无线运营商（中国联通、中国电信和中国移动）与汽车制造商合作的加深，无线网络技术得到快速发展，国产车 Telematics 服务的实时路况、一键导航、道路救援等功能得以实现。其中，导航技术将兼容北斗卫星导航，后续产业将逐步覆盖所有商用轿车。

5.1.3 车联网产业面临形势

“十二五”时期是我国车联网由起步发展进入规模发展的阶段，机遇与挑战并存。

1）国际竞争日趋激烈

美国已将物联网上升为国家创新战略的重点之一，欧盟制订了促进物联网发展的 14 项行动计划，日本的 U-Japan 计划将物联网作为四项重点战略领域之一，韩国的 IT839 战略将物联网作为三大基础建设重点之一。发达国家一方面加大力度发展传感器节点核心芯片、嵌入式操作系统和智能计算等核心技术；另一方面加快标准制定和产业化进程，谋求在未来车联网的大规模发展和国际竞争中占据有利位置。

2）创新驱动日益明显

车联网是我国新一代信息技术自主创新突破的重点方向，蕴含着巨大的创新空间，在芯片、传感器、近距离传输、海量数据处理、综合集成和应用等领域，创新活动日趋活跃。创新要素不断积聚，将催生大量的新技术、新产品、新应用和新模式。

3）应用需求不断拓宽

在中国汽车保有量不断提升的同时，中国消费者对于汽车相关服务的需求也开始增加。同时，随着汽车和汽车电子行业的发展，无线传输方式的成熟使得中国车联网与汽车信息服务产业发展具备了一定的基础条件。

（1）汽车产业的发展。当前中国汽车市场的产量与销量均以两位数的数率增长，并在可预见的将来还会保持这一增长态势。同时，随着私人轿车数量的增加，汽车消费者对于车辆安全性、舒适性等的需求，将促使先进汽车电子技术的不断创新与运用。

（2）单项服务的发展。车载导航、车辆盗抢追踪定位等包含于 Telematics 内的服务已经被越来越多的中国汽车用户所认可与接受。

（3）无线传输技术的成熟。无线通信技术的日臻成熟，保障了 Telematics 服务所需的信息传输的时效性。同时，包括 3G 网络、FM 调频和卫星信号等传输方式的介入，为 Telematics 的信息传输提供了多个选择。

（4）消费电子的发展。消费电子，尤其是手持终端的迅速发展（如 PDA、PND 等产品），推动了部分 Telematics 服务的普及（如道路导航）。

4）产业环境持续优化

我国政府高度重视物联网发展和智慧城市建设，明确指出要加快推动物联网技术研发和应用示范；大部分地区将物联网及智慧城市作为发展重点，出台了相应的发展规划和行动计划。随着国家和地方一系列产业支持政策的出台，社会对车联网和车载信息服务的认知程度日益提升，发展环境不断优化。

5.2 车载信息服务产业市场状况

近年来，中国汽车产业发展迅速。据有关机构统计，2011 年国内汽车产销分别达到了 1841.89 万辆和 1850.51 万辆，是全球第一大汽车生产国和全球第二大汽车消费国。截至 2011 年底，中国汽车保有量达到 1.06 亿辆。汽车产量和销量的快速提高，为国内车联网和车载信息服务提供了一个广阔的市场空间。

根据诺达咨询统计数据显示，2009 年 Telematics 终端存量市场达到 1157.8 万台，比 2008 年增长 36.7%；2011 年达到 2058.6 万台，增长率为 32.1%；2013 年这一数字增长到 3372.6 万台。2009 年以来，主要汽车存量市场 Telematics 终端经历几年的发展进入了相对成熟期，Telematics 终端主要依赖新增汽车的增长以及 1～3 年购买的新车的存量市场拉动。

2006—2013 年中国 Telematics 终端累计市场规模如图 5.1 所示。

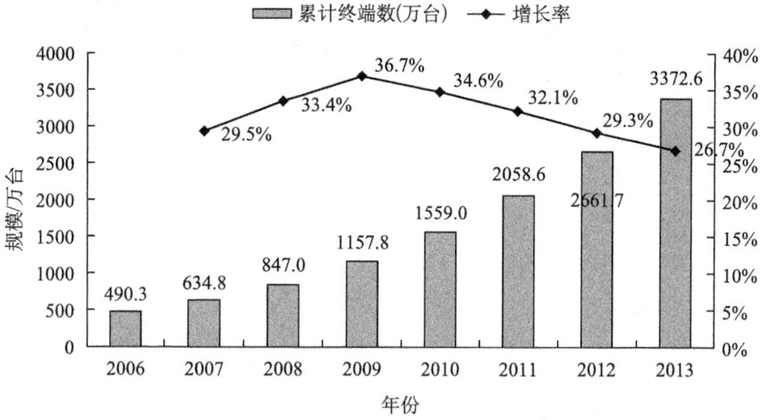

图 5.1 2006—2013 年中国 Telematics 终端累计市场规模

目前新增 Telematics 终端主要有 AM 和 BM 两部分，根据统计分析，中国新增 Telematics 终端增长率呈现相对平稳趋势。新增 Telematics 终端逐年增长，其中，2011 年新增 Telematics 终端将近 500 万台，2013 年新增 Telematics 终端达到 710.8 万台规模，增长率为 17.9%。2006—2013 年新增 Telematics 终端规模如图 5.2 所示。

根据知名调研机构 Frost & Sullivan 预测，到 2015 年中国的车联网与车载信息服务用户数量将突破 200 万。从整体市场来看，在未来的 5 年里车厂依旧会将 Telematics 作为新一代的产品卖点进行推广。受主流厂商带动，部分二线车厂、自主品牌车厂也会依次跟进这一发展脚步，Telematics 市场将会保持一个高速的增长，培育坚实的用户基础。Frost & Sullivan 的调查还显示我国中高端汽车用户将率先体验到 Telematics 服务，随后该服务将逐步向中低端市场渗透，从而推动该服务用户规模的增长。基于当前中国汽车市场上中低档车型占主导、中国消费者的价格敏感度较高等综合因素考虑，Frost & Sullivan 预计整车厂将针对不同的车型、不同的消费者需求，推出多个 Telematics 服务包以满足不同阶层的消费者。在推动 Telematics 服务安装率的同时，也会密切关注用户对于 Telematics 服务的实际需求，为 Telematics 服务由免费到收费的过渡提供充足

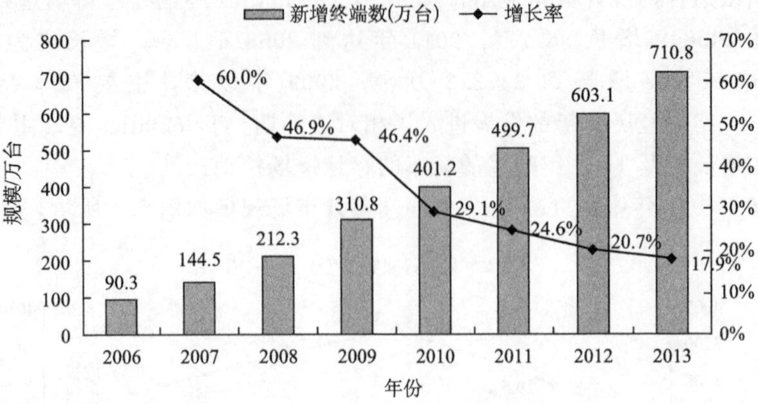

图 5.2 2006—2013 年新增 Telematics 终端规模

的保障工作。

5.2.1 前装市场

根据诺达咨询调查分析，2005—2009 年中国 Telematics 前装新增终端增长率持续增长。其中，2009 年达到 65.7%，前装终端为 142 万台。2009 年受新增轿车快速增长的拉动，Telematics 前装增长率出现一个增长高点，2011 年增长率为 30%，BM 终端规模将达到 192.2 万台，2013 年 BM 新增终端达到 385.8 万台，增长率为 23.2 %。BM 新增终端增长进入平缓下降的趋势。2006—2013 年中国 Telematics 前装市场规模如图 5.3 所示。

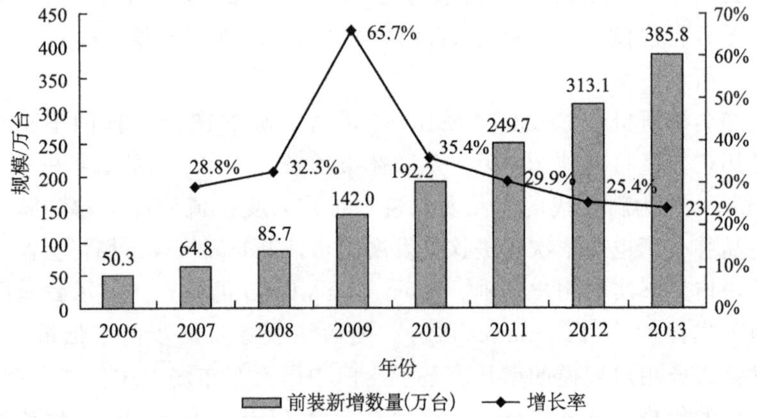

图 5.3 2006—2013 年中国 Telematics 前装市场规模

5.2.2 后装市场

2005—2009年，后装市场便携式导航产品市场规模增长迅速。2009年，AM市场销量168.8万台，比上年增长33%。经历了快速发展后，轿车存量市场中具有导航需求的用户已大部分安装，随着前装市场安装率逐步提高，AM市场增长将逐步下滑，主要拉动力还是近1～3年内的新增轿车用户。2011年Telematics AM销售达到250万台，2013年销量到达325万台。

5.3 车联网与车载信息服务业产业化发展的主要问题

5.3.1 缺乏行业标准规范支撑

标准包含车载信息服务系统内与系统间的各种标准或协议，没有标准就无法实现不同系统的互访问。统一的标准无法建立，各家厂商自行开发自有方案会导致各家系统无法兼容，出现车联网与车载信息服务市场一样的状况。不同的Telematics系统无法互相访问，降低了用户使用Telematics系统的积极性；缺乏标准化生产，提高了Telematics系统的成本，导致Telematics只能固守在高端领域。

5.3.2 未形成有效的商业运营模式

目前各制造商与营运商之间缺乏成功且有效的商业运营模式，产业间合作模式运作失败，信息流与资金流分配不均，价值链无法成功建立。由于一个完整的Telematics服务横跨数个截然不同的产业，产业间如何衡量负担比重、利润分配和垂直整合等，都是建立一个成功的商业营运模式必须考虑的重点。

5.3.3 未形成成熟的产业链布局

产业链的复杂性较高，涉及产业较多，使得产业链的整合难度较大。目前Telematics产业链的整合模式处于局部整合和各自独立阶段，尚没有形成贯通上下游产业和实现较高效率的产业链模式。同时设备生成的产业链与内容提供的产业链各自独立性较强，对TSP的能力提出了更高要求。尤其是内容提供方一般具有较强的独立性，如何为他们提供好的盈利模式，使得他们有更高的积极性参与产业发展，是目前需要解决的问题。在设备方面，由于涉及的设备众多，并横跨机械、电子和自动化等产业，使得厂商间的合作较为复杂，同样对集成商的能力提出了很高的要求。由于产业主导方可能为整车厂商或者独立的TSP，其对产业链的整合能力有较大差别。实力较强的整车厂商和依托整车厂商的TSP会有更大优势。

5.3.4 市场应用拓展不够

除了消费者，汽车销售商对 Telematics 也存有怀疑。采用新技术的汽车电子产品容易增加车厂的服务与维修难度。销售商的任务只是尽可能多地销售汽车，安装于车上的配备除非能够吸引更多消费者，并带来额外的利润，否则销售商并不愿意在销售时鼓励消费者安装 Telematics 系统。汽车销售商的态度会直接影响后装市场的发展，并对前装市场产生影响。因此如何实现汽车销售商的良好盈利模式是解决其态度问题的关键。

5.4 车联网产业化发展思路

5.4.1 从技术到产业

根据车联网架构体系，车联网技术体系主要包括感知信源技术、无线通信技术、汽车导航技术、电子地图与定位技术、车载物联网终端技术、智能控制技术、海量数据处理技术、数据整合技术、智能交通技术、视频监控技术、网络传输技术、安全保障技术、平台管理等技术等。车联网进入深层次阶段，传感技术、无线通信技术、无线定位技术和网络技术等相互配合，组成立体式、多层次的网络拓扑结构，逐步建立一个车辆与车辆内部之间、车辆与路边信息基础设施之间的移动自组织网络。

未来车联网系统将会面临系统功能集成化、数据海量化、高传输速率的要求。在车联网时代，通信技术和传感技术能得到极大的突破和整合。未来汽车之间能进行信息沟通并感知周围环境，具备行人探测、3D 智能导航、无人驾驶、自动刹车和紧急停车等智能功能，同时车联网的海量数据处理、管理平台、标准体系、安全保障、网络传输带宽和时效性都将得到极大的发展。

车联网是物联网产业中最容易形成系统标准、最具备产业潜力的应用。车联网需要城市智能交通系统具有更高的安全性和信息共享能力，同时还需要建立全球范围内统一的技术、服务和质量标准，解决这些问题将是今后车联网研究的重点。车联网技术的突破、产业规模化、资源整合与服务需要政府、电信运营商、汽车电子企业、服务提供商的积极配合，以便更好地推动其产业的发展。

车联网产业涉及的范围较为广阔，车联网技术产品主要包含车联网感知系列产品、车联网通信系列产品、车联网终端系列产品、车联网导航系列产品、车联网软件系列产品和车联网安全系列产品等。车联网产业链如图 5.4 所示，主要包括芯片/硬件设备商、汽车生产商、应用软件商、信息服务商、应用平台运营商和用户等。其中，用户在整个产业链中处于最末端，智能终端提供商和导航系统提供商则位于核心位置。某个厂商可能位于一个环节，也可能同时位于多个环节。车联网的推广与普及需要不同类型的企业打破行业界限，在维护共同利益的基础上保持企业之间的战略合作关系，形成可持续发展的良性循环。车联网的成功必将是产业链上所有环节共同成功的结果，缺少任何一个环节，都可能导致车联网普及的失败。

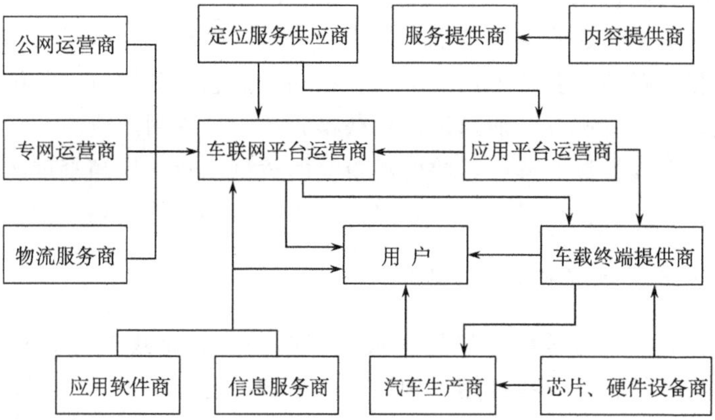

图 5.4　车联网产业链

5.4.2　以服务带动产业发展

车联网以其产业带动能力强、转型提升作用大、拉动就业效果好、创新关联范围广等特点，得到交通运输等行业的高度关注。多年来，我国智能交通发展一直是以技术主导产品制造的模式，技术创新孕育着新的产业形态，促进产品加速更新换代，刺激新的应用，带动产业发展。这种模式较大地促进了制造业升级，但对于车联网产业链较为重要的、发展潜力巨大的涉车信息资源开发等增值服务拉动不明显。社会进步、个性化需求增加，要求车联网发展模式从发展单纯的制造业转向制造业与服务业并重推进，由技术主导产品制造向信息服务引导产品制造转变，注重信息服务运营，深度开发利用道路交通运输领域的涉车信息资源，建立各类信息资源服务与应用平台，提高车联网应用系统信息资源的共享水平，推进信息服务业发展，提升车联网产业链价值，促进车联网产业化发展。

5.5　产业化与效益

5.5.1　产业化推广模式

车联网能够为人们提供优质高效的社会生活服务并优化公共管理水平，具有重大社会价值。交通运输物联网产品和服务对象的交易关系是多次的，顾客初次购买产品或接受服务只是开始，随后的信息服务的提供、产品和技术的升级、增值服务的开发等使商家和顾客有了长期交易的机会。由于车联网的实施前期投入巨大、服务对象众多、相关技术较多，且目前的信息服务等市场培育不足、部分关键技术的解决需要大量资金投入，企业及资本市场虽然非常关注，但是还没有企业真正能够大规模的投入及实施。鉴于现状，车联网的运作模式应由政府引导、企业或资本投入运营、政策配合鼓励构成。从赢利模式来看，车联网产业的盈利模式也和一般的高新技术产业不同。在动态信息服务领域，美国的服务商为顾客提供免费的信息服务，而通过广告获得收益。车联网产业与一般高新技术产业的差异要求在其发展过程中，政府所扮演的角色以及扶持和管理政策都更具有针对性。

1. 通过应用模式创新带动产业链

要真正建立一个有效的车联网，最关键的因素就是规模性。只有具备了规模，才能使物品的智能发挥作用。例如，一个城市有 100 万辆汽车，如果只在 1 万辆汽车上装上智能系统，就不可能形成车联网。车联网用户数是车联网形成的基础也是其可持续健康发展的必要条件。由于我国拥有运载工具数量众多，基础设施归口管理较为复杂，由国家投资或者行业主管部门强制推广都不切实际。国外因其具有较深厚的经济基础，对于车联网智能终端的装载积极性较高。我国不能效仿国外被动式的布局信息节点，应主动进行推广模式创新。国家可以通过推广模式的创新应用，吸引车主和地方职能部门积极响应车联网标识体系的构建。以国家重大工程保障，完善中央与地方联合建设车联网机制，按照职责加大地方财政资金投入车联网建设力度。同时要充分调动交通参与者入网积极性，发动银行、通信运营商等车联网产业链合作伙伴的参与，由相关产业链机构预先垫付入网资金，并通过提供资金结算服务和通信服务获得长期收益的商业模式推广。

2. 加强基础建设和应用系统研发

政、产、学、研结合对于促进我国车联网的发展具有十分重要的作用。负责交通运输领域管理的政府部门通过制定标准、统一标识体系，建立车联网应用的上层建筑，为应用系统研发打下坚实基础。在此基础上，发挥市场和社会力量，拓展车联网发展空间，促进信息资源的挖掘，提升产业和行业竞争力，实现交通运输领域的飞速发展。政府的平台建设有利于发挥我国车联网相关产业的规模效应和竞争优势，按照“市场引导、政府推动、企业化运作”的模式，形成政府、科研、教育与产业紧密结合的运行机制。充分发挥我国现有车联网技术实验室和产业基地的作用，促进企业、政府、学术单位、调研机构和国际组织之间的沟通与协作，积极吸引国内外高等院校及科研院所、大型企业参与我国交通运输物联网研发平台建设，与我国企业共同设立实验室、研究机构、技术公共平台和技术转化基地，共享资源、分享经验，减少重复信息采集劳动，提高自主研发和产业创新能力。支持企业与科研院所共建开放式实验室，形成一批面向市场的应用系统。发挥大学科技园的科技成果转化平台作用，鼓励大学建立专业孵化体系，转化科技成果。加强政府部门、行业组织和企业间的合作，政府要加强对行业组织及产业联盟的引导合作，引导行业发展方向，行业组织要在为企业提供市场信息、国际合作交流、保护企业利益等方面发挥积极作用。

3. 加强信息资源建设，带动产业升级

社会进步、个性化服务需求增加，要求车联网发展模式从单纯的监管职能转向监管与服务并重推进，向信息服务引导产业升级发展，注重信息服务运营，深度开发利用交通运输领域沉淀的信息资源（涉车信息资源和物流信息资源等），建立各类信息资源服务与应用平台，提高车联网应用系统信息资源的共享水平，推进信息服务业发展，提升车联网产业链价值，促进车联网产业化发展。

车联网的投资规模十分巨大，确保投资的资金来源对车联网建设的成败很重要，可以通过公共投资、非国有企业投资、利用者和受益者付费。通过整合社会资源、消除行业和地区壁垒、统一市场准入条件、准许交通运输软硬件配套与信息服务企业进入车联网产业、允许应用系统研发和运营的招投标，推动规范、统一的车联网建设。信息技术应用的最终目的是人人共享信息资源，而车联网相关技术实现了人们对交通运输关键要素信息在不同状态（移动、静止或恶劣环境）下的自动识别和管理。多年来，我国智能交通发展一直是基础设施建设主导交通运输发展的模式，但对车联网产业链较为重要的、发展潜力巨大的信息资源开发等增值服务重视程度不够。为了更好地发挥这些信息资源的作用，提升车联网应用价值，应加大对这些信息资源的开发利用，整合各类信息资源，服务于应用平台，提高车联网应用系统的信息资源共享水平，推进信息服务业发展，促进交通运输业产业升级。逐步引导、组织类似中国移动通信集团公司这样的第三方服务运营商，采用“资源开发/服务运营”的商业模式来建设覆盖一个区域的“涉车信息公共服务平台”，面向政府管理和商业应用两大服务领域的众多用户，提供开放型社会化服务，实现车联网信息资源的社会共享。

4. 实施重点示范工程，以应用带动技术创新

多年来，我国智能交通发展一直是区域内功能导向的发展模式，智能交通相关技术创新孕育着新的系统发展，促进产品加速更新换代，刺激新的应用，带动产业发展。但是因为交通运输业规模超大，以及涉及主体、部门众多等特点，以技术创新带动产业应用的模式明显不适用。

重点示范工程应用是驱动我国车联网产业发展的原动力，在重点示范工程中应用已成熟的物联网相关技术和系统，利用创造的收益追加技术研发的投入，促进高端技术的研发。同时为社会提供一般信息服务，培育社会公众对个性化信息服务的需求。

我们应积极推动物联网相关技术在公共安全、生产管理与控制、现代物流与供应链管理、交通管理、防伪应用、重大工程与活动等行业应用，带动我国车联网产业发展。

5.5.2 产业链形成与经济效益

1. 车联网感知技术产业发展与前景

车联网带动汽车技术的电子化、集成化和智能化发展，使得传感器扮演着日益重要的角色。未来汽车传感器市场需求将持续增长。

到 2016 年，在 3 个主要汽车生产区（北美、日本和欧洲），每辆车的传感器使用预计可达 240 美元，高于 2008 年的 217 美元。预计到 2016 年全球汽车传感器市场销量可达到 168 亿美元。

到 2016 年，欧洲市场将依然是汽车传感器的最大市场，其市场容量将达 50 亿美元，其次是北美（约 40 亿美元）。中国乘用车市场的复合平均年增长率预计为 9.3%，这使得中国成为全球最快速增长的汽车市场之一。未来随着中国汽车对欧洲和北美出口量的增加，以及本土市场竞争的日趋激烈，电子系统和传感器的应用将快速增长。

传感器未来的技术发展重点主要在于低成本和高可靠性，通过测量各种汽车参数来确保车辆上的电子系统有效工作，从而提高汽车的动力性、环保性和燃油经济性，同时提高驾乘舒适性和安全性。未来新的汽车传感器技术将聚焦在如何提高传动系统的效率上。例如，缸内压力传感器可用来监测发动机燃烧循环，并给予发动机管理系统直接的反馈，从而精确地控制燃烧过程。气缸压力传感器的典型应用有：用在柴油车上以减少微粒和氮氧化物的排放；用在均质混合气压燃技术（Homogeneous Charge Compression Ignition，HCCI）汽油发动机上，可获得燃烧控制所需的精确的燃油测量。气缸压力传感器在美国市场尤为重要，因为柴油十六烷值的变化可影响燃烧过程。混合动力和电动车也通过使用传感器技术来扩大行驶里程和蓄电池寿命，如使用电机速度传感器、电池流量传感器和温度传感器。

传感器技术研发的关键是为应对汽车行业严苛的环保要求，提供一个好的解决方案。同时，传感器也必须尺寸更小，重量更轻。在满足这些需求的同时，传感器供应商还必须控制成本，以应对整车生产商和系统供应商不断提出的降成本的要求。未来硅半导体使用硅基片和半导体工艺技术，来制造传感器的感应部分）传感器在汽车上的应用有增长的趋势。这主要因为：硅半导体传感器性能的增强，在现有技术上增加了动态范围和长效稳定性，如可变磁阻、机电加速度计和位置监测装置等；传统半导体的批次作业使得硅传感器低成本、大批量生产成为可能；机电一体化系统对于集成化和小型化需求的增长；半导体技术的进步，使得硅传感器可以在高温环境，以及发动机罩下工作；传统传感器结构的改变；半导体设计的集成化和数字输出处理带来的性能/尺寸/成本的优化。根据Strategy Analytics 的预测，硅传感器在汽车市场的需求量以其复合平均年增长率为7.6%计算，预计到2016年将达到35亿美元。根据Marek 预测，未来MEMS 传感器在汽车上的应用前景广阔，这种传感器的核心是一个在晶片上加工出来的纳米级微机械结构，可以将物理信号转换成电信号。微机电系统传感器主要用于测量压力、加速度、角速度和气流。微机电系统传感器是高级发动机管理系统和其他驱动系统组成的关键组件，在提高燃油经济性和降低排放方面起着非常重要的作用，如用于发动机和传动控制单元的压力传感器，以及进气系统中的空气流量传感器。微机电技术在安全系统中也起着重要作用。高加速度的加速度计被大量应用在被动安全系统，用于主动安全系统的偏航率传感器和低加速度加速计在欧洲普及率很高，在美国则是强制安装。

在发达国家，车辆的个性化和人性化设计已成趋势，这使得车辆的舒适性和便利性变得越来越重要。然而在这一领域的应用并没有相应的法规，基于微机电技术的产品增长率将主要取决于终端消费者的接受力和购买意愿。因此，市场的拉动比技术推动更加重要。混合动力车和替代燃料的出现将会给微机电技术产品开辟新的市场。但是，由于有些替代驱动概念（如氢燃料）可能需要经过长达十年以上的时间才能获得大的市场份额，因此从短期来看对传感器市场并不会产生太大的影响。汽车传感器市场在今后几年内将迅速增长，其原因在于各国汽车法规的日益严格，以及消费者对车辆安全性保护要求的日益增加。预计今后几年，传感器市场增长较快的领域将是主被动安全系统。例如，安全气囊和ESP的需求将推动对于高精度微机电技术加速度传感器和角度传感器的使用，因为这两种传感器是这些系统所必需的。从2010年起，集成了加速度和角速度检测功能的传感器芯片已应用于ESP系统。对于未来的汽车传感器技术，一个很清晰的发展趋势是综合来自不同系统的各种传感器信号，以提供更多的功能。例如博世的主被动集成的安全系统CAPS，通过网络综合来自之前互相之间独立运行的系统信息，包括主动安全系统（如ESP）、被动安全系统（如安全气囊控制单元）、驾驶员辅助系统（如自适应巡航系统）和用于车辆通信的系统（如导航系统）。该网络使得传感信号多样性应用成为可能。这也是进一步将车主和其他道路使用者的安全结合在一起的新功能的基础。从技术角度来说，汽车微机电技术传感器开发的主要方向是满足高性能的需求。

2. 汽车通信与导航市场发展前景

车联网的发展将给中国汽车导航产业带来巨大利好，也促使汽车导航、汽车通信和信息服务出现集成化趋势，未来汽车智能化的 Telematics 车载终端将集成汽车导航、汽车通信、信息服务和行业应用等多个功能。未来中国汽车导航业新产品呈现四大新特点：一是功能性的增强，主要表现在增加语音、声控和娱乐等功能，如本田和 IBM 联手推的汽车导航系统增加了语音功能；二是高科技的运用，在汽车导航显示上更多运用高科技显示技术，典型案例是索尼推出的三维影像导航中运用了三维技术；三是多用型，如手机变车载导航的产品，实现手机和车载多用等；四是便携式。

汽车前装导航市场是中国导航地图行业最主要的收入来源，约占 70%。汽车前装导航仪市场的初期发展阶段为 2007—2011 年，这 5 年间汽车前装导航仪的总装配量约为 200 万台。从 2012 年开始，中国汽车前装导航仪市场将进入第二阶段的快速成长期。预计 2012—2016 年，5 年间汽车前装导航仪的装配总量将达到 1000 万台以上，达到前 5 年的 5 倍以上。在中国导航地图领域中胜出的图商必须能够在车厂导航仪市场中占到一定的市场份额，而要进入车厂市场，必须具备 TS16949 国际汽车行业质量管理认证，目前，国外主要依赖便携式导航仪（Portable Navigation Devices，PND）市场的国际图商是 TeleAtlas，但其在中国的环境下生存不了。事实证明，与另一家占有 80%以上欧美车厂份额的图商 Navteq 在中国取得的成就相比，主要依靠 PND 市场的国际图商 TeleAtlas 在中国至今毫无建树。2010 年是中国带通信功能 PND（Connected PND，CPND）和车载通信导航信息服务系统（车载 Telematics）的元年，丰田 G-book 和美国 On-Star 相继被引进中国，国产荣威 350 Telematics 系统的出现以及车灵通的“车行无忧” CPND 投放市场，都说明了中国导航仪市场正在步入附带通信的导航信息服务时代。Telematics 导航系统在汽车前装市场上开始被大量采用，CPND 则很可能大规模进入市场。

中国导航地图行业的另一个机遇是卫星导航的发展，我国自主开发的北斗导航系统现已被列入国家新兴产业“十二五”规划。根据国家的规划，到 2020 年北斗导航系统将实现全球无源服务能力。北斗导航系统的建设直接影响到政府、军队和行业导航，以及 GIS 应用的大发展。据预测，到 2020 年中国的导航产业将从现在的 500 亿产值增加到 4000 亿以上，导航地图企业可以从未来政府和行业应用中获得很大的商业机会。导航地图在车载导航领域的应用从全球范围来看已经发展了二十多年，可以说已经成为传统应用。新一代导航地图的应用正在随着下一代通信网络的建立，以及移动互联网和物联网的发展而到来，我们将迎来大众化地图应用的时代。车载导航的对象是汽车，2010 年中国的汽车保有量约为8500万辆，到2020年中国汽车保有量将增加到2亿辆。导航地图公司的一个重要使命，就是将地图路网通达所有居民地。目前全国只有337个地级及地级以上城市，约2000个县级市和县城，但却有41000多个乡镇，165万个村。通达市和县对于图商来讲并不难，但要通达所有乡镇，特别是要通达所有可通车的村就不是件很容易的事情。全国可通车的村道就达到约180万公里，相当于全国非村道可通车道路里程的80%。由于现阶段汽车的销售量主要发生在城市，目前农村可通车路网被多数图商所忽视，只有易图通一家图商基本完成了农村可通车路网的数据库建设。根据预测，未来十年中国将新增1.15亿辆汽车保有量，可以肯定的是，这1亿多辆汽车中将有相当大一部分是销往农村的。随着收入分配的改革和农村收入的增加，这4万多个乡镇和100多万个村也将形成庞大的汽车购买力，拥有农村可通车路网才能够满足未来农村汽车导航市场的需要。很显然大部分中国图商完成这项基本使命还有很长的路要走，大约需要两到三年的工作量。

地图快速更新是图商的一个重要课题。日本最成功的在线位置服务提供商之一Datacom曾经做过调查，他们有70%的客户是因为在线地图快速更新服务而购买服务的，这个只有200多人的公司每年获得的收入达到数百亿日元，说明市场对地图快速更新有强烈的需求。中国的道路变化比日本频繁得多，对地图的快速更新需求应该比日本用户大。地图公司如果能够突破技术障碍提供地图快速更新，有可能由此获得巨大的商业利益。在移动互联网时代，用户对深度信息和动态信息的追求已经超出图商应用传统制图手段所能够制作的内容。要满足市场对更加丰富的地理相关信息的需要，需用结合UGC（User Generated Contents）的生产方式。即由用户参与到信息采集过程，由终端用户将各种信息上传给图商，再由图商进行集中处理，加工到地图中。例如，通过大量的手机终端或车载导航终端将终端的经纬度和行进速度的信息实时地发送给图商，图商就可以据此计算出实时交通路况。UGC是测绘中的一种重要的创新方式，可以大大降低数据制作的成本和制作的效率，形成“人人为我，我为人人”的高效的生产服务模式。刘经南院士提到泛在测绘的概念，UGC其实也属于泛在测绘的范畴。目前法律上对UGC是不认可的，因为UGC涉及非测绘人员（终端用户）参与到测绘行为中来。随着技术的不断创新和市场的发展，在维护国家安全的前提下，法律法规也需要与时俱进，才能够有效地推动卫星导航产业的发展。

3. 车联网智能终端市场分析

Telematics是一个车载信息服务平台，由两个单词Telecommunications（远距离通信的电信）与Informatics（信息科学）组合而成。它以无线语音、数字通信和卫星导航系统为基础，通过汽车交换信息的技术，利用定位系统和无线通信网，向驾驶员和乘客提供交通信息、应付紧急情况的对策、远距离车辆诊断和互联网（金融交易、新闻和电子邮件等）服务。

国外 Telematics 系统已被广泛应用，且该产业发展成熟度较高。美国是较早推行 Telematics 产业发展的国家之一，早在 1997 年，通用公司就已经推行了 On-Star 业务，On-Star 把摩托罗拉无线通信模块、车辆定位技术及服务中心综合为一体，为汽车提供全方位的通信服务。而福特公司也适时推出了 WingCast 车载互联网服务，与 On-Star 展开竞争。2010 年以来，美国的 Telematics 产业进入了新一轮的快速发展阶段，其中原因大体可分为三个方面。

（1）硬件价格大幅下降。在规模化生产和相关机构补贴的情况下，Telematics 系统的价格大幅下降到大部分用户可以接受的范围内，这为 Telematics 大规模的发展创造了条件。

（2）需求增加。由于美国推行 Telematics 的时间较早，其产业已经迈过了市场认知这一阶段，大部分消费者对 Telematics 已经比较认同；另外，目前北美市场上出现的新车型更加突出了信息需求，从而使得 Telematics 系统已经成为了车辆的必要部分，导致需求增加，进一步促进了产业的发展。

（3）服务内容完善。目前美国市场的 Telematics 系统已经可以全方位地为汽车用户提供服务，服务内容包括信息服务、安全监视、汽车诊断、即时通信、多媒体娱乐等各个方面。由于美国是全球最大的汽车市场，Telematics 在美国的快速发展也可为世界范围内 Telematics 产业的发展注入强大的动力。

欧洲的 Telematics 产业呈现出和美国不同的特点，以项目促发展是欧洲 Telematics 产业的一个显著特点。在服务项目上，欧洲的 Telematics 把交通信息和交通安全作为主攻方向，其中，最著名的当属 eCall（紧急救援服务）功能。目前欧洲大陆汽车年产量接近 1400 万辆，有将近 2 亿辆汽车在欧洲大陆行驶，与之相对的是基础设施已经不能维持道路安全的基本要求。基于这种情况，欧洲推出了 eSafety 项目，该项目涉及各国政府、车厂、汽车零部件厂、电信业者、科技厂商、服务提供者、金融保险业者和研究机构等各个方面，目的是让汽车更智慧化，进一步提升行车安全。由于参与这一项目的欧洲国家较多，因此可以全面的带动欧系车 Telematics 产业的发展。也正是参与这一项目的国家较多，在推广 Telematics 服务时面临到多文化、多语言的发展瓶颈，只能在某些区域实施。新车配载 Telematics 设备的比例属于缓慢成长的趋势。

日本 Telematics 产业发展呈现出发展快，功能性强的特点。在市场规模方面，目前在日本使用 G-Book 服务的用户大约为 300 万，并以每年 50 万的速度在增长。另外，日本的 Telematics 产业发展更加突出功能性特点，由于日本道路路况复杂，因此导航功能显得尤为重要。基于此，日系车的导航功能较好，如 TOYOTA 的“Monet”提供实时的路况、交通状况、新闻、天气、西餐厅、加油站、医院、停车场等信息，并可以收发 Email。中国的 Telematics 产业刚刚起步，能享受到 Telematics 服务的车型还主要集中于高档车。由于 Telematics 产业是一个融合了汽车制造、信息科学和通信技术等多领域技术的产业，其产业的发展需要产业链上（包括硬件、软件及服务提供商等多方面）携同支持。国内的 Telematics 产业相关企业应积极借鉴国外产业发展的成功经验，实现我国 Telematics 产业的跨越式发展。作为全球汽车消费大国，Telematics 产业在中国具有巨大的潜在市场。2009 年，通用 On-Star 和丰田 G-Book 均已在中国市场投入运营，为车主提供路径规划、远程诊断、道路救援、信息娱乐等汽车在线服务，车主可以随时随地享受汽车在线服务带来的便利。在未来五年内，快速发展的中国 Telematics 前装市场将使超过 1000 万新购车者能够立即体验汽车在线服务。Telematics 后装和通信便携式导航仪（ PND）市场用户数更将增长到 3000 万以上。车联网项目将被列为我国重大专项第三专项中的重要项目。相关内容已上报国务院，一期拨款有望达百亿元级别，预期 2020 年实现可控车辆规模达 2 亿。其中，Telematics 可谓是车联网中最核心的部分，将为中国车主提供最便利的汽车移动互联网服务。在中国车联网领域里，中国电信集团和高德软件等企业已经取得先发优势，中国联通、北京 95190、中科博泰和德赛西威等先行者也具有巨大发展空间。目前，国外的 Telematics 服务大都会提供导航、交通信息、安防信息、娱乐类、远程诊断和其他便利类服务。中国车厂提供何种服务取决于内部输入和外部输入的结合，也就是如下两个问题。

（1）车厂为什么要上 Telematics? 如果车厂已经想清楚某些服务是自身所需的提高运营效率并降低运营成本的手段，那么车厂就应该自发主动地推动实现。

（2）中国消费者需要的是什么服务？这就更加需要车厂对于各自的目标客户群体的外部调研输入来决定了。

总体来说，中国市场对 Telematics 具有较高的需求，这在此前的市场调研中得到了印证。中国消费者对于 Telematics 主要服务的需求喜好程度介于美国和日本之间，和欧洲更加接近一些，尤其对导航和安防服务有较高的需求。Telematics 产业的本质决定了汽车厂商和电信运营商是整个产业的最大驱动力量。自 2009 年以来，中国汽车厂商和电信运营商在 Telematics 领域异常活跃，相互间的竞争逐渐白热化。中国电信运营商的数量远远少于中国车厂的数量，所以三大运营商之间追逐各大车厂的竞赛在 2010 年全面爆发，特别是中国联通和中国电信之间的竞争。由于汽车具备信息服务能力的首要条件就是利用电信运营商的通信通道，所以运营商必然成为未来中国 Telematics 市场的主要角色。

目前中国电信已经成为最大的赢家，而中国联通的后劲最足。不过，除了运营商之外，能够很好解决中国车主导航需求的企业也注定成为中国 Telematics 产业的一股核心力量。在目前中国所有的 Telematics 服务中，POI 搜索、目的地代设和网络导航已经被证实拥有压倒性的巨大服务需求。高德软件是目前中国唯一拥有完整解决方案和车载级商用案例的导航图商，每天为中国 Telematics 车主用户提供数万次导航需求服务。

5.5.3 车联网对相关产业的影响

1. 促进汽车产业及其相关机电产业的发展

车联网提高了资源的利用率，改善了交通环境，提高了运输效益，必将大大增加现有交通基础设施的容量和汽车销售量，促进我国汽车产业的发展。汽车产业作为中国的支柱型产业，车联网将来的推广将扩大其销售市场并提供就业机会。汽车是机电一体化的集中表现，车联网的推广要求汽车本身也必须高度智能化。特别是通信系统的应用，使汽车电器进行一次根本性的技术革命，大大促进了汽车结构和汽车电器的变革，除汽车产业本身的发展外，也促进了相关机电产业的发展。车联网的建设需要大量的硬件设备来实现，如交通信息采集设备、通信设备、发布设备等。

2. 促进微电子、计算机及软件产业的发展

车联网就其本质来说，是一个具有模拟人思维能力的庞大的自动化系统，计算机及其软件技术贯穿于系统的全过程。计算机本身就包含软件技术，组成系统的各个分系统以及组成分系统的各个部件和设备无一不是由计算机控制的。要实现系统集成，必须通过计算机网络技术将各个分系统有机地连接起来，使之有序协调运行。要模拟人的思维活动及实现全系统调度指挥的智能化，必须开发专家决策支持系统。专家决策支持系统是一个庞大的系统软件工程。为了实现软件、硬件一体化，必须靠微电子技术的支撑。车联网的核心之一是数据和信息处理中心。这要求计算机及软件产业不断地发展和改进以适应车联网的需求。随着车联网的推广对技术、设备及相应软件的要求的提高，其产业的投入及发展将呈快速上升趋势。因此车联网的应用必然拉动微电子和计算机以及软件的发展。

3. 促进信息产业和传感技术的发展

车联网的基础是交通信息系统。随着信息时代的来临，信息技术得到了飞速的发展，信息产业应运而生。目前世界信息产业年生产总值持续增长势头十分强劲，已成为 21 世纪末发展最迅速、规模最大的产业。

中国的信息产业已成为国民经济的支柱产业和先导产业。随着车联网的推广，信息产业必将高速成长，并更加广泛地深入到各个行业，推动社会生产力的变革和发展，改变人们的生产方式、工作方式和生活方式。

信息系统的关键技术是信息的采集与传输。就信息采集而言，主要有地理信息采集、交通流时空分布信息采集、突发性交通事件信息采集、交通行为信息采集、气候与路规信息采集、交通环境信息采集、交通场景信息采集等，这些不同性质不同来源的信息涉及各式各样的传感技术。从总体上讲，所需传感器的种类与数量是其他任何一个行业都无法比拟的，如果发展顺利，必将对我国的传感技术起到推动作用。

4. 促进我国通信技术的发展

车联网是建立在信息技术基础上的。在信息的生成、加工、传送等环节中，通信是信息时代的基础。就信息传输而言，涉及有线通信网、无线通信网、视频通信网和数据通信网。车联网对通信系统的需求是任何其他一个行业所无法比拟的。车联网是以便利、顺畅、发达的通信网为基础和前提的。要保证通信网络的高效运行，就必须不断更新通信技术。车联网的推广必将促进中国目前通信技术快速发展。

5. 推动交通信息服务业的发展

目前中国交通信息服务业还相当薄弱，车联网的全面推广是向多个层面用户提供服务。其涉车信息服务的方式将涉及互联网、车载、公共发布板、广播、电话等多种手段，信息发布内容也将丰富到出行前信息及途中信息。交通信息服务业将承担组织信息并向多个层面用户发布信息的任务，其行业服务内容、服务对象、服务设备、服务收益将有一个突破性的进步。

6. 推动交通科技产业的发展

目前中国交通科技产业主要涉及交通规划、设计、管理等层面项目。车联网强调对种种交通信息、环境信息、车辆状态信息等的检测、分析、控制，要求交通专业人员给出数据处理的原则、方法以及边界条件，并进行系统调整。车联网的全面推广将推动有关研究开发机构和企业开展各类技术的研究开发。在借鉴国外成熟技术前提下，结合中国实际交通环境及人文、社会环境进行技术革新。交通科技产业的涉及领域由传统交通技术向职能化交通科技迈进，并在该领域进行新的更广阔的发展。

5.5.4　车联网产业的社会效益

车联网技术具有非常广阔的应用空间，是汽车未来的发展方向。Telematics是车载导航产业的发展趋势，将来的产业链将不再以汽车制造商为中心，而逐渐向汽车电子设备提供商、软件厂商和通信运营商转移。未来的交通是汽车和通信的融合，当汽车制造与信息技术完美结合在一起，我们将走进一个高效、环保、智能的美好交通时代。无线应用（Wireless Application，WA）在车联网时代汽车将具备行人探测功能，车辆可以实现自动刹车、紧急停车、智能停靠，借助车联网车辆将可以主动寻找到停车场，或找到充电站完成充电。借助车联网，人们能在车上收发电邮、进行电子购物，查看交通信息、餐馆信息、治安服务，并获得各种娱乐信息；借助车联网，汽车在行驶中出现故障可进行远程车辆诊断，维修人员可随时得到车辆的准确的故障位置和原因；借助车联网，汽车能与道路“对话”，从而感知拥堵路段并设计最佳行车路线，可以感知车距以避免出现交通事故；借助车联网，人们还可通过随时了解家中的电器运转情况、安全情况以及客人来访情况。总之，车联网将会成为未来智能城市的一个重要标志，彻底改变人们的出行方式和生活方式，给人们的生活带来更多的便捷。车联网技术具有非常广阔的应用空间，是汽车未来的发展方向。

车联网产业链涵盖汽车零部件生产厂家、芯片厂商、软件提供商、方案提供商和网络供应商等多个领域，其发展将为众多新兴产业带来机遇，为国民经济的增长开拓新的增长点。

5.5.5 车联网产业发展措施和建议

1. 从国家管理层面出发，建立健全车联网相关法律法规体系

建立健全与车联网信息服务相关的法律法规体系，同样是一项十分重要和紧迫的任务。目前我国对个人信息的管理制度尚不十分健全，泄露公民个人信息的现象还时有发生，大多都得不到有效的处理。在这种社会环境下，车联网要想健康蓬勃发展是不现实的。所以从国家管理层面为车联网的发展建立健全法律法规体系，可以为车联网的顺利发展提供保障。

2. 以互联网经验为参考，加强与外界的合作与交流

从互联网到物联网再到车联网，世界正以不同的方式相互连接。车联网将会成为未来智能城市的另一个标志。2009 年 11 月 3 日，温家宝总理发表了题为《让科技引领中国可持续发展》的讲话，提到当计算机和互联网产业大规模发展时，我们因为没有掌握核心技术而走过一些弯路。同时提出要着力突破传感网、物联网关键技术。由此可见，借鉴计算机和互联网发展的经验教训，以及发展物联网的基础，对车联网未来的健康发展有相当重要的意义。我国必须坚持开放和合作的原则，在做好车联网的规划、明确总体发展思路的前提下，确保车联网的互联互通，并推进产业链合作，整合研发力量重点攻克技术难题，争取在核心技术上尽快实现突破。

3. 以行业应用为切入点，加快自主知识产权核心技术攻关

现有的国内车联网核心技术与产品还掌握在国外大企业手中，不适合我国公共安全、军事和交通运输等行业的应用，特别是在信息加密和安全性方面存在巨大的隐患。为此，迫切需要加快研究国内创新的车联网技术标准体系，开发自主知识产权车联网核心产品，以适合行业应用对车联网产品的需求，特别是信息安全加密的要求，尽快推动形成国内自主知识产权车联网技术创新及产业创新发展。以RFID技术为例，其工作重点是集中力量，重点突破自有知识产权标签（芯片）和读写器核心芯片以及空中接口协议的研发，满足行业发展对RFID这一车联网关键技术的应用需求，切实维护国家利益和国际话语权。

4. 以走创新发展之路为目标，实现车联网发展工作重心的调整

面对巨大的市场需求以及激烈的国际竞争，中国必须加快车联网的自主创新，在未来的国际竞争中占有一席之地。实施具有自主知识产权的创新发展战略的重点，是将对车联网发展推动的工作重心。由过去的只注重基础技术研发和产品制造技术的研发重点，逐步向“基础技术”和“应用技术”并重转移。充分利用中国巨大的行业应用市场需求资源，探索符合中国国情的车联网应用技术创新及应用商务模式的创新发展，带动车联网产业的创新发展，整体提升中国车联网领域相关企业的核心竞争力。

5. 以行业应用为抓手，形成新的应用发展布局

在今后五年内面向我国社会、经济领域急切而现实的行业应用需求，以车联网的“行业应用”为抓手，形成一种“以行业应用对话和响应市场需求，以行业应用带动产品制造技术的发展，以行业应用牵引支持标准研究工作的进行，以行业应用促进配合运营技术的研究开发”的车联网应用发展的新布局。

以行业应用为抓手，不仅能满足市场的需求，同时也能够带动RFID技术、车路通信技术、传感器制造技术、云计算技术、网络与软件技术多方面的发展，并能够以涉车应用为主体制定行业应用的标准，推进行业整体应用水平的提高。从点到面的应用推广，逐步形成以信息服务为主要商业模式的“资源型”应用，牵引、构建起一条完整的产业链，以改善民生、振兴经济。

6. 以“资源型”应用为契机，重点推进车联网规模化应用

“资源型”社会化应用引起行业的广泛重视，各种“基于信息资源的综合应用服务系统”的解决方案不断提出，预示着对车联网研究已开始进入“资源型”高级应用模式的探索期。

以“资源型”应用为契机，重点推进车联网规模化应用，充分发挥车联网的核心价值。着力培养起几个以信息服务为手段、以跨部门和跨区域综合应用为目标的、价值链长、覆盖面广的规模化应用系统工程项目，带动其他各类型应用的发展。同时规模化的车联网的建设会形成大量的涉车信息资源，可以为我国国民经济的发展提供重要的数据参考。随着车联网和互联网的逐步整合，涉车信息将会更大的发挥其资源的作用，使涉车信息逐步变成一种商业资源，为相关行业提供多元化服务。

7. 充分调动和发挥我国信息产业、电信运营商、服务商的创新精神整体优势，加快建设车联网产业、应用与公共服务体系

坚持自主创新与开放兼容相结合，引进、消化、吸收、再创新国内外先进技术，增强企业的自主创新意识，提高综合竞争能力。充分调动和发挥社会各界力量，形成合力，整合资源，加大支持力度，营造有利于车联网产业发展的良好社会氛围和政策环境。坚持产用结合，促进两化融合，形成政、产、学、研、用五合一的信息交流与服务平台，推动车联网产业与应用协调互动发展。

参考文献

白春霞. 2012. 车联网潜力巨大将带动庞大产业链共同成长. 世界电信，(4)：70-74.

蔡君. 2011. 论道车联网：市场、机遇和挑战. 通讯世界. 2011，(11)：43-45.

何霞，王泉，黄明，等. 2012. 我国车联网产业的发展模式与政策需求. 移动通信，17：16-18.

王洁，蒋寅. 2012. 车联网产业链及运营商合作策略分析. 电信科学，6：11-16.

吴索宁. 2010. 车联网发展趋势. 上海汽车，(10)：1-6.

武晓钊. 2012. 车联网技术体系与产业链分析. 中国流通经济，8：47-52.

第 6 章　车联网的未来与挑战

6.1　车联网发展面临的环境

6.1.1　国际环境

1. 世界将从互联网时代进入物联网时代

每一次经济危机都会催生一些新的技术，而新的技术又是经济发展的巨大推动力，此次国际金融危机也不例外。值得注意的是，相关国家正在试图通过新的技术应用来推动经济走出泥沼。

同时，在 IT 产业里有“十五年周期律”，就是说信息技术每隔 10～15 年会发生一次重大变革，催生出新的市场、新的业务模式和新的产业规律。2000 年前后互联网掀起了新经济热潮，如果按照这个周期算，此刻正在下一次技术革命的门槛上。现在，包括中国、美国、韩国、日本和欧洲在内的世界各国和地区都在加紧制订相应计划，希望抓住物联网这个战略机遇，刺激经济复苏、占据竞争优势。

物联网通过信息技术和传感技术把物质世界和电子世界有机连接起来，实现现实世界和虚拟世界的融合。它改变了之前将物理基础设施和 IT 基础设施分开的局面，不仅是 PC 等终端之间的相互连接，而且是现实世界中的物与物、人与人、人与物之间的相互连接。从技术角度来看，下一代网络将向更广、更深、更智能的方向融合，从三网融合、4C 融合进一步延伸到网络与计算机的融合、网络空间与物质世界的融合。

以物联网为代表的信息技术发展趋势为从信息化向智能化过渡，而这也是网络从虚拟走向现实、从局域走向泛在的过程。从信息化的角度来看，物联网实际上是将信息化的应用更加深化和广化，实现进一步的智能化。

（1）虚拟走向现实：传统的互联网是 PC 等终端之间的连接，构成了虚拟网络；而物联网的发展趋势是物与物、人与人、人与物之间的连接，是现实世界的广泛联系。

（2）局域走向泛在：当前的信息化应用，尤其是各行业的信息化应用已具备物联网的雏形，但本质上还是限制在特定的局域网内，并未接入互联网；而未来的发展趋势是，各个地域、行业之间的阻隔将会打通，真正实现跨平台、跨行业、跨地域的互联互通。

至此，信息化真正融入到人类生活、工作中的方方面面，交通、建筑和医疗等行业信息化提供商逐渐转变为智能化提供商，信息化走向“现实”、走向“泛在”，世界也将由传统的互联网时代进入物联网时代。

2. 发展车联网我国与发达国家面临同等机遇

在车联网这个全新产业中，我国的某些关键技术研发水平处于世界前列。中国科学院早在1999年就启动了传感网研究，在无线智能传感器网络通信技术、微型传感器、传感器终端机和移动基站等方面取得重大进展，已拥有从材料、技术、器件、系统到网络的完整产业链。在世界车联网领域，中国与德国、美国、韩国一起，成为国际标准制定的主导国。

在前两次信息浪潮中，中国起步晚、跑得慢，结果处处受制于人。而在车联网领域，中国和其他发达国家站到了同一个起跑线上。我们应该抓住这个重大历史机遇，突破关键技术和核心技术，建立属于自己的技术体系，形成具有自主知识产权的成果和可持续竞争力。

3. 我国成为车联网行业重点竞争市场

随着电信网络，特别是无线网络的扩展和传感技术的发展，我国推广车联网的条件逐步趋向成熟。国家工业和信息化部明确提出要进一步研究建设车联网，推进信息技术在道路交通运输领域的广泛应用，提高资源利用率、经济运行效益和投入产出效率。我国已经开始研究车联网标准体系，车联网在广东、江苏、上海等地都已经有了局部的建设。

车联网产业链可细分为标识、感知、处理和信息传送四个环节，关键技术包括RFID、传感器、智能芯片和电信运营商的无线传输网络。与射频识别设备、传感器等单个的微观产业链相比，电信运营商在车联网架构中的发展空间较大，运营商将在车联网产业中强势介入多个环节。面对市场机遇，中国三大电信运营商争相发力车联网技术开发和应用拓展。

6.1.2 国内环境

1. 政策环境

随着信息技术的发展、世界金融危机的爆发和扩张，以信息产业为代表的战略行业发展成为未来经济结构调整、拉动经济发展的重点。国家相继制定了相关政策，以求推动和促进信息产业中核心技术的研究和应用。而车联网作为物联网的典型应用，也逐步受到国家领导人的注意，相关部门也制定了相应政策以推动其发展。

1) 2006年，《信息产业科技发展“十一五”规划和2020年中长期规划纲要》中提出重点突破RFID和传感网等核心技术。

我国《信息产业科技发展“十一五”计划和2020年中长期规划纲要》中将“智能信息处理和物与物通信网络技术”确定为网络与通信领域的11个主要技术领域之一，并将其确定为我国需要重点突破的核心技术。

同时，进行智能信息处理和无处不在的通信网络技术的研发与产业化。重点研究以车载通信（包括汽车、船舶等）为代表的智能信息处理和物与物（M2M）通信技术，解决其中的移动通信与网络、定位、多媒体通信、导航关键技术问题；研究RFID和传感器网络等无处不在的网络技术，研究RFID、传感器网络与信息通信网络的无缝结合和应用；形成一大批有示范效应的应用范例，形成国际一流的产品能力和较为完善的产业链”。

2) 2009年，《电子信息产业调整和振兴规划》中提出了在信息技术应用领域培育新的产业增长点作为未来电子信息产业重点突破和发展的方向，具体措施如下。

加大国家投入：国家新增投资向电子信息产业倾斜，加大引导资金投入，实施集成电路升级、新型显示和彩电工业转型、TD-SCDMA第三代移动通信产业新跨越、数字电视电影推广、计算机提升和下一代互联网应用、软件和信息服务培育等六项重大工程。

加强政策扶持：在电视产业中推进“三网融合”。在高新技术企业认定工作中，根据电子信息产业发展状况适时调整认定目录和标准，研究出台光伏发电和半导体照明推广应用的鼓励政策。

完善投融资环境：落实金融、经济发展的有关政策措施，加大对电子信息产业的信贷支持。

支持优势企业并购重组：在集成电路、软件、通信和新型显示器件等重点领域，鼓励优势企业整合国内资源，支持企业“走出去”兼并或参股信息技术企业，鼓励金融机构对电子信息企业重组给予支持。

进一步开拓国际市场：继续保持并适当加大部分电子信息产品出口退税力度，推动TD-SCDMA等标准和技术在海外市场的拓展和商用。落实促进离岸服务外包产业发展的扶持政策，推动软件外包企业加快发展。

强化自主创新能力建设：加快实施国家科技重大专项，大力推进TD-SCDMA、地面数字电视、手机电视、数字音视频编解码、中文办公文档格式、无线局域网鉴别和保密基础结构（Wireless LAN Authentication and Privacy Infraslructure，WAPI）、数字设备信息资源共享等标准产业化进程，加强RFID、数字版权管理、数字家庭产品等关键标准的制定和推广工作，加强对电子信息产品和服务的知识产权保护。

未来，电子信息产业销售收入需保持稳定增长，产业发展对 GDP 增长的贡献不低于 0.7 个百分点，新增就业岗位超过 150 万个。

今后几年内，电子信息产业要围绕 9 个重点领域，完成确保骨干产业稳定增长、战略性核心产业实现突破和通过新应用带动新增长三大任务。

（1）确保计算机、电子元器件和视听产品等骨干产业稳定增长。

（2）突破集成电路、新型显示器件和软件等核心产业的关键技术。

（3）在通信设备、信息服务和信息技术应用等领域培育新的增长点。

3）2009 年，《让科技引领中国可持续发展》讲话中重点强调要抓住机遇，"着力突破传感网、物联网的关键技术"。

2009 年 11 月，温家宝总理发表题为《让科技引领中国可持续发展》的讲话，讲话分析了当前世界经济危机的形势，以及为未来科技革命的趋势，并针对信息网络产业这一世界经济复苏的重要驱动力，提出要"着力突破传感网、物联网的关键技术，及早部署后 IP 时代相关技术研发，使信息网络产业成为推动产业升级、迈向信息社会的'发动机'。"

4）2010 年，《政府工作报告》明确要将物联网产业作为着力培育和发展的战略性新兴产业之一。

国际金融危机正在催生新的科技革命和产业革命，2010 年两会期间，温家宝总理在 2010 年《政府工作报告》的"加快转变经济发展方式，调整优化经济结构"章节中，提出要"大力培育战略性新兴产业"，"加快物联网的研发应用，加大对战略性新兴产业的投入和政策支持"。"发展战略性新兴产业，抢占经济科技制高点，决定国家的未来，必须抓住机遇，明确重点，有所作为。"

5）2012 年，《政府工作报告》确立车联网为国家十二五"重点项目"。

2012 年的《政府工作报告》中，物联网再次被提为战略新兴产业。工业和信息化部在其网站发布了《物联网"十二五"发展规划》，这是我国五年规划史上第一个物联网规划。规划中明确提出，物联网将在智能电网、智能交通、智能物流、金融与服务业等领域率先重点部署。

车联网作为物联网在汽车行业的重要应用，现已被列为国家"十二五"期间的重点项目。目前，工业和信息化部正在从产业规划、技术标准等多方面着手，加大对车载信息服务的支持力度，以推进车联网产业的全面铺开。

种种政策表明，物联网这一新兴战略行业，必将在未来的两化融合、经济和产业结构调整的浪潮中扮演着重要角色。

2. 经济环境

1）我国 GDP 增速放缓，外部环境有望改善。

2012 年国内生产总值（GDP）接近 52 万亿元，增速为 7.8%，已达到并略微高出年初《政府工作报告》确定的7.5%的增长预期目标。在物价方面，2012年全国居民消费价格指数（CPI）上涨2.6%，涨幅比上年回落2.8个百分点，低于年初物价调控预期目标1.4个百分点。就业形势也好于预期，2012年末，全国城镇就业人员比上年增加1188万人，而年初预期目标是新增就业900万人。出口形势相对不利，全年出口比上年增长7.9%，低于年初有关部门确定的10%的目标。

2012年我国经济增速大幅度回调主要是由出口增速大幅度下降导致的。未来经济增长取决于经济运行的内在趋势、外部发展环境和宏观经济政策取向。目前，我国经济仍有较强的内在增长动力。美国经济已结束国际金融危机之后的二次探底并回归上升通道，未来我国经济发展的外部环境有望改善。

尽管存在外部市场的不确定性，2013年中国经济仍然能保持稳定增长的态势，GDP增速预期将比2012年提高0.43个百分点，达到8.23%。到2014年，GDP增长率将进一步回升至8.84%。虽然外部经济体宽松的货币政策在一定程度上加大了通货膨胀的压力，但是2013年不会出现严重的通货膨胀，2013年CPI有望保持在3.11%，2014年CPI可能持续攀升至3.88%。2013年，欧元经济区不确定性的下降和美国经济的持续复苏将促进中国的进出口恢复性增长，国内城镇化的推进将促使固定资产投资以较快速度平稳增长，城乡居民收入的稳步提高也将有利于保持消费平稳增长。

2）加快产业结构调整是转变发展方式的重要途径和主要内容。

当前，我国经济发展的内外部环境正在发生深刻变化。从国际看，全球经济格局深度调整，产业竞争异常激烈。国际金融危机爆发后，发达国家纷纷提出“再工业化”战略，试图在新的技术平台上提升制造业和发展新兴产业，继续以核心技术和专业服务牢牢掌控全球价值链的高端环节，这对我国提升产业层次、发展先进制造业形成巨大压力。新兴市场国家也在加快产业升级，一些发展中国家利用其低成本优势，加紧与我国在传统国际市场展开竞争，我们面临着发达国家抢占战略制高点和发展中国家抢占传统市场的双重压力。从国内看，经济结构性矛盾突出，传统发展模式面临诸多问题。高投入、高消耗和高排放的粗放发展方式还没有根本改变，劳动力、土地和燃料动力等生产要素价格持续上升，能源资源和生态环境约束日趋强化，对优化产业结构形成了倒逼机制。产业结构调整优化不到位，不仅影响短期稳增长促转型目标的实现，还将严重制约经济可持续发展和全面建成小康社会目标的顺利实现。

党的“十八大”报告指出，推进经济结构战略性调整是加快转变经济发展方式的主攻方向，必须以改善需求结构、优化产业结构、促进区域协调发展、推进城镇化为重点，着力解决制约经济持续健康发展的重大结构性问题。

当前，我国经济发展的内外部条件正在发生深刻变化。加快结构调整，推动发展方式转变，是中央作出的战略部署。转变发展方式是总的战略和要求，结构调整是实现这一战略任务的重要途径和主要内容。从经济发展全局来看，影响较大的结构性问题有收入分配结构、城乡二元结构、区域经济结构、社会保障结构和产业结构等。而产业结构调整是加快转变发展方式的重要途径和主要内容。

未来相当长的一段时间，产业和经济结构调整这一趋势必将延续，车联网这一类新兴战略产业也势必成为未来投资的重点之一，车联网产业也必将带动生产制造等第一产业、信息服务等新兴第三产业的发展。这是金融危机环境下，产业及经济结构调整，经济恢复并保持快速增长的需求之所在。

3. 社会环境

1）汽车保有量飞速发展以及带来的问题

国家制定的“十二五”规划中，物联网作为国家“十二五”规划新兴战略产业中的新兴信息技术产业，从国家战略层面得到高度重视。物联网要切实落地，汽车行业作为物联网在分支领域的一项重要应用，有条件作为先行基础行业。

根据我国目前汽车业发展速度，预计到2020年，汽车保有量将超过2亿辆，中国已成为全球最大的汽车市场。庞大的汽车市场为中国的车联网服务的增长提供了强有力的基础，而车联网应用和技术成熟度较高，成为物联网的重点突破领域之一。为了道路交通安全，各级政府希望通过车联网有效缓解交通压力；通过车联网提高运输车辆的利用率，降低车辆空驶率和燃油消耗，有效避免交通阻塞，减少车辆对道路的无效占有和汽车废气的排放，进而改善整个城市道路的交通状况和空气质量，打造和谐交通。

车联网在使用进程中还会呈现不少新的问题。例如，车联网在推行中还面临很多问题，如技术不完善，利用应用技能壁垒进行恶性竞争的状况，以及知识产权维护、司法律例跟进等。车联网成为继互联网、物联网之后未来智能城市的另一个标志。而车联网服务较传统移动通信服务，其应用领域具有更广泛的业务种类和需求更专业化的特点。

2）汽车电子和信息传输网络的发展为车联网奠定了技术基础

车联网是继互联网、物联网之后未来智能城市的另一个标志。在技术层面，车联网需要首先通过各种传感器获取各种信息，如射频识别、红外感应器、全球定位系统、激光扫描器等信息传感设备，这些设备能为汽车间的信息交换提供基础，从而实现智能化的识别、定位、跟踪、监控和管理。近几年来，国内基于RFID电子标签技术的传感网发展迅猛，而车联网发展的重要基础——汽车电子也在快速发展。

汽车电子是车联网得以实现的基础，特别是汽车电子中的各种车用传感器和执行器等，他们是促进汽车电子化、自动化、智能化发展的关键技术之一，对某些汽车电子系统，如发动机电控、安全气囊系统，传感器成本约占系统总成本的70％。世界各国对车用传感器的研究开发以及如何提高性价比都非常重视。汽车电子越发达，自动化程度越高，对传感器的依赖就越大。所以，国内外都将车用传感器技术列为重点发展的高新技术。除了传感器外，车载汽车电子装备也是车联网得以实现的重要载体，包括导航系统、车载娱乐系统等。

另外，信息传输网络也是车联网必不可少的技术环节之一。目前，我国三大运营商都已经建成覆盖全国的基础通信网。特别是3G网络的建设，这为建设车联网提供了坚实的网络基础。

总体来看，车联网以车为节点和信息源，通过无线通信等技术手段将获取的信息连接到平台网络中加以分析和管理，其核心就是信息获取和反馈控制，从而实现车与路、车与车、车与城市网络的相互连接。它是伴随着城市交通拥堵的日益加重以及智能交通解决方案技术的不断进步而出现的，这使得我国发展车联网具有很多优势。

3）构建健康、和谐的城市化体系是推动车联网发展的市场需求

随着我国经济的发展，国民经济的工业化，城市人口不断增加，城市化在全国范围内已经成为一种必然趋势。城市化带来的交通拥堵、车辆事故、环境污染等“城市病”，已成为横亘在城市发展面前的一道难题，这对城市化健康发展与构建合理、和谐的城市体系提出了更高的要求。

我国是全球汽车最大的生产国和消费国，车联网市场巨大，车辆已经成为城市的重要组成部分。从汽车这一新兴移动终端，到由汽车组成的车联网系统，牵动着我国又一条至关重要的经济脉络。尤其在2012年两会上，智能交通、校车安全等社会问题成为议题后，社会各界对交通堵塞、校车事故、车内污染等问题特别重视，都希望政府能制定强有力的解决措施。

在车联网中，汽车具备高度智能的车载信息系统，可以与城市交通信息网络、智能电网以及社区信息网络全部连接，从而可以随时随地获得即时资讯，并且作出与交通出行有关的明智决定。车联网将缓解城市交通堵塞、减少车辆尾气污染以及减小车辆安全隐患。优化车主的行使路线，缩短旅途时间，让旅途更具可预测性。

目前，全球一些主要汽车品牌已经开始了这方面的探索。据介绍，通用ENV车型是基于车联网理念设计的。它整合了车对车交流技术、无线通信及远程感应技术，支持“自动驾驶”。在自动驾驶模式下，它能获得实时交通信息，自动选择路况最佳的行驶路线，大大缓解交通堵塞。除此之外，它还可以感知周围环境，在很大程度上减少交通事故的发生。

车联网的发展，是顺应中国高新技术产业发展以及信息化社会发展的潮流，是提高国家信息化水平，推动中国自主创新能力进一步提升，以及抢占未来国际

战略性产业高地的必然选择。

6.2 我国车联网面临的问题与挑战

尽管我国拥有市场规模和覆盖范围全球第一的移动通信网络，丰富的宽带资源，以及很大的汽车保有量等发展车联网应具有的优势，但在车联网急剧升温的同时，我们不能忽视它在技术、市场、行业标准、商业模式等方面的欠缺，主要表现在以下方面。

1. 产业链涉及面广，主导不明确

车联网产业链涵盖终端设备提供商、芯片厂商、软件提供商、信息内容提供商、导航系统提供商、电子地图提供商、网络运营商和应用平台运营商，甚至还包括 4S 店和保险公司等多个领域。各个领域或系统以不同的角度和利益为出发点参与“车联网”时代的博弈，产业环境异常复杂，如何实现产业格局的多赢局面，并没有一个明确的统一主导部门。因此，这将对建立标准化的规范和体系，提供开放、共享、协作、共赢的服务支撑平台产生制约，进而影响产业链上各企业的产业升级及良性发展。

2. 技术基础薄弱，缺乏自主可控的核心技术

在车联网时代，汽车电子和 IT 系统将成为汽车的核心竞争力，我国的汽车行业整体技术水平与发达国家相比，还有一定的差距，特别是在汽车电子方面。

尽管国内汽车上的防抱死刹车系统（ABS）、电子制动力分配系统（EBD）、电子稳定程序（ESP）等汽车电子安全技术正逐渐提升，但汽车电子相关的前沿核心技术专利基本上掌握在国外企业手中，如发动机管理系统、车身管理系统和自动防撞系统等。此外，用于信息采集的高端传感器，其芯片核心技术国内还没有掌握，包括传感器成本、性能和寿命等；3G 网络带宽不能完全满足未来车联网对图像和流媒体的传输需求以及相关的通信服务；国内在云计算和超海量数据处理方面未掌握核心技术。

作为车联网持续发展的根本驱动力，企业的自主核心技术如果不能跟上国际水平，就不能形成强大的竞争力，就会处处受制于人，发展前景自然也会受到限制。

3. 商业模式不完善，缺少相应的行业标准

商业模式是企业针对客户的实际需求或客户现在及未来面临的根本性问题，整合现有资源或在现有资源上创造更有价值资源，通过能产生企业/行业合理利

润的业务流程运作满足客户需求，解决客户的根本问题过程。新兴的商业模式能够拉动多个产业技术创新合作，推动车联网走向成熟，促进车联网应用纵横延伸到更多领域，如无线医疗救护车、智能出租车和政府应急指挥车等。但是，仍有如何实现设备提供商、内容提供商和网络运营商的对接，各方如何制定具有竞争力的盈利模式，究竟由谁来为车联网买单等一系列的问题需要解决。

目前，车联网的商业模式不完善，同时又缺乏全局性的、国家层面的政策和行业标准，在这种情况下，车联网的发展实际上处于相关企业各行其是、各自为政的阶段。车联网涉及诸多信息交换标准，如车载终端、网络通信、系统层和应用层等各层面的标准。虽然为抢占发展先机，我国企业已纷纷采取行动，在上海、无锡和深圳等地成立了车联网联盟，但标准化是促进一个产业健康发展的基础。不同的模式将产生不同的应用系统，各系统缺少统一的参考平台和接口，会导致系统不兼容和资源浪费，彼此间信息不能共享。

综上所述，当前，我国车联网的发展应用还处于初级阶段，车联网产业链上的企业，如何在发展中找到自己的位置，携手把产业市场做大做强，如何实现真正的产业化，还有很长一段路要走。随着 3G 技术的普及化应用，我国的汽车智能化技术、人车交互技术、通信及其应用技术等都在加速发展，在这一产业趋势下，车联网产业也将迎来自身规模化发展的最佳时机，期待未来车联网将带给我们一个全新的、更智能化的世界。

6.3 我国发展车联网的行动纲要

6.3.1 发展车联网的战略目标

发展车联网的战略目标是开展车联网关键技术研究，抢占技术制高点；开展车联网标准体系研究，突破国外标准壁垒；加快车联网产业培育，制订技术产业发展规划和应用推进计划；发展关键传感器件、装备、系统和服务；推进车联网信息中心建设，促进车联网与互联网、传感网融合发展；推进车联网信息服务平台建设，提升涉车信息服务水平。

6.3.2 发展车联网的优先行动计划

（1）管理：定义一系列车联网管理原则，并设计具有足够级别的无中心管理的架构。

（2）隐私及数据保护：严格执行对车联网的数据保护立法。

（3）“芯片沉默”的权利：开展是否允许个人在任何时候从网络分离的辩论。公民应该能够读取基本的汽车身份标识——RFID（射频识别设备）标签，并且可以销毁它们以保护隐私。当 RFID 及其他无线通信技术使设备小到不易觉察时，这些权利将变得更加重要。

(4) 潜在危险：采取有效措施使车联网能够应对信用、承诺和安全方面的问题。

(5) 关键资源：为了保护关键的信息基础设施，应把车联网发展成为我国的关键资源。

(6) 标准化：在必要的情况下，发布专门的车联网标准化强制条例。

(7) 研究：继续资助车联网领域的研究合作项目。

(8) 创新：启动试点项目，以促进我国有效地部署市场化的、互操作性的、安全的、具有隐私意识的车联网应用。

(9) 国际对话：加强国际合作，共享信息和成功经验，并在相关的联合行动中达成一致。

(10) 环境问题：评估回收汽车身份标识的难度，以及这些身份标识对回收汽车带来的好处。

6.3.3 发展车联网的分阶段实施路线

(1) 组织实施2～3个车联网重大科技专项，优先安排、加快实施能够尽快形成产业化能力的车联网重点项目，努力推动道路交通运输领域车联网核心技术和关键技术攻关，实现阶段性目标。编制“十二五”车联网专项实施计划，改进管理，加强监督，加快海外高层次人才引进。

(2) 制定车联网产业技术创新专项规划，注重引进先进技术与自主创新相结合，推进引进技术的消化吸收再创新，集中力量攻克一批制约道路交通运输领域车联网发展的共性关键技术，加快产业化进程。继续促进公安、交通运输等行业需求迫切、影响较大的领域率先践行车联网。

(3) 扎实开展道路交通运输领域车联网及相关技术的标准制定、修订工作，建立标准资源数据库。全面加强车联网知识产权工作，建立车联网知识产权预警机制，在RFID技术、车路通信等重点领域开展知识产权态势发布，促进车联网技术创新、标准与知识产权良性互动。

车联网这个新兴产业的发展前景固然令人向往，但是需要更多力量的帮助，包括跨产业的通力合作；需要政府的重视，在政策上给予支持和引导；需要城市规划者和基础设施专家的努力；需要汽车制造企业的长远眼光和开放心态，做好产品的研发和市场策划；需要信息技术服务企业的共同参与，建立更加扎实的信息基础设施，为信息的采集、传递和处理做好准备。我们有理由相信，在不久的将来我们的生活也因车联网而改变。

参考文献

北京智研科信咨询有限公司. 2011. 2011—2015年中国物联网与RFID市场深度调查与投资前景分析报告. 北京：中国产业信息网.

国务院发展研究中心国际技术经济研究所. 2010. 中国射频识别（RFID）技术发展与应用报告. 上海：国家射频识别产业化（上海）基地.

赛迪顾问股份有限公司. 2011. 2010—2011年中国物联网产业发展研究年度报告. 北京：赛迪顾问股份有限公司.

信息产业部. 2006. 信息产业科技发展“十一五”规划和2020年规划纲要. 北京：信息产业部.

中国RFID产业联盟，北京时代计世资讯有限公司. 2011. 2010年中国RFID与物联网发展报告. 北京：北京时代计世资讯有限公司.

中华人民共和国科学技术部等十五部委. 2006. 中国射频识别（RFID）技术政策白皮书. 北京：科技部.

第 7 章　车联网典型应用案例分析

车联网已经被国家列入重大专项，成为了“十二五”期间的重点项目，车联网具有广阔的应用前景和商业价值，它能够提供的主要应用如下：交通管理方面的应用有智能停车场管理系统、智能收费系统、自动路径导航系统、智能车辆调度系统、车辆监控系统、智能交通信号灯管理系统等；公共交通服务方面有智能公交车查询系统、智能收费系统等；物流运输方面有物流监测系统、智能车辆管理系统、货物实时监测系统等；公共安全方面有智能预警系统、疲劳驾驶检测系统、车辆状况监测系统、智能超速超载报警系统等；商业增值服务方面有视频会议、网络游戏、在线影音、数据下载、网络学习、网络办公等。

随着我国传感器技术和卫星定位导航系统的快速发展，3G 网络基本已经覆盖全国，车联网和无线通信技术融合，车联网的各项功能将日趋完善。本章以基于多传感技术的智能停车场管理系统和出租车运营管理系统为例，解析车联网应用系统所能实现的功能服务。

7.1　停车场管理系统

7.1.1　系统建设目的

为了提高停车场信息化和智能化的管理水平，给车主提供一种更加安全、舒适、方便、快捷和开放的环境，实现停车场运行的高效化、节能化和环保化，亟须在物联网架构下构建智能停车管理系统。基于物联网互联互通的特征，利用现代电子与信息技术，在停车区域的出入口处安装自动识别装置，通过非接触式卡或车牌识别，对出入此区域的车辆进行判断识别、准入/拒绝、引导、记录、收费和放行等智能管理，同时，车辆驾驶者还可得到停车场的车位数量、收费标准和空车位引导信息等服务。

利用物联网互联互通技术，通过实时传送停车场数量和空位数量等相关数据，管理部门可以获得全市或者某片区更多的停车场宏观数据，为管理部门进行有效的决策和分析提供依据。通过对停车场的宏观分布和停车场空车位数的宏观变化趋势的掌握，了解重点城市区域的车流情况和变化规律，可以为解决城市道路拥堵问题提供相关的参考依据。

7.1.2 系统可实现的总体结构

智能停车场管理系统总体架构图如图 7.1 所示。

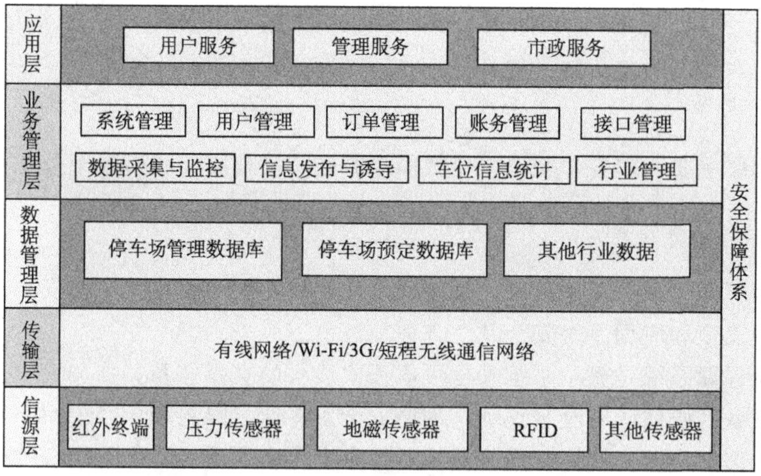

图 7.1 智能停车场管理系统总体架构图

1. 信源层

信源层包括各种传感数据，如通过红外终端、压力传感器、地磁传感器和 RFID 等方式感知的停车场动态车位数据，还有司机的预订车位数据等。

2. 传输层

传输层负责从信源层接收数据和向上一层传输数据，包括有线网络、Wi-Fi、3G 和其他短程无线通信网络等。

3. 数据管理层

数据管理层包括停车场数据库、停车场预定数据库和其他行业数据。来自信源层和其他不同系统的数据源经过停车场行业管理系统进行处理后汇入数据管理层，数据管理层访问控制关注与其他层次的交互，担当事务监控器、消息系统等角色，存储着持久数据，选用业界高性能的数据库来提供数据存储、数据存取访问、数据存取控制和数据共享等服务。数据访问主要处理各层之间的数据通信问题，包括对各层之间的数据进行相互传输和对系统所需要的外围接口数据进行访问等。

4. 业务管理层

业务管理层包括系统管理、用户管理、订单管理、账务管理、接口管理、数据采集与监控、信息发布与诱导、车位信息统计、行业管理等基础系统和所有与业务管理相关的工作。

5. 应用层

应用层主要面向各种服务，包括用户服务、管理服务和市政服务。

6. 安全保障体系

安全保障体系贯穿于整个体系结构，主要包括物理安全、网络安全、信息安全、管理安全和应用系统安全几个方面。

安全保障系统是整个系统安全可靠正常运行的支撑体系。物理安全主要通过环境、设备和媒体的安全来保证；网络安全主要通过隔离和访问控制、网络安全检测、网络防病毒、网络备份来保证；信息安全主要通过身份识别和数据存储安全保障来保证；管理安全主要通过管理规范的制定和安全管理制度的实施来保证；应用系统安全主要通过应用系统中的身份认证机制、访问控制机制和数据完整性检验来保证。

7.1.3 系统网络结构

图 7.2 所示为智能停车场管理系统网络结构图。

从图 7.2 中可以看出，系统整合无线通信、信息采集发布和传感网等先进信息技术，主要由采集系统、管理中心、政府停车行业管理部门、LED 发布屏、无线通信网络等部分组成。

7.1.4 系统管理与功能服务

基于物联网技术的停车场管理与服务系统提供了数据采集与监控、安全保障、系统维护、信息发布与诱导、用户管理、业务管理、接口管理等基础系统和业务管理，以及包括用户服务、管理服务和市政服务在内的各种服务。各功能模块结构如图 7.3 所示。

1. 数据采集与监控

(1) 通过结合压力传感器、地磁传感器、RFID 技术和 PC 式采集设备等实时准确地采集各停车场的使用状况信息，并及时向管理中心输送。

(2) 在停车场周边实时显示剩余空车位，无空车位时，快速引导客户到附近

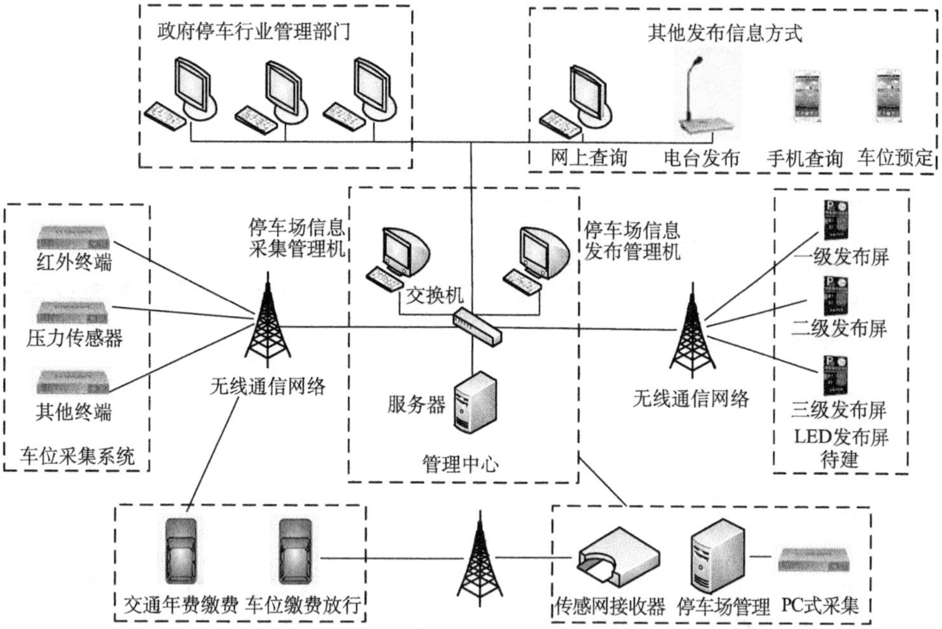

图 7.2 智能停车场管理系统网络结构图

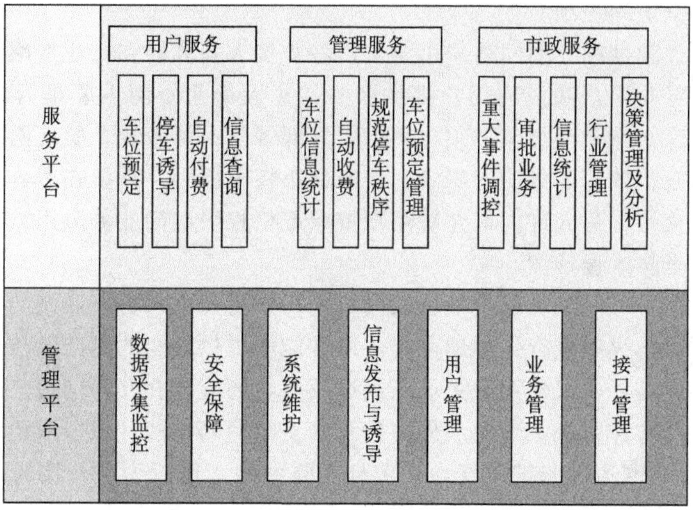

图 7.3 停车场系统管理与服务功能模块结构图

的停车场进行停车，疏导周边的车流。

(3) 系统通过接收各个停车场采集设备采集到的车位信息和设备状态信息，能够宏观掌握全区域的空车位变化情况，为进一步实现停车场宏观规划和调整提供帮助。

(4) 停车场管理与服务系统涉及很多停车诱导相关的设备，由于数据的及时性和稳定性需要依靠设备的可靠性，因此需要对这些设备进行各种状态（如连通性、运行状态、温度等）的监控管理，对于出现问题的设备，能够马上获得相关的报障信息，从而进行快速处理。对停车场的数据采集设备及其状态进行监控，通过 WebGIS 实时显示各种设备的状态和信息，实现对采集设备、发布设备和停车场诱导设备的监控。

2. 安全保障

为了保证系统能够长期、安全、稳定、可靠、高效地运行，系统需要具有安全保障措施，主要从以下方面考虑。

1) 物理安全

物理安全包括各种传感器终端、硬件系统（即电源系统）和主要设备的线缆安全等。对硬件系统安装设计要求具有防雷击、干扰信号屏蔽和防止信号损耗等功能，主控系统的安装要求具有防尘、散热、人性化的特点。

2) 网络安全

(1) 安全访问控制

依据管理数据中心的网络应用要求，需要接入互联网和行业专网。接入互联网主要是为行业用户和公网用户提供服务，接入行业专网主要是为实现数据交换。为了保障网络安全交流，须在网络边界部署防火墙系统，实现网络边界的安全防护，同时，依据业务访问需求，按照最小权限原则，需要在边界防火墙上配置用户访问策略，只允许内部合法用户按照严格权限访问业务应用。

(2) 安全防入侵检测

管理数据中心网络需要接入互联网，这样容易面临来自互联网的各种各样的入侵攻击。对防火墙进行仔细地配置，通常能够提供安全的网络保护，降低网络安全风险。但是，仅仅使用防火墙还远远不够，还应该在互联网边界防火墙后面部署安全入侵防护系统（安全入侵防护系统支持旁路功能，可以避免设备单点故障），增强互联网边界防护力度，对来自互联网的入侵行为进行实时监控、分析和阻断。

3) 应用安全

为了对管理数据中心对外公开的应用服务进行深层次安全保护，通常在外网防火墙防护基础上再部署一层应用防火墙，以实现业务应用层安全防护，避免系统遭受来自互联网的各种应用攻击。另外，为了防止应用防火墙出现单点故障，可部署两套应用防火墙实现双机热备份。

4）安全管理

当前，非法访问、恶意攻击等安全威胁也在不断推陈出新、越演越烈。防火墙、VPN、IDS、防病毒、身份认证、数据加密、安全审计等安全防护和管理系统在网络中得到了广泛应用。虽然这些安全产品能够在特定方面发挥一定的作用，但是这些产品大部分功能分散，各自为战，形成了相互没有关联的、隔离的“安全孤岛”，各种安全产品彼此之间没有有效的统一管理调度机制，不能互相支撑、协同工作，从而使安全产品的功能无法得到充分的发挥。

从网络安全管理员的角度来说，最直接的需求就是在一个统一的界面中监视网络中各种安全设备的运行状态，对产生的大量日志信息和报警信息进行统一汇总、分析和审计。同时，在一个界面完成安全产品的升级、攻击事件报警和响应等功能。但是，一方面由于现今网络中的设备、操作系统、应用系统数量众多、构成复杂，异构性、差异性非常大，而且各自都具有自己的控制管理平台，网络管理员需要学习、了解不同平台的使用和管理方法，并应用这些管理控制平台管理网络中的对象（设备、系统、用户等），工作复杂度非常之大。因此，通常在管理数据中心网络的管理区部署一种新型的整体网络安全管理解决方案——统一安全管理平台，来总体配置、调控整个网络多层面、分布式的安全系统，实现对各种网络安全资源的集中监控、统一策略管理、智能审计和多种安全功能模块之间的互动，从而有效简化网络安全管理工作，提升网络的安全水平和可控制性、可管理性，降低用户的整体安全管理开销。

3. 系统维护

1）诱导控制系统维护

诱导控制系统提供停车场和数据采集设备的增加、删除功能，设置设备参数，取得设备状态。

（1）停车场管理

通过停车场管理功能，可实现对区域相关停车场信息的维护，方便对停车场单元信息进行采集、诱导和监控。

（2）采集设备管理

通过采集设备管理功能可实现对相关采集设备的登记，包括采集设备的名称、CDMA 模块号、采集设备类型和所属停车场等信息，用户可对采集设备进行添加、修改或删除等操作。

（3）SIM 卡管理

通过 SIM 卡管理功能可实现对终端设备使用的 SIM 卡进行登记，包括 SIM

卡手机号、SIM 卡身号和对应的设备 GPRS 模块号等信息，用户可对 SIM 卡进行添加、修改或删除等操作。

(4) 采集设备参数设置

应对所有的或是某一个停车场的采集设备参数进行设置，采集设备的参数包括备用 IP 地址及端口号、备用地址启用时间、上传数据定时时间间隔、上传数据阈值和采集设备通信重连的频率等。

(5) 设备报障管理

后台主动查询方式为，由后台发送查询信号，按设定周期查询远端设备状态，如果没有回复或者有返回报障信息，即派人现场排除故障。终端主动发送方式为终端如果在自检中发现故障，主动发送报障信息到后台。

(6) 停车数据采集设备的监控界面

电子地图上将标示出各停车场的位置，提供停车场采集设备的监控信息。红色表示所有设备断开，绿色表示所有设备连接，黄色表示部分设备断开。

2) 行业管理系统维护

维护行业管理系统涉及的用户管理、权限管理、流程管理、申请单管理、菜单管理、日志管理和数据字典管理等相关信息。

3) 接入运维监控统一管理平台

通过把停车管理与服务系统涉及的服务器群（Web 服务器、数据库服务器和通信服务器）、停车场数据采集设备和诱导控制相关设备统一接入到运维监控统一管理平台，可以实现整体的设备监控和报障管理，从而实现物联网技术在停车管理与服务器系统中的大整合。

4. 用户管理

用户管理提供用户信息增加、修改和删除功能，以及对用户的权限进行设置的功能。

5. 行业管理

(1) 停车场行业管理与智能交通系统相衔接，实现对区域相关停车场的登记审批、资格证打印/注销/变更和年审等业务操作，为交通局、停车场协会和停车场管理处等部门提供统一的协作平台。

(2) 停车场协会可以实现对停车场和停车场会员的管理。

(3) 停车场管理处可以查询统计全市或者各片区的停车场宏观统计信息，提供全市各片区的停车场 GIS 区域分布图。

(4) 系统提供车位信息查询，包括停车场的车位利用信息和停车场车次日流量变化图等。

(5) 车辆利用传感网技术，可以实现交通年费自动缴付和停车场自动缴费等操作。

6. 数据统计分析

1) 报表统计

报表统计包括车辆流量报表统计、停车场注册信息表统计、停车场空位利用率报表统计和停车场车位预订信息表统计等。报表包括停车场空位变化明细报表、停车场空位变化曲线图、停车场利用率报表、停车场保有量峰值统计柱形图、设备工作状态明细报表和设备断线对比图。

2) 决策辅助分析

决策辅助分析为停车场管理处提供宏观层面的停车场分布情况和空车位变化趋势等方面的数据，更好地支持宏观层面的决策分析，包括空车位变化趋势图、停车场（库）吸引率报表、停车场各时段停放饱和度统计、泊位日平均使用率统计、泊位日平均周转率统计、停车场月停放次数统计、周高峰日系数统计、停车场保有量情况、停车场收费与车位利用率的关系分析、停车场收费与投诉情况的关系分析、车位繁忙时段分析、停车次数增长率趋势分析等。

7. 停车诱导

在停车场关键位置可布置相关的 LED 屏，为进入停车场区域的司机提供智能诱导服务，方便其准确、快速地找到合适的车位。停车场车位引导系统是一个全自动的智能化的停车场内部停车引导系统。系统利用先进的超声波探测或其他技术，自动掌控全车场车位占用情况，空车位信息在电脑屏幕/电子显示屏上准确及时显示。同时，在关键位置（如路口、拐弯处等）用醒目的电子标牌指示空车位方向，引导司机迅速、方便地找到停车位置。另外，在停车场入口处设专用的电子标牌，表示车场实时空余车位总数状态。系统通过综合电子技术，提供全面停车指引服务，可以极大地提高停车场服务水准，提高车位利用率，树立停车场优质服务的完美形象。停车场场内引导系统很好地解决了如何指引驾车者在大型室内停车场或多层停车场快速寻找停车位的问题，确保了大型或多层停车场在任意时间内停车位被占用的信息透明度。当驾车者进入停车场时，引导系统将指引驾驶员沿着最短的路线找到空闲的停车位。

8. 信息发布

1) 发布对象

发布对象包括客户端网站、交通信息服务台和其他有需要的单位。

2) 发布内容

发布内容包括实时停车信息，即实时空车位数；停车场信息，即所属区域名称、类型、编号、名称、位置、开闭状态和经营单位名称等；车位信息，即所属停车场名称和车位数。

3）停车信息利用

出行者可通过网站浏览、手机短信或电话咨询等方式，得到要了解区域停车场的位置分布情况和停车位情况，并可以实现网上空车位预定和支付；可通过电台或其他终端设备，得到停车场的位置分布情况和实时停车位情况。根据发布对象，可设置不同的发布内容和时间间隔。

9. 预订业务

系统与全市的停车场收费管理系统进行联网整合，联合实现空车位实时查询和预订功能，并提供相应的报表查询操作。用户可以通过 Web、电话、手机短信和服务台等多种途径，实现车位的查询预订操作，车位预订系统通过银行支付接口等方式实现划账管理，快速实现车位的预订和付款操作。

10. 接口管理

(1) 负责联合停车场行业管理系统和停车场收费系统，实现该停车场车位的预订和信息发布功能。

(2) 结合传感网技术，在出入口自动检测出入的车辆信息，并实现车位费用智能缴付操作。

11. 服务对象分类

1）为车主提供的服务

(1) 通过动态指示牌、车载设备、短信或 Web 方式为公众提供停车场的车位和收费等信息，并可快速、方便地进行停车位预订，方便车主预订目的地的停车位，减少时间浪费并节省费用。

(2) 通过语音提示和动态显示屏等方式，基于智能车位分配算法，在车主进入停车场后进行停车诱导，有助于缩短驾驶者寻找空车位的时间，减少油耗，提高效率的同时缓解了路面交通压力。

(3) 通过 IC 卡、远距离车辆识别和移动支付等方式，实现停车付费自动化和快速高效地出入。

2）为停车场经营者提供的服务

(1) 通过红外传感器、压力传感器和地磁传感器等方式感知车位上的车辆，为停车场经营者提供空余车位和已停车辆布局信息。

(2) 通过 IC 卡、视频监控、远距离车辆识别和移动支付等方式，实现停车收费、财务数据汇总和报表输出的自动化。

(3) 系统建成后有助于避免停车场入口的混乱和拥堵，缩短停车时间，并可有效地优化停车场本身和周边停车场的环境，规范停车秩序。

(4) 通过与停车场行业管理系统的接口对接，可以实现停车场空车位的预订，使司机能够通过各种途径进行车位预订，提高停车场车位的利用率和周转率，增加停车场的收益。

3) 为政府部门提供的服务

(1) 通过停车诱导系统的建设，建立起一套停车信息平台，便于相关部门统一管理。并且，日后可以不断扩充、完善平台功能，促进停车产业的发展。

(2) 通过把省市级的停车场信息和审批业务信息接入到停车场行业管理系统，停车场政府管理部门能够把握更多停车场信息和宏观方面的统计数据，为进一步的决策和分析提供有效、准确的参考依据。

(3) 通过对停车场全区域宏观分布和停车场剩余空车位数宏观变化趋势的掌握，了解全市范围和重点区域的车流分布情况和变化规律，为解决道路拥堵提供相关的参考依据。

(4) 通过对城市停车场内车位信息资源的整体把握，可切实提高重大事件周边停车场的利用效率，缓解因信息沟通不畅引起的停车资源分布不均问题。

7.2 出租车运营系统

7.2.1 系统建设背景和目的

1. 建设背景

出租汽车是涉及民生的重要出行方式之一，是车联网系统的重要组成部分，是城市常规公共交通的重要补充。由于传统的制度得不到很好的执行、法规制度缺失、监管手段薄弱等种种原因，近年来非法营运增加、服务质量不高、运力调控难度大、司机安全难以保障等问题日益突出，影响社会稳定的出租汽车群体性事件时有发生。

本系统参考了上海、广州等地的一些出租车示范应用案例，结合现有车联网技术对出租汽车运营体系进行详细介绍。具体实现方式如下：对现有系统整合升级优化，如改造现有出租车智能终端，利用移动传感节点和传感网技术进行辅助定位和感知当前车辆本身或其他设备状态；利用短程通信技术达到增强出租车定位准确性的目的，补足车辆在盲区的相关定位和状态信息数据传输；在出租车上加装改造的移动传感点作为出租汽车身份合法性的有效识别，以加强打击“黑车”、“套牌车”等非法营运车辆；加强电召预约服务，结合移动和固话运营商通过手机和固话来实现乘客位置感知，增加乘客自助电召服务，增设交通小区等固定电召服务点，结合动态路况信息服务，实现乘客、司机和运营管理部门的信息共享和互动，为提高服务质量、保障司机的安全、维护出租汽车行业市场秩序和精确打击非法营运等提供支撑。

2. 建设目标

1）为公众服务

（1）提供多种方式的车辆预约服务，包括电话方式、网络方式和小区定点方式等，并能智能化识别乘客所在的位置，乘客位置可以实时在出租车导航终端上显示以帮助司机正确到达乘客所在地点。

（2）提供多种服务评价方式，包括使用电话、网络和车载评价器等进行投诉、建议和服务评级等。

（3）提供直接的终端信息服务，向乘坐出租车的乘客发布各类出行信息，包括司机信用等级与服务评级、动态路况、广告、餐饮和娱乐等信息。

（4）提供方便的电子结算方式，方便乘客支付乘车费用，避免找零等情况。

2）为司机、企业服务

（1）为司机提供行车安全和人身安全保障服务，包括超速报警、疲劳驾驶报警、违规停车/违规运营报警、防盗报警、防劫报警和事故紧急报警等。

（2）为司机提供车辆预约调派服务，减少出租车巡游里程，降低油耗支出和车辆维护成本，增加司机的运营收入。

（3）提供语音通话功能，为企业提供语音调度服务，为司机提供路线规划、路况查询和导航等服务。

（4）为企业提供管理范围内的车辆调度服务。

3）为行业管理部门服务

（1）对出租车身份合法性进行有效识别，精确打击“黑车”、“套牌车”等非法营运车辆，保护合法经营者的权益。

（2）对出租车的行驶轨迹和载客状态进行动态监控，以便有效掌握和查证出租车司机的拒载、绕行、甩客、宰客等各种违规行为，从而规范出租车经营行为，提高服务质量。

（3）对出租车司机进行考勤和服务监督，为建立服务质量考核体系和进一步完善市场准入/退出机制提供支撑。

（4）动态掌控出租汽车异常聚集、停运情况和驾驶员身份信息，实现快速应急响应，有效防止和妥善处置群体性事件，维护行业稳定。

（5）掌握出租汽车行业运行的营运收入与成本、实载率等动态数据，为调控运力、出台法规政策提供决策依据。

7.2.2 系统总体结构

1. 应用结构

系统应用结构主要由政府、出租车管理企业、出租车和乘客等组成。具体划分如图 7.4 所示。

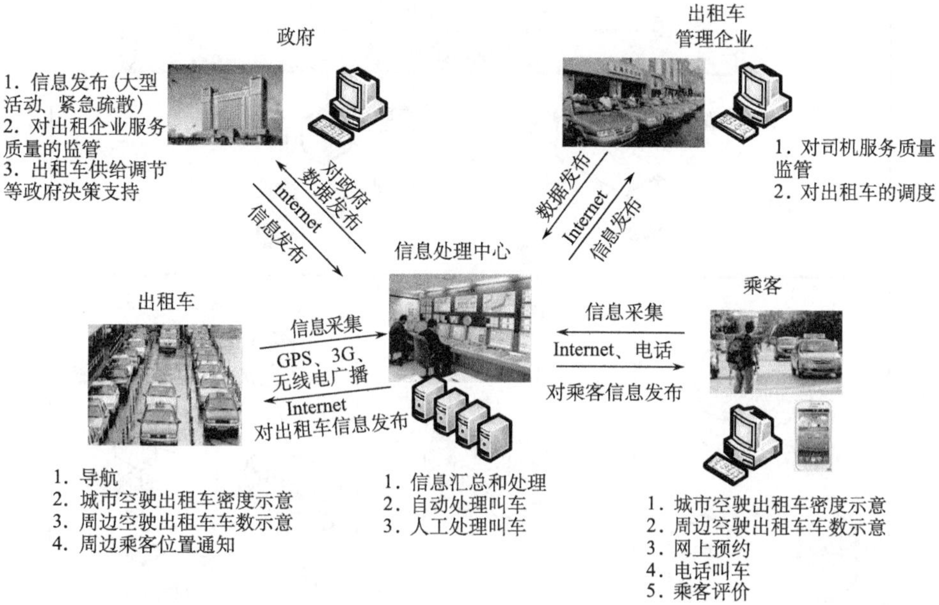

图 7.4 出租车运营系统结构图

2. 网络结构

网络结构主要由数据中心、连接远程服务的互联网、内部专网、客户终端和车辆终端等组成，具体划分如图 7.5 所示。

3. 感知网络

出租车系统所有功能都要通过无线感知网络实现（见图 7.6），无线感和网络需要以出租车为移动传感节点，并对现有系统进行升级改造实现。具体工作为：加装符合应用要求的无线传感设备，并对出租车部分信息设备进行应用升级，以现用出租车设备为基础进行升级改造，以低成本、高性能、高可靠为原则实现移动传感节点。

1）移动传感节点

出租车移动传感节点应用于目标出租车上，它包括的功能模块有 GPS/北斗

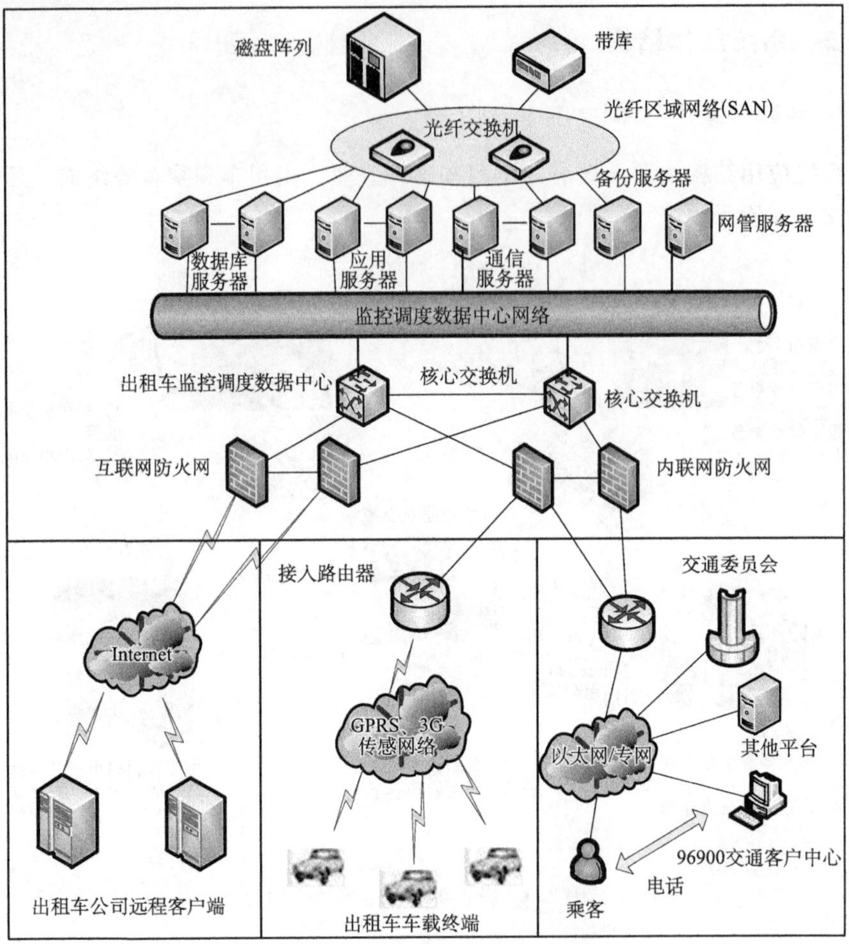

图 7.5　出租车运营系统网络结构图

定位模块、远程通信模块、刷卡消费模块、无线短程通信节点、电子证件识别模块和多种车况传感模块等。本系统涉及的功能模块包括无线短程通讯模块、GPS/北斗定位模块、多种车况传感模块和电子证件识别模块等，这些模块集成为车载感知节点。GPS/北斗定位模块实现位置信息和运行状态获取；刷卡消费模块实现司机考勤、公交卡消费数据费用收取；多种车况传感模块实现发动机状况、油耗和水箱温度获取等；电子证件识别模块获取司机资格证数据；远程通信模块实现车辆信息、路边信息等与数据中心的通信和数据传输；无线短程通信模块实现数据通信与传输，与车辆相关设备组合成无线感知节点。

2）无线感知模块

无线感知模块是出租车无线感知网络节点的技术核心。它主要由微型处理

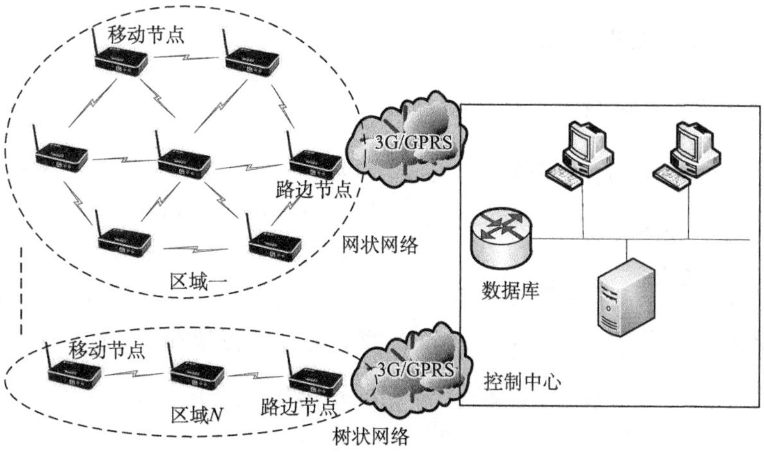

图 7.6 出租车运营系统感知网络图

器、SRAM 存储器、串口/GPIO 扩展模块、射频模块、电源装置和天线等组合而成。其中，微处理器是节点核心，它引用了高度集成的全双工微功率模块，嵌入不低于 16 bit 的高速单片机和高性能射频芯片，纠检错能力和抗干扰能力强。

3）终端评价器功能

出租车内应加装服务评价器，或在原有信息设备的基础上增加乘车评价系统。乘客到达目的地后，系统以语音报读的形式自动提示乘客进行服务质量评价的选择要求，终端评价器的数据将通过无线感知网络自动传到中心管理员处。该系统主要目的是起到服务监督作用，从而有效提高司机服务质量。乘客上车后，司机压表，随后车辆语音提示："欢迎乘坐 XXX 公司出租车，请系好安全带。"到目的地后，司机起表，终端评价器语音提示："欢迎您对我们的工作给予评价，谢谢。"乘客按键进行评价。

7.2.3 终端信息屏的加装

1. 车载信息屏行业应用

无线信息发布系统终端设备安装便捷，信息发布及时迅速，不受时间和空间限制。利用系统提供的紧急信息播放机制，政府相关行政部门可实时发布重要的政务和防灾报警等信息，从而起到通知和宣传的作用。

2. 终端信息屏要求

应选择性能稳定、价格低廉、符合物联网功能要求的车载终端信息屏，并安装在出租车内指定位置上。

7.2.4 路边感知节点铺设

1. 路边感知节点组成

无线感知网络的路边感知节点是一个功能强大的嵌入式系统，理想状态下，基站主要由内置供电模块、Zigbee 通信模块、3G 通信模块、差分 GPS 模块和接口扩展模块组成，图 7.7 所示为无线感知网络路边感知节点架构图。

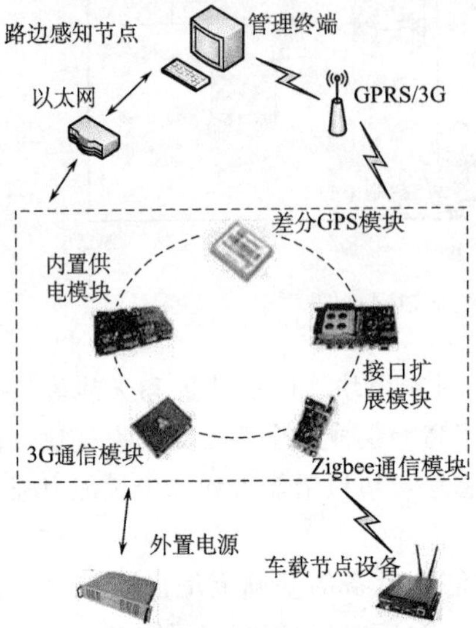

图 7.7 无线感知网络路边感知节点架构图

2. 节点地理位置分布

无线传感器网络的路边节点数目有限，根据无线传感器网络应用要求和本系统的需要，应建立数十个无线感知网络路边节点，其主要作用是感知信息并回传。节点的放置区域将以大型活动场所、人群汇聚场所、重要交通要道和出租车电召停车点等为主。

3. 路边感知节点硬件设备基本要求

1）处理器的性能要求

路边节点需要对传感器收集的大量数据进行分析汇总，并进行加工处理，同时还要处理管理终端传送过来的数据，这时就要求处理器有较高的处理速度，来满足无线感知网络的实时性要求。

2）通信方式要求

路边节点既要和传感器网络通信，又要与外部网络通信，它应该具备簇外通信与簇内通信双重功能。簇内通信采用与节点相同的通信方式，簇外采用有线网络、3G 等通信方式。

3）功耗要求

路边节点能量的消耗主要集中在对数据进行处理和传送上，在正常情况下，应该尽量使节点处于休眠或空闲状态，以节约能量。

4）无线感知模块选型

路边节点终端设备的性能直接影响到无线感知网络的可用性，设备选型应符合能源有效性强、生命周期长、时间延迟短、感知精度高、可扩展性强和容错性强等特点，保证低成本、低功耗、高可靠的原则，以国内标准为主、国际标准为辅，尽可能地使用国产设备来实现移动节点功能。

5）其他要求

路边节点还应该具有较好的扩展性和较强的抗干扰能力，从而满足不同应用系统的需求。

7.2.5　系统功能

本章出租车运营管理系统结构如图 7.8 所示。

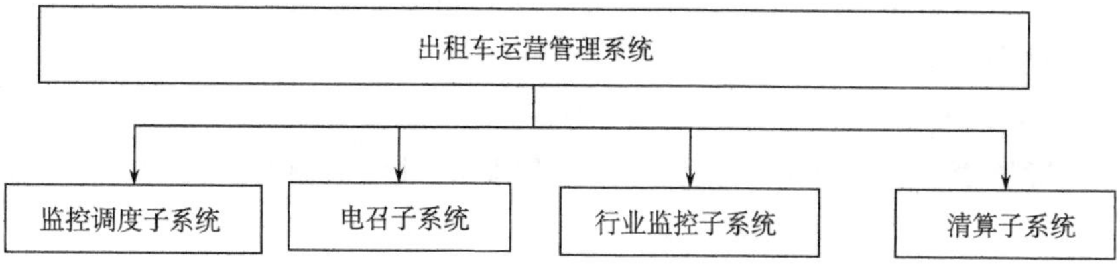

图 7.8　出租车运营管理系统结构图

1. 出租车监控调度子系统

出租车监控调度子系统主要完成出租车车载移动终端与监控中心的数据传输和互动管理。出租车车载移动终端实时采集车辆的位置、状态和业务数据，包括空车、载客、里程和价格等出租车运营公司需要的业务相关数据，并将数据实时传给监控调度中心。调度中心可以根据需要对各公司所有车辆的运行状况进行实时监控，并随时掌握公司车辆的运营情况，为电召、行业监管和 ITS 提供相关的业务数据。

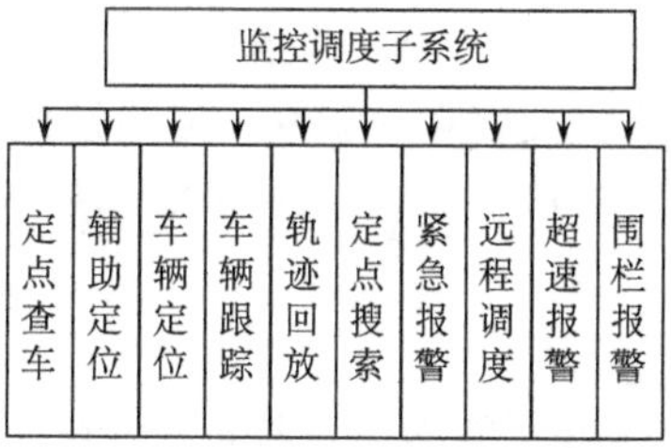

图 7.9　监控调度子系统

结合物联网和传感技术对出租车系统进行升级改造，在原有系统上进行深化应用，提高出租车系统的定位准确性，优化对乘客的服务界面和接口。出租车监控调度子系统如图 7.9 所示，具体功能如下。

1）定点查车

每个乘客都希望自己能随时随地掌握第一手的交通信息情况，该功能为乘客提供了相对丰富的出租车情况查询，乘客能够通过计算机网络或者手机网络进入查询界面，进行乘客当前位置出租车行驶情况查询。乘客只需要在界面的图标上一点，所需要的出租车情况就能一目了然，包括出租车所处位置、周围的空车和载客车分布。结合其他路况系统的数据，还能够获得乘客所查询地点的相关路况，使得乘客能准确地把握乘车时机，为出行提供便利。

2）辅助定位

车辆在通过路边传感节点的路段或地区时，会被捕获感知，通过传感网络结合 GPRS/3G 等将相关的数据上传到出租车后台，经过后台处理，获得相关的车辆位置信息和状态信息，该信息会整合到出租车系统辅助出租车定位，补足车辆在盲区的相关定位和状态信息数据传输。

出租车数据是浮动车的主要数据源，出租车会在相关的交通要道铺设路边传感节点，通过这些节点获得出租车相关的位置和速度等状态数据，为浮动车的数据分析提供多方面的数据。

3）车辆定位

系统能够查询指定车辆当前位置，同时显示目标车辆速度、经纬度和车辆状态等信息。

4）车辆跟踪

系统能够跟踪指定监控车辆，在地图上实时显示目标车辆的运行路线和行驶轨迹。

5）轨迹回放

系统能够回放指定车辆过去一段时间的行驶轨迹，满足管理需要，回放可以按照时间、位置和车辆编号进行。系统中所有车辆均保存 3 个月的历史行驶轨迹数据。

6）定点搜索

系统能够通过指定某个时间段和地图上的几个点，对指定时间段内经过设定点的车辆进行搜索，该功能可广泛用于乘客失物查找和投诉等。

7）紧急报警

司机在车辆行驶过程中，遇到紧急情况（如盗劫、事故、故障或求援等），可以按动车载紧急报警按钮向调度中心报警，警情信息要在 2 s 内上传到指挥中心，中心收到报警后，进行语音监听、断油断电和转接 110 等复核操作，从而增强道路运输安全性。

8）远程调度

系统能够对指定车辆下达调度短信（如天气预报、道路信息等），该项业务主要是针对各公司的日常管理进行的调度，使用单位可将文本信息通过本系统发送到相应的车载信息终端上。

9）超速报警

系统能够接收目标车辆的超速报警信息，也可修改预设的超速值。系统可以对车辆的超速行驶情况进行严格监控。车辆在行驶过程中，当行驶速度超过该路段设定的限速值时，系统自动生成相应的超速报警日志，并且能够按一定条件查询报警日志。

10）围栏报警

系统能够接收目标车辆的围栏报警信息，也可修改预设的界限范围，设置多组电子围栏，系统支持线性、圆形和矩形等围栏。

2. 出租车电召子系统

通过在电召小区铺设相关的路边传感节点，增加电召车辆的状态和位置的感知，优化出租车电召相关应用，结合原有的基础，为乘客提供更为方便的电召服务。出租车电召子系统如图 7.10 所示。

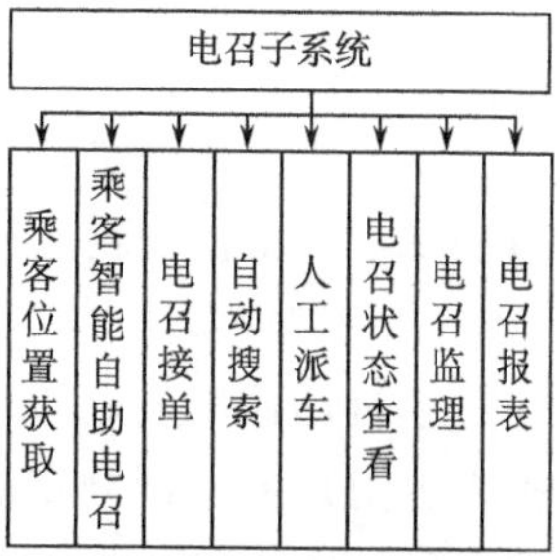

图 7.10 出租车电召子系统

1）电召乘客位置获取

乘客通过手机、固话或者固定电召点来电要求召车，系统可以通过移动运营商、固话运营商相关接口自动感知乘客位置，协助接单员或系统快速、准确地分辨乘客位置，优化电召接单效率，缩短应召车辆接客时间和行驶路径，增加电召成功率。

2）乘客智能自助电召

(1) 自助式电召订单录入。乘客可通过互联网 Web 或者手机 WAP 登录系统，在验证身份后，通过系统自行录入所在位置信息和电召车辆需求信息，系统将自动根据乘客录入的电召订单查找最近的车辆发出电召信息。

(2) 派车结果反馈。出租车司机接收电召信息后，进行抢答，最快抢答的司机将得到电召订单，可以得知乘客具体位置、乘车时间和联系方式等具体信息，并根据用户的要求前去接载乘客。系统将派车结果通过多种方式向乘客反馈，包括用户登录系统查询、短信通知和自动语音通知等。

(3) 电召车辆自助监控。用户收到派车成功的反馈后，可登录系统对接单的车辆进行监控，查看出租车辆目前的位置和行驶的轨迹，当车辆到达附近时，可及时前往乘坐。

(4) 电召车辆到达提醒。系统将自动对电召车辆进行监控，当车辆在指定的时间到达乘客位置时，自动通过多种方式对乘客进行提醒，包括乘客操作界面闪烁提醒、短信提醒和自动语音提醒等。

3）电召接单

当乘客来电召车时，客户端会根据乘客来电号码获取该乘客的历史叫车记录，并检索出最近 10 条，根据乘客描述录入新的要车信息，标明乘客上车位置（如果上车地点在检索出的历史要车信息中，则可以直接选取）。并确认是现召还是预约单，如果不是预约单则马上提交搜车，否则指明乘客的回复时间和要车时间提交预约单。

4）自动搜索

系统能够根据接单员提交的乘客位置和乘客指定的公司（如果乘客没有指定，默认所有车辆）进行搜车，系统会选取乘客附近一定距离内（可配置）一定数量的车辆（根据司机车辆的信用积分优先选取）派发电召抢答文本。

5）人工派车

订单自动搜车失败后，系统能够由人工介入处理进行人工派车。监理员可以根据乘客附近的车辆分布情况进行人工派车，成功选定的车辆会收到系统发布的电召明细文本。

6）电召状态查看

系统能够提供当前正在处理的电召订单列表，这些订单根据处理的不同状态可以分组显示，操作员能更清晰的查看电召的情况，根据电召信息过滤或查找需要的订单。

7）电召监理

电召订单提交后，订单会转入监理流程，监理员通过系统可以申请对电召的监理，监理界面提供电召的所有详细信息，并能显示当前派车的轨迹，帮助监理员及时地掌握电召情况。监理员可以通过监理界面指派车辆（人工派车）给电召的乘客。监理员最终会在监理界面上对派车和电召进行结果的选择，说明派车成功或失败的原因，这些结果会在系统的信用积分体系下对司机车辆或乘客进行信用积分。

8）电召报表

系统能够提供多种报表来查看统计电召的情况，可以按时间、电召结果、企业公司和派车情况等分类统计，满足公司和政府职能部门等的不同需要。系统应能将报表数据导出成为 Excel 格式的文档，也可以使用简单的数据库脚本来订制需要的报表。

3. 出租车行业监管子系统

本系统通过移动传感技术实现车车通信，实现执法车不停车对出租车进行身份辨识。通过评价器收集乘客的对车辆的服务意见，形成相关的行业服务考核，促进出租车司机和企业的服务意识和服务水平。通过对出租车客流、运载力等数据的监控和分析，动态的调控运力，使出租车的运力分布更加合理。出租车行业监管子系统如图 7.11 所示。

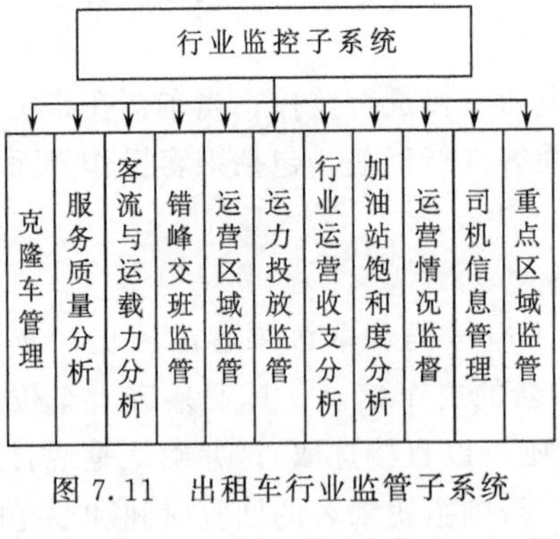

图 7.11 出租车行业监管子系统

1）克隆车管理

通过基于移动传感技术的读写设备与个人计算机连网，实现对出租车车辆身份合法性的“不停车”辨识，精确打击克隆车等非法营运车辆。每一辆出租车都具备改造后的终端，也就是说每台车都是一个移动传感节点。执法车经过出租车附近时，通过移动传感设备获取车辆相关的身份信息，通过PC或平板电脑的串口通信实现信息的接收和展示，识别正常出租车和克隆出租车，也可以将相关信息通过PC或平板电脑发送到后台系统进行精确辨识，防止克隆车通过非法手段得到相关出租车终端设备，实现执法人员不停车打击克隆车等非法营运车辆的目的，提高执法效率。

2）服务质量分析

乘客每次坐车，都可以通过车辆上的评价器（终端改造）进行评价，终端会将该评价结果（满意、一般、不满意和投诉）通过无线通信上传到后台数据库，通过对这些数据的分析和统计会形成相关的统计功能。

（1）按时间段统计行业的满意度。可以按月、按天或按时来统计全行业的出租车服务满意度，了解当前出租车行业的服务水平，分析不同时段（包括高峰）的乘客满意度和司机服务水准。

（2）按公司统计出租车满意度。统计各公司在不同日期的满意度，可以作为考核公司业绩的一个评价手段，也能够让企业和行业管理人员对当前服务水平的有所感知。

（3）按满意度对公司和出租车进行服务等级评级。可以统计时段（月、季度）车辆或者公司的服务满意度，对公司和车辆进行服务评级，分优、良、中、差。数据可以通过系统接口或者网站提供给乘客或者其他人员。

3）客流和运载力分析

对不同的交通小区、汽车站、地铁大站和大型人流集散地等区域，通过出租车相关的GPS数据和车辆状态的历史信息获取和感知客流信息数据，通过分析出租车的运载状态和客流数据形成出租车运力分布情况、运行规律等报表，为行业的运力调整和调度提供相关的分析基础。

（1）出租车客流数据收集

由于出租车运营的特殊性，收集出租车的客流数据的手段和方式并不多，可以通过计价器的运营数据进行分析推断，但是计价器的数据不包含位置信息，对基于区域的客流分析作用不大，在这里，我们采取分析区域内各时间段的车辆运载状态变化（GPS的历史数据）来确定出租车的载客与下客，像“空车→重车”就是上客（载客出发），“重车→空车”就是下客（到达目的地）。这样可以分析出出租车在区域内的载客和下客的次数，并不能感知到人数，但是结合出租车的座位数和一般上客数量的规律，就能够较准确地分析出客流数据。

出租车运载状态数据收集系统（交通小区，汽车站等）每五分钟记录一次各区域的车辆数量、重车数（载客车）、非重车数（空车）运载情况，形成基本的原始数据，可以通过分析统计这些数据来形成或获取相关的运载情况报表统计。例如，形成相关区域出租车运载状态的时间－运载力（运载状态）曲线。

(2) 出租车客流数据分析

上下班高峰客流数据统计分析：分析统计各个区域早晚上下班高峰的出租车客流数据，形成相关的数据报表。

按时段的客流数据统计分析：分析统计各个区域每小时（或每半小时）的客流情况，并每天形成一个统计报表，并以时间为横轴的相关客流曲线图。

按日期对比相关的客流数据：可以根据区域按不同的日期来对比每天的客流情况，形成相关的对比曲线图和报表。

异常客流分析告警：可以根据历史情况设定不同区域的客流阈值，在分析统计的时间客流数据超出或者低于阈值的时间时产生告警，形成相应的告警报表。

(3) 出租车运载状态数据分析

当前时刻区域运载情况分析：通过对出租车系统的当前车辆的 GPS 数据和车辆状态进行分析，形成各个区域相关的运载情况数据报表（包括当前车辆数、重车数、非重车数（空车）、重载率等）。数据可以通过系统接口或者网站提供给乘客或者其他人员。也可以通过出租车调度系统以文本形式发送给各个区域的出租车，让司机了解当前区域的运载情况，以合理调节运力。

当天区域运载情况分析：通过每五分钟收集一次各区域的运载数据，可以形成以时间为基础的运载情况报表和曲线，并能实时的查询当前各区域的运载运力情况。

按日期对比区域运载力：可以按不同的日期来对比各区域每天的运载运力情况，形成相关的对比曲线图和报表。

异常运载运力分析告警：可以根据历史情况，来设定不同区域的运载运力阈值，当系统分析到当前区域的运载运力异常（低于或高于阈值）的时候，会产生告警，并形成相关的告警报表。

4) 错峰交班监管

为了在上下班高峰时能够保证出租车的运力，对出租车司机要实行错峰交班制度，系统可以在客户端设置上午和下午的禁止交班时间，如果终端回传的司机上下班时间在禁止交班时间段内，则生成一条交班记录，并可以在客户端按公司和时间段来查询。

5) 运营区域监管

定时检测车辆指定区域的运营情况和指定区域外的运营情况，在客户端可以对运营数据进行查询统计。

6）运力投放监管

当一些重要场合需要疏散客流时，管理部门需要对各出租车公司下达的出车任务进行监控。在客户端可以设置运力调度任务监控方案，根据监控方案记录各出租车公司到达指定场合的任务车次，在客户端能查询到各个任务的运力调度实时情况，包含公司名、计划数、到达车辆数、载客车辆数、送达车次和运离车次等。

7）行业运营收入分析

对出租车的营运收入进行分析，包括每天按收入段统计车辆数、出租车每天收入情况统计、按天对比出租车每天收入情况、按月对比出租车每天收入情况、每月按平均收入段统计车辆数查询分析。

8）油气站饱和度分析

对全市的出租车油气站的出租车排队和车辆情况进行监控，包括出租车油气站监控、出租车油气站监控历史记录查询、出租车油气站车辆数历史记录对比、出租车油气站平均饱和度对比等。

9）运营情况监管

可以监督统计出租车的运营情况，包括状态、司机刷卡考勤和车辆上线情况。

10）司机信息监管

按司机的籍贯监控司机车辆的运营状态，对防止“老乡”性质的群体事件可以起到很好的预警作用。

11）重点区域监管

应对重点区域车辆的集结情况进行监控，这些区域可以是政府机关、司机就餐点、相关停靠点或外地司机集中的居住地等。

4. 出租车终端信息屏

提供直接的终端信息服务，向乘坐出租车的乘客发布各类出行信息，包括司机信用等级、服务评级、动态路况、广告、餐饮和娱乐等信息。

1）查询当前车辆司机信息

乘客可以通过信息屏查询当前车辆和司机相关信息，包括所属公司和服务等级等，也便于乘客分辨当前出租车的合法性。

2）查询当前车辆运行状态和路况

结合出租车终端的GPS数据和信息屏内置的电子地图，可以查看当前出租车行驶情况，通过路况系统发布的路况数据可以在信息屏展示附近的交通情况，使乘客更全面地感知车辆和当前交通的状态。

3）查询广告、餐饮或娱乐等信息

信息屏可以内部存储或者通过无线网络访问相关的站点，获取广告、餐饮或娱乐等信息，让乘客获得更完美的乘车体验。

5. 一卡通清算子系统

出租车清算子系统如图 7.12 所示。

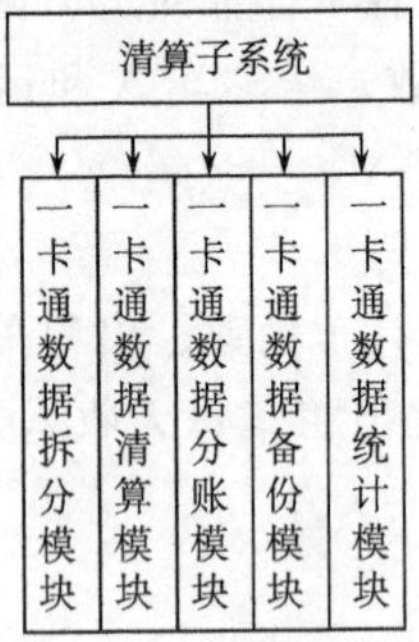

图 7.12　出租车清算子系统

1）一卡通数据拆分模块

数据拆分模块对接收回来的一卡通原始数据进行拆分，按照相关的条件进行过滤和去重，为数据清算进行数据梳理。

2）一卡通数据清算模块

数据清算模块对预处理过的一卡通数据进行打包，通过和一卡通公司的清算接口，生成相关的清算数据，发送到一卡通公司进行清算，接收返回的清算结果。

3）一卡通数据分账模块

数据分账模块根据一卡通公司返回的清算结果，进行清算数据核准、整理，统一分账，为每一个司机生成相关的收益，以便通过和银行的接口进行划账。

4）一卡通数据备份模块

数据备份模块对完成清算和分账的一卡通数据进行备份，以便后续的统计和查询。

5）一卡通数据统计模块

数据查询统计模块提供相关的一卡通数据的查询和统计功能。

参考文献

李平等. 2010. 基于 M2M 的智能停车信息服务系统应用分析. 电信技术，(1)：33-36.

孙意，常冬友. 2011. 智能停车信息服务系统. 指挥信息系统与技术. 2（6）：42-45.